高职高专“十二五”应用型法律规划教材

国际商法原理与案例教程

（第2版）

主　编　辛文琦
副主编　王　莉　孙玉凤　冯　伟
撰稿人　辛文琦　王　莉　孙玉凤
　　　　冯　伟　李　婧　李　津

对外经济贸易大学出版社
中国·北京

图书在版编目（CIP）数据

国际商法原理与案例教程 / 辛文琦主编. —2 版
. —北京：对外经济贸易大学出版社，2012
高职高专“十二五”应用型法律规划教材
ISBN 978-7-5663-0448-3

Ⅰ. ①国… Ⅱ. ①辛… Ⅲ. ①国际商法－高等职业教育－教材 Ⅳ. ①D996.1

中国版本图书馆 CIP 数据核字（2012）第 198787 号

国际商法原理与案例教程（第 2 版）

辛文琦 **主编**

责任编辑：王煜

对 外 经 济 贸 易 大 学 出 版 社
北京市朝阳区惠新东街 10 号　　邮政编码：100029
邮购电话：010－64492338　　发行部电话：010－64492342
网址：http://www.uibep.com　　E-mail：uibep@126.com

山东省沂南县汇丰印刷有限公司印装　　新华书店北京发行所发行
成品尺寸：185mm×260mm　　15 印张　　347 千字
2012 年 9 月北京第 2 版　　2012 年 9 月第 1 次印刷

ISBN 978-7-5663-0448-3
印数：0 001－5 000 册　　定价：28.00 元

前言

《国际商法》是一门既注重理论研究又具有很强的实践意义的课程。目前国内《国际商法》教材版本很多。本教材力求在《国际商法》的实用价值上做出突破。因为本教材的读者是高职高专学生，这必然要求这本教材要突出实用性，而非单纯的理论研究。鉴于此，作者希望教材具备以下特色：

第一，以国际贸易交易活动作为主线，构建本书知识体系。除第一章外，其他章节以国际买卖行为为主体，从合同主体、合同商定，到合同履行，以及合同履行当中涉及的各个环节，以这些内容作为知识串联的主线。

第二，重在培养提高学生的实践能力。本书以案例作导入，以案例引出问题与思考，以案例作为理论的应用与印证，并在案例分析中帮助读者提高分析问题、解决问题的能力。

第三，本书注重举一反三，不拘泥于理论本身，利于读者活学活用。

本书共设十章。每章由学习目标、导入案例、主要内容、本章小结等内容组成。另外本书将专门编写配套训练教材，帮助读者增加学习兴趣，巩固所学知识。

本书由天津对外经济贸易职业学院辛文琦副教授任主编，王莉、孙玉凤、冯伟任副主编。各章编写分工如下：辛文琦编写第三章，王莉编写第九章，孙玉凤编写第五章、第六章，冯伟编写第二章、第七章，李津编写第一章、第十章，李婧编写第四章、第八章。全书最后由辛文琦副教授统稿定稿。

在本书编写过程中，参考和吸收了大量国内外学者的研究成果，在此表示诚挚谢意。由于作者学识的局限，书中必有不当之处，恳请专家、学者和广大读者批评指教。

编者

2012 年 8 月

目录

第一章

国际商法概述

学习目标

◉ **知识要点：**

1. 了解国际商法的历史和渊源
2. 掌握国际商法的概念和特征
3. 熟悉两大法系的结构和特点

◉ **技能目标：**

掌握国际商法在国际商事实践中形成和发展的规律；理解两大法系的区别和特点，并根据不同情况选择适用具体法律规则。

第一节　国际商法的历史

一、国际商法的概念

国际商法（International Business Law）是调整跨越国界的商事关系的各种法律规范的总称。

国际商法中的"国际"一词意味着跨越国界。这种国际性既包括商事主体的国际性，也包括商事行为的国际性，商事主体的国际性是指作为国际商事主体的不同国家的公司、企业或个人的营业地跨越国界，商事行为的国际性是指商事主体所从事的营业行为跨越国界。

什么叫商法？世界各国法学著作中有不同的表述。通常认为商法就是调整商事交易的法律规范，而国际商法就是调整国际商事关系的法律规范。随着国际经济贸易的快速发展，国际商法的调整范围比以往更为广泛，它不仅指国际货物买卖及有关的行为，还包括国际技术转让、国际工程承包、国际租赁、国际投资、国际信贷等等。由于篇幅有限本书只选择了最为基本的国际商法领域予以研究和阐述，主要介绍的内容包括：

1. 国际商法的基础和核心：国际商事合同法、国际商事代理法。国际商事交易是通过订立各种商事合同实现的，研究国际商法应首先从合同入手。随着国际商事交易规模的扩大和复杂化使代理成为商事交易中必不可缺的活动。在商事主体中也已经将代理商包括在内，代理商以商人的身份出现于市场，代理法自然成为国际商法的重要组成部分。

2. 直接调整国际商事行为的法律规范：国际货物买卖法、票据法、电子商务法。

3. 有关管理国际商事行为的法律规范：国际商事组织法、海上运输法、海上运输与保险法、产品责任法。

4. 处理国际商事争议的法律规范：国际商事仲裁。

二、国际商法的历史

国际商法经历了“国际性—国内法—国际性”的发展过程，但前后的“国际性”却有着实质的区别。

早在古罗马法中就已出现了调整商事关系的法律，也有些学者认为公元前 15 世纪的《赫梯法典》中关于商品价格管理的规定，以及古希腊时期的罗得法即是古代商法的最初形式，但今天普遍认为近代欧洲各国的商法主要源于中世纪形成的商人习惯法。这种看法有着深厚的社会根源。11 世纪时东西方的贸易发展促进了地中海沿岸一些新兴城市的商业繁荣。随后，贸易逐步扩大到大西洋沿岸等地，而中世纪的欧洲大陆处于封建法和寺院法的支配之下，与这种繁荣的发展形成鲜明的对比：一些正常的商业行为被认为是违法的，许多商业活动得不到法律保护，缺少必要的法律规则。商人团体迫切需要新的规范来保护他们的利益。

在这种情况下，意大利的佛罗伦萨等地首先出现了保护商人自己利益的商人行会组织——商人基尔特（Merchane Guid）。这种商人自治组织制订和编撰习惯规则，组织商事法庭，这些习惯规则被因袭沿用，形成了系统的商人习惯法，它鲜明地体现出了商事活动盈利、迅捷的特点，强调按公平、合理的原则来处理案件，且只适用于商人团体内部。因而，这一时期的商人习惯法具有国际性的特征，商事团体的内部规则普遍适用于来自各国从事商事活动的商人。

16 世纪后，欧洲一些国家封建割据势力衰弱，形成统一的民族国家，相应地，一些封建法和寺院法被废弃，国家统治阶级开始注意对商事的立法，行使立法权，把商人习惯法变成国内法，从而使商法失去了它原有的国际性。但严格地说，欧洲各国早期的商事成文法实质上仅仅是对中世纪商人习惯法的一种确认。法国于 1807 年制订了著名的商法典，德国和日本分别于 1897 年和 1899 年制订了独立的商法典。19 世纪，出于商业上的需要，英美等国还制订了一系列商事方面的单行法规，如 1893 年英国的《货物买卖法》，1906 年美国的《统一买卖法》。

第二次世界大战后，特别是 20 世纪 60 年代以后，各国之间的经济联系日益密切，客观上要求建立统一的国际商事法律，许多国际组织也都在积极从事研究和制订统一的国际商法的工作。这样，商法进入了一个新的发展阶段，最主要的特点是恢复了商法的国际性和统一性。自 20 世纪以来，一些国际组织发起了国际商事统一立法运动。其中最有影响的是国际贸易法委员会和国际商会。由联合国国际贸易法委员会负责起草的国际贸易统一法的文件有：1974 年《国际货物买卖时效公约》，1978 年《联合国海上货物运输公约》（汉堡规则），1980 年《联合国国际货物销售合同公约》等。国际商会在统一国际商业惯例方面起着重要的作用，由它负责制订的国际贸易惯例有：《国际贸易术语解释通则》、《跟单信用证统一惯例》、《托收统一规则》等。

第二节　国际商法的渊源

法的渊源有多种含义，中外比较一致的看法是指法的创制来源和效力来源，国际商法的渊源，除有条件的“条约优先适用”原则之外，其地位和效力等级并不明确，因此国际商法的渊源通常只是指其创制渊源。主要有国际法渊源和国内法渊源两个方面。

一、国际商法的国际法渊源

国际商法的国际法渊源又可以分为国际商事条约、公约和国际商事惯例两个方面。

(一) 国际商事条约或公约

国际条约是两个或两个以上的国家或国际组织共同缔结的确定其相互关系中权利义务的各种协议。国际条约或公约是国际法的重要渊源和基本表现形式。

随着国际贸易和涉外商事活动的发展，各国商事主体之间的商事交往日趋频繁与多样化，而各国的国内商事立法又存在着诸多的不一致甚至相互冲突之处，不足以调整日益复杂的国际商事关系，给涉外商事活动的法律选择乃至商事活动的发展造成障碍。为进一步统一国际商事活动的规范，解决涉外商事纠纷，各国商事主体均要求本国政府代表他们签署有关的国际商事条约，使国际商事条约或公约发展成为最重要的国际商法渊源。国际商事条约或公约有两个以上的国家签署的多边条约，有两个国家参加的双边条约，也有只在区域范围内生效的区域性条约。其中，对国际商法的形成和统一作用最大的是参加国众多的多边国际商事公约。然而，即便是多边的国际商事公约，其法律拘束力也难以及于全球每一个国家和地区，而只能及于参加国及其商事活动的当事人。因为迄今为止还没有一个单项国际公约是全球所有国家都参加的，而且，任何一项单项国际公约都不像 WTO 多边协议那样是“一揽子”协议，各国可以参加，可以不参加，也可以参加但保留某些条款。但是，国际条约、公约一旦被参加国的立法机关接受并批准，将纳入该国的法律体系；而且当该国所缔结或参加的国际条约与国内相关法律相冲突时，除声明保留者外，有义务优先适用条约的规定。这就是国际公认的“条约优先适用”的原则。

(二) 国际商事惯例

国际商事惯例是在长期反复的国际商事交往实践中逐步形成并得到各国普遍承认或遵守的商事活动的习惯做法，由此成为公认的国际商事原则或规则。

对国际商事活动有约束力的国际商事惯例，必须具备三个构成要件：

1. 该习惯做法或规则应当具有确定性的内容，也就是说有明确的商事主体的权利和义务规定。例如，在 FOB 这一贸易术语中，由卖方办理出口清关手续，承担货物越过装运港船舷以前的一切费用和风险，在约定的装运期和装运港把货物装到买方指定的船上，向买方提交约定的各种单证等等，这些卖方的基本义务就是确定的；同时，买方承担货物越过船舷时起的各种费用和风险，按合同约定付款赎单等买方的基本义务，也是明确的。相反，没有当事人的具体确定的权利和义务，是不能构成国际商事惯例的。

2. 已经被各国当事人在长期的商事交往中反复使用。如果只是一两个国家和少数当事人约定的规则，或者是刚刚采用、尚未推广的新规则，当然谈不上所谓“惯例”。

3. 为各国普遍承认、接受并遵守，成为一种“通例”。国际商事惯例的形成并非由某个立法机关制定，也不是由两个或两个以上的国家缔结，而是在商事活动中由各国当事人自发地约定、采用而形成，所以从本质上讲，国际惯例包括商事惯例并不是法律。但是，当某一习惯做法被各国普遍接受、承认和遵守时，该惯例就具有了相当于法律的拘束力。国际商事惯例的法律化通常有两种情形：其一，当一个国际商事惯例被某个国际公约、条约或某国国内立法、判例接受时，它就对有关国家及其当事人产生了法律拘束力；其二，当国际商事活动的当事人自愿采用某项商事惯例时，它就对合同的双方当事人产生了法律拘束力。

国际商事惯例在最初形成时往往是以不成文的约定俗成的形式出现的，不同国家和地区对同一个惯例在解释和适用上往往不一致，对国际商事活动和国际贸易的开展带来诸多不便。为此，一些国际组织相继将一些重要的国际商事惯例编纂成文，使国际商事惯例得到不断的修改、完善和统一，在国际商事交往中发挥着越来越重要的作用。目前，较有代表性的国际商事惯例有：国际法协会制订的《1932年华沙—牛津规则》、国际商会制订的《1990年国际贸易术语解释通则》和《1978年托收统一规则》、国际统一私法协会1994年制订的《国际商事合同通则》、国际商会1993年制订的《跟单信用证统一惯例》、国际海事协会制订的《1974年约克·安特卫普规则》，等等。这些商事惯例已得到世界上大多数国家和地区的承认和接受，我国在对外贸易和商事活动中也已广泛地采用了上述国际商事惯例，并在一般场合下承诺遵守包括国际商事惯例在内的国际惯例。

二、国际商法的国内法渊源

国际商法的国内法渊源，指的是各国规范，调整涉外商事活动及其关系的成文法和判例。

国际商法既然属于国际法范畴，为什么各国国内法也是其来源或组成部分呢？这是因为：

第一，尽管各国承认、接受了大量的国际商事惯例，尤其是参加了大量的国际商事条约，但是，由于各自不同的传统习惯和不同的利益所在，至今，仍有不少的国际商事惯例和国际商事条约尚未被一些国家所认可或参加，有的国家虽然加入了某一条约，却对其中某些条款提出保留。如我国于1986年12月向联合国秘书长递交了加入《联合国国际货物销售合同公约》的核准书，该公约于1988年1月对我国正式生效；但我国同时保留了该公约的第一条第一款的B项和其他有关条款；其中，在涉外商事合同的形式上，我国没有采纳该公约奉行的和国际上通行的合同形式自由的主张，仍坚持当时《中华人民共和国涉外经济合同法》规定的必须采用书面形式的规则。可见，同国际商事活动和国际商事关系相比较，国际商事惯例和国际商事条约适用的广泛性打了很大的折扣。在发生了有关的涉外商事关系却没有参加有关国际条约或有所保留的情况下，拿什么去规范有关的国际商事活动，如何去解决有关的涉外商事纠纷，只有借助于有关国家的有关民商法和判例。第二，现有的国际商事条约和惯例，还远不能囊括国际商事活动中各领域的一切问题，各国仍在许多商事领域中保留了立法权。在没有国际法渊源可供遵循的情况下，处理国际商事问题和争议，就不能不适用有关国家的民商法或判例。当然，解决国际商事问题究竟适用哪一个国家的法律，有一个法律的选择和适用问题，或者依当事人的约定，或者适用与当事人关系密切的国家的法律；但是，根据国际私法中的冲突规则，处理国际商事纠纷的准据法往往是一个特定国家的国内法。既然各国的涉外民商法也构成国际商法渊源，那么，从理论上讲，各国的国内法或判例，凡是能够约束涉外商事活动的，都可以成为国际商法的组成部分。需要说明的是，某些国内法不一定要有“涉外”字样，也同样可以调整涉外商事关系。因为在世界经济一体化的进程中，越来越多的商事活动要涉外或跨国进行，而且在国内对于不同国籍的商事主体越来越通行非歧视原则；一国的法律，对于本国的公民、法人和对于同本国发生关系的外国的商事主体实施同等的规范和约束。例如，我国过去调整商事合同关系的法律，除了《中华人民共和国经济合同法》、《中华人民共和国技术合同法》之外，还立有专门的《中华人民共和国涉外经济合同法》。从 1999 年起，上述三个合同法被统一的《中华人民共和国合同法》所取代。这一统一的合同法虽然没有“涉外”字样，但其所约束的合同当事人，不仅包括中国的公民、法人和其他组织，而且包括外国的公民、法人和其他组织，该法所调整的合同关系自然也包括涉外合同关系，从而成为国际商法的组成部分。

当然，在国际商法的国内法渊源上，人们的主观视角会有所不同，不同的国家及其相关人员都不可避免地会站在自己国家的立场或角度，首先将自己国内调整涉外商事关系的法律和判例作为重要的国际商法渊源。作为中国的学生或商事主体，在学习国际商法时当然要着重掌握中国有关调整商事关系的法律原则和规范。但是，不可否认的是，一些市场经济发达国家的民商法，不仅本身在国际商事关系的处理中被经常地和大量地适用，而且对国际商事条约的形成和国际商法的统一影响巨大。尤其是西方两大法系，即大陆法系和英美法系的民商法和判例，被公认为国际商法的主要渊源。对此，我们应给予高度重视。

第三节 两大法系简介

法系是按各国法律的历史传统、源流关系和特征对各国法律进行的分类；凡是具有一定特点的某国法律同承袭或仿效这一法律而形成的具有类似特征的其他国家的法律，均可以归为同一个法系。目前，对于法系的划分虽然有不同的主张，但有一个基本共识：在现存的各国法律制度中，大陆法系和英美法系对各国法律制度的建立和对国际商法的形成、发展影响最大。

一、大陆法系

大陆法系是以古代罗马法，特别是 19 世纪初的《法国民法典》为传统而建立并发展起来的各国法律制度的总称。由于该法系以《法国民法典》和《德国民法典》为主要标志，而德、法两国和该法系的其他国家主要为欧洲大陆国家，因此该法系被称之为民法法系和大陆法系；又由于大陆法系是对古罗马法承袭而来，同时受到中世纪日耳曼法的影响，故该法系又得名“罗马法系”、“罗马—日耳曼法系”和“罗马—德意志法系”等。

大陆法系至今分布甚广，除法国、德国、比利时、奥地利、荷兰、瑞士、意大利、西班牙、葡萄牙等大部分欧洲大陆国家外，中美洲、南美洲、亚洲、非洲的许多曾作为法国、德国、荷兰等国殖民地和附属国的国家和地区，也属于大陆法系国家；甚至一些普通法系国家的个别地区，如美国的路易斯安那州、加拿大的魁北克省、英国的苏格兰地区等，都属于大陆法系；日本在明治维新以后的立法也在大陆法系之列；中华人民共和国建国之前几十年的旧中国，其立法在很大程度上参照了日本、德国的法律制度，通常也被认为是民法法系。

大陆法系的法律渊源主要是成文法，大陆法系格外重视法典的形式。法国从法国大革命之后就先后制定民法典、商法典、刑法典以及民事诉讼法典等，法典的观念在大陆法系根深蒂固。对于判例，大陆法系的国家原则上不把它作为法的渊源。一个判决，通常只对所判处的案件有效，对其后法院判决同类案件并无约束力。这是大陆法系同英美法系的一个显著区别。但是德国、瑞士、哥伦比亚等少数大陆法系国家稍有例外，这些国家在联邦公报上发表的宪法法院的判决或最高法院关于宪法的判决等，可以具有法律约束力。学理（法学理论）在大陆法系国家一般也不能作为法的渊源，但学理对法律的制定和实施起着重要的作用。同成文法作为主要的法律渊源相吻合，大陆法系国家通行演绎法的法律推理方式。案件的审理和判决通常是一个从一般到个别的过程，即应用法律原则和规则处理个别案件的过程，在这一过程中，法院和法官只能是现有法律的执行者，而没有总结、创制法律的余地。

大陆法系重视法律的系统化。在法的结构上，大陆法系承袭罗马法的分类方法，将全部法律分为公法和私法两大部分。其划分的依据主要是法律所保护的对象和法律关系的主体。其中，公法是保护国家利益或社会公众利益的法律，公法的主体主要是国家或公共团体；私法是保护私有财产和私人利益的法律，其法律关系的主体主要是具有私人或私人团体性质的自然人、法人等社会个体。除此之外，大陆法系国家往往依据法所调整的社会关系的不同，划分出不同的法律部门。属于公法的部门法主要有：刑法、行政法、经济法、环境法、诉讼法、国际法等；属于私法的法律部门主要有民法、商法、家庭法等。每一个法律部门通常以一个法典为核心，配合以较为具体化和专门化的特别法或细则等，构成一个完整有机的法律体系。这样，在宪法的统领下，各个法律部门各司其职、井然有序，共同规范并调整着所有重要的社会关系。

二、英美法系

英美法系指的是英国中世纪以来的法和以此为传统或受其影响而发展起来的其他国家的法的总称。由于它主要以英国中世纪开始出现的“普通法”为代表，故得名普通法法系和英国法系；由于美国法是该法系中具有独特特点的重要组成部分，因此又被称之为英美法系。属于英美法系的国家和地区，除英国和美国之外，主要是过去曾受英国殖民统治或采用英语的国家和地区，包括加拿大、澳大利亚、新西兰、爱尔兰、印度、巴基斯坦、马来西亚、新加坡、缅甸等国家。

英美法系缺乏像大陆法那样系统的门类齐全的成文法体系，也没有明确的公法与私法以及具体的法律部门的划分，往往采取社会生活需要什么法律就创制什么法律，或即时地改变判例规则的做法；在成文法中，单行法律亦较多，灵活性较大。

英美法系的法律渊源主要是判例法。其中普通法和衡平法各具特色，形成特有的二元结构体系。这里的普通法，不是同根本法相对的普通法，而是同衡平法相对应的，从11世纪诺曼底人入侵英国后逐步形成的英国传统的判例法。在诺曼底人征服英格兰，建立了中央集权的国家政权后，威廉国王为缓解统治者与被统治者的矛盾，宣布尊重当地原有的习惯法，并实施司法改革，设立王室法院，实行巡回审判制。巡回法官在审案时，除依据国王的诏书、敕令和制定法以外，主要是根据当地习惯法和惯例作出判决，并从中总结出合理的，并且同敕令、制定法不相抵触的规则，作为以后审判的依据。久而久之，这种通过判例形成的规则得到国家的确认，便成为对全国普遍适用的普通法。

在判例法形式下，包含在某一判决书中的法的原则，不仅适用于该案，而且可以作为一种先例，成为以后法院办理同类案件必须遵循的准则。这就是所谓的“遵循先例”原则或“先例约束力”原则。它的基本要求是，上级法院尤其是最高法院的判决和判决理由，对作出判例的法院本身以及下级法院日后处理同类案件，均具有约束力。由于判例法作为主要的法律渊源，英美法系通行归纳法的逻辑方法，案件的审判过程是一个从特殊到一般的过程，即从具体案件到判例进而总结出法律一般原则和规则的过程。在这一过程中，上诉法院以上的法院和法官不仅是法律的执行者，而且在事实上扮演着法律创制者的重要角色。由于美国同英国的历史文化甚至语言一脉相承，早在美国独立战争之前，英属北美十三个殖民地均实行英国法，因此，美国独立后仍然留在了普通法系之内。总体上，美国法同英国法是同宗同源，而且基本相似，都是以判例法为主，也都有普通法与衡平法之分，故属于同一个法系。但是，美国实行的是联邦制而非英国的君主立宪制，因此，美国法又与英国法存在着较大区别，成为普通法系中独具特色的代表之一。

美国的法律分为联邦法和州法两大部分。各州在立法上权力很大。根据美国宪法确立的准则，凡是宪法未授权联邦立法或宪法未禁止各州立法的，其立法权均属于各州，而联邦只有在例外情况下才行使立法权，但联邦法高于州法，两者发生抵触时应适用联邦法。美国在20世纪20年代开始兴起了成文法运动。成文法数量由此而急剧增加，在社会生活中的作用也日趋重要。虽然成文法的作用还需通过法院判例的解释才能实现，但立法机关也可以用成文法去改变判例法中过时的法律规则。因此，美国的法律制度事实上是在成文法与判例法的相互作用中发展的。此外，为了统一各州的判例法，美国法律协会将民商法的判例法进行整理，编纂成各种判例法汇编，称为《法律重述》、《法院的重述》等等，虽然算不上是法典，却对司法机关有重要的参考价值。

三、两大法系的发展变化及其对国际商法的影响

从以上关于两大法系的讲述中可见，由于两大法系在形成的历史背景、传统和源流

方面的不同，它们在法律渊源、结构、特征上均存在着重大差别。但是，19 世纪末以后，随着社会经济政治条件的变化，两大法系均发生了一些重大变化，主要表现在三个方面：

（一）大陆法系中出现了判例法，并且作用逐步增强

大陆法系国家在传统上只承认成文法而不认可判例法渊源的情况在 20 世纪以后有所改变。如前所述，有的国家（德国、瑞士等）已明确宣布联邦宪法法院等的有关判决对下级法院有约束力；有的大陆法国家虽然没有"遵守先例"原则，但是在旧法条文难以适用或法典没有明确规定的情况下，判例往往也作为法官断案的参考和依据。但大陆法国家出现的判例法作用与英美法系的判例法作用仍不可相提并论，在大陆法国家，具有约束力的判例还仅限于最高法院或有关宪法的判决，此外，某些判例还主要是基于法官判案中对法典的某些条文作了扩展的解释而形成，其作用也主要是用于弥补成文法典所不能预见的情况。

（二）英美法系中成文法的数量迅速增加，且地位和作用不断上升

这种情况在美国最为突出，1926 年美国颁布了具有法律汇编性质的《美国法典》并定期增补修订。为了推动全美法律走向统一，美国法律协会、全国统一州法委员会等团体拟定示范法，向各州推荐，其中，《美国统一商法典》、《美国示范公司法》等已被绝大多数的州所采纳。尽管英美法系以判例法为主的特点没有根本改变，但随着成文法数量的大增，成文法也构成英美法系的一个重要渊源。

（三）两大法系相互影响，取长补短

两大法系不仅在法律渊源上逐步靠近，而且在法的种类和具体内容上相互学习，相互吸收对方的合理和科学的东西。如《美国统一商法典》就曾吸收了不少《法国商法典》的有益内容；日本战后的公司法也曾参照、引进大量的美国示范公司法的内容；此外、美国的反垄断法、产品责任法等，对大陆法系的德、法、日等国发生了深刻影响等等。不过，两大法系虽然在不断靠拢甚至有所融合，但它们之间作为不同法系的区别还是存在的。

两大法系对国际商法的影响是巨大的。一方面，两大法系对国际商法的国际化发挥了不可替代的作用，许多重要的国际商事公约、条约就是通过借鉴甚至吸收两大法系的一些法律原则和规范才得以形成的，例如《联合国国际货物买卖合同公约》、《国际商事合同通则》等，在合同法和买卖法的许多问题上都采纳了两大法系的法律原则和制度。另一方面，两大法系对各国国内商法的影响至深。由于各国法律制度均在不同程度上受到两大法系的影响，甚至大多可以归纳在两大法系之列，因此，作为国际商法重要渊源之一的各国国内商事立法，事实上也是在两大法系的影响下确立的；在用有关国家的国内商法处理国际商事问题时，两大法系的法律原则就在实际上发挥着作用。可见，对两大法系及其法律原则的了解和掌握，是学好国际商法所必需的。

◇ 小知识

中国法律制度简介

中国的法几乎同中国作为文明古国一样历史悠久，最早可以追溯到公元前21世纪的夏朝。在封建社会鼎盛时期的唐朝，《大唐律》已经可以堪称当时世界上相当成熟和完备的封建社会法，对当时周边日本、朝鲜等国家法律制度的形成产生过重大影响。但是，近代以来中国经济、政治的发展远远落后于西方；同时，中国既不是大陆法国家，也不属于英美法系，因此，近代中国的法律制度对于国际法，包括国际商法可以说是影响甚微。从1949年新中国成立到1966年的“文化大革命”，这期间中国开始了社会主义法制建设。但是，由于实行高度集中和国家统治型的计划经济体制，排斥商品经济和市场的作用，调整平等民事主体和商事主体之间财产关系的民商法的发展在这一时期仍显得较为薄弱。1966年至1976年的十年动乱时期，社会主义法制更是遭到严重破坏，民商法立法几乎裹足不前。1978年改革开放以后，中国迎来了社会主义法制建设的春天，特别是随着社会主义市场经济的发展，中国的经济法和民商法的法律制度建设出现了崭新的局面。近代以来的中国法律制度主要受大陆法系的影响。清朝末期开始的法制改革就是在欧洲大陆和日本等国法律制度的影响下进行的；在中华民国时期，中国形成了仿效大陆法的“六法体系”，即由宪法、民法、刑法、行政法、民事诉讼法和刑事诉讼法构成的法律体系；这一法律体系至今仍在中国台湾地区实行。目前的中国大陆，即中华人民共和国的现行法律主要采取成文法形式，并划分为较明确的法律部门，包括宪法、行政法、刑法、民法、经济法、民事诉讼法、刑事诉讼法、行政诉讼法等在内的各法律部门，形成门类齐全的完整的法律体系；同时由宪法、法律、法规、行政规章、地方性法规、特别行政区法律等不同的法律渊源构成完备的成文法法律体系。此外，立法、司法、行政等法律解释，也构成现行中国法律的一个重要渊源。判例在现行的中国法律制度中并非法律渊源，但最高人民法院对地方人民法院关于疑难案件请示的批复，以及《最高人民法院公报》公布的典型案件判决，对同类案件仍具有法律约束力或指导意义。

在中国现行的法律制度中，经济法同民商法之间尚无很严格的区分，许多调整平等民事主体之间财产关系（经济关系）的民法的特别法，如《合同法》、《担保法》、《专利法》、《商标法》等同时也被归入到经济法中，作为调整经济主体之间横向经营协作关系的经济法往往同民商法交叉重叠。至于民法同商法之间更没有明显的区别和分离。商品经济和市场经济不发达的历史，没有使独立的商人阶层形成气候，当然也就长期不具有使商法充分发展的社会经济条件；因而，中国的商法，在传统上或者是依附于民法，或者是作为民法的特别法形式出现的。20世纪90年代以后，属于商法范畴的《公司法》、《票据法》、《海商法》、《保险法》等相继制定公布，虽然具有民法特别法的性质，却同先前公布实施的产品责任法、工业产权法等一起，共同规范着商事活动领域中的一系列重要的商事关系，为中国市场经济的健康运行奠定良好的法律基础，事实上扮演着商法的重要角色。因此，在我们学习国际商法时，不能不掌握中国现行的民商法制度。

资料来源：论卫星．国际商法．杭州：浙江大学出版社，2004.

关键术语

国际商法　国际商事条约　国际商事惯例　大陆法系　英美法系

本章小结

国际商法起源于欧洲中世纪的商人习惯法，历经由国际法至国内法再至国际法的变化。其渊源分为两部分：一是国际商事条约，二是国际商事惯例。其调整对象范围由买卖商事关系商事主体关系扩展至服务等国际商事新兴领域。国际商法就国内商事立法而言，可分两大法系：大陆法系和英美法系。大陆法系侧重创造法典；英美法系推崇判例，然而近代以来，后者也日益重视成文法的制定。

自测题

一、判断题

1. 法国、德国、比利时、奥地利、荷兰、瑞士、意大利、西班牙、葡萄牙等大部分欧洲大陆国家均属英美法系。（　）

2. 国际商事条约是在长期反复的国际商事交往实践中逐步形成并得到各国普遍承认或遵守的商事活动的习惯做法，由此成为公认的国际商事原则或规则。（　）

二、单项选择题

1. 在“国际商法”这一概念中，“国际”一词的含义是指“跨越国界”的意思，因此，在国际商法上的国际商事交易发生在（　）。

A. 国家与国家之间　B. 不同国家的商事组织之间

C. 国际组织之间　D. 不同国家的个人之间

2. 大陆法的主要渊源是（　）。

A. 法律　B. 习惯　C. 判例　D. 学理　E. 成文法

三、多项选择题

1. 大陆法系的特征是（　）。

A. 以成文法为主　B. 以判例法为主

C. 受罗马法影响很小　D. 受罗马法影响很大

E. 民、商合一或民、商分立的编制方法

四、简答题

1. 简述两大法系的发展趋势及其对国际商法的影响。

2. 为什么各国国内商法也是国际商法的渊源？

3. 两大法系之间的主要区别是什么？

五、案例分析题

一个19岁的西班牙人A在中国缔结一份供应钢材的合同，逾期未交货，合同的中方当事人诉至中国法院，要求A承担法律责任，A以自己19岁未达到西班牙法律21岁为完全行为能力人的法定条件而抗辩。

问题：此案应如何判决？

第二章

公　司　法

学习目标

◉ **知识要点：**

1. 公司的有关概念与特征
2. 公司法的主要内容，掌握有限公司和股份公司的设立
3. 公司的资本及组织机构等基本法律制度

◉ **技能目标：**

能够在掌握公司的法律规定的基础上，将公司设立及运行的法律规定运用于实践操作之中。

导读案例

◉ **案情介绍：**

萨洛姆原是英国经营制靴业的独资商人，有制靴店一处。后来萨洛姆设立萨洛姆公司。由于英国法律规定成立有限责任公司必须具有七人以上的发起人，所以公司实际上发行了20 007股的股票，萨洛姆持有其中的20 000股，其妻子和五个儿子分别持有1股。公司董事由萨洛姆及其两个儿子担任。公司成立以后，萨洛姆便将其制靴营业所作价38 782英镑转移于公司，公司付给萨洛姆现金8 272英镑，剩下的30 000英镑中的10 000英镑作为公司向萨洛姆发行的有担保公司债，另外的20 000英镑作为萨洛姆认购公司的股票的股款。一年以后公司被迫解散，经清算，公司债务超过公司资产7 773英镑，这样若萨洛姆的10 000英镑的有担保公司债得到清偿的话，其他的无担保债权的债权人就无法得到任何的清偿。公司的清算人主张公司实际上是萨洛姆个人的事业，公司组织不过是萨洛姆预计经营不顺利，为逃避债务所设，主张不清偿萨洛姆10 000英镑的债权，并要求萨洛姆自身负担清偿公司债务的责任。

◉ **案情分析：**

萨洛姆不应当为公司的债务承担任何责任，并且其10 000英镑的有担保债权应当优先于其他无担保债权得到清偿。因为尽管毫无疑问萨洛姆是为了享受有限责任的优惠而设立公司的，公司股东除了萨洛姆以外均名不副实，但是股东负有限责任是法律赋予股东的合法权益。只要公司是依照法律合法成立的，公司的股东便和公司分别成为独立

的法律实体，股东和公司之间的权利义务关系和其他人与公司的权利义务关系并无二致。该判例确认了这样一个原则：只要公司是按照法律规定而组织设立的，该公司便取得独立人格，即使该公司的控股权操纵在一位或少数股东的手里，其余股东仅具有象征性的利益，亦不影响公司的独立地位。

第一节 公司法概述

一、公司概念和特征

公司是现代市场经济下最重要的商事组织形式，是市场经济的重要主体。各国由于法律传统和制度不同，对公司概念的理解和表述也存在差异。一般认为，公司是指依照公司法规定设立的以营利为目的的企业法人。

◇ 小资料

根据我国《民法通则》规定，所谓法人是指具有民事权利能力和民事行为能力，依法独立享有民事权利和承担民事义务的组织。法人应当具备下列条件：（一）依法成立；（二）有必要的财产或者经费；（三）有自己的名称、组织机构和场所；（四）能够独立承担民事责任。

公司具有以下特征：

1. 营利性

营利性是公司作为商事组织的典型特征。公司作为一种企业，应当通过自己的生产、经营、服务等活动取得实际的经济利益，并将这些利益依法分配给公司的投资者。我国《公司法》第5条第2款规定："公司在国家宏观调控下，按照市场需求自主组织生产经营，以提高经济效益、劳动生产率和实现资产增值保值为目的。"

2. 独立性

公司是具有法人资格的企业。我国《公司法》第5条第1款规定："公司以其全部法人财产，依法经营，自负盈亏。"

案　例

◉ 案情介绍：

A、B两人各出资10万设立一公司，不料公司经营不善，负债30万。在用公司财产清偿20万后仍有10万元无法偿还。问：公司债权人能否要求A、B偿还？

◉ 案情分析：

公司具有独立性，依法独立承担民事责任。公司债务只能由公司偿还，债权人无权要求股东偿还。从另一角度而言，公司独立承担责任意味着股东承担有限责任。

◇小资料

公司人格否认制度

公司人格否认制度又称“公司法人人格否认”制度，源自“刺穿公司面纱”的理论，或称为“直索理论”，是指为阻止公司独立人格的滥用和保护公司债权人利益及社会公共利益，就具体法律关系中的特定事实，否认公司与其背后的股东各自独立的人格及股东的有限责任，责令公司的股东（包括自然人、法人股东）对公司债权人或公共利益直接负责，以实现公平、正义目标之要求而设置的一种法律措施。

3. 合法性

公司必须依照公司法律规定的条件并依照法律规定的程序设立，在公司成立后也必须按照有关法律规定进行管理，从事经营活动。

案　例

◉ **案情介绍：**

金立公司是由甲乙两人于2006年初共同出资设立。2007年2月，甲因欠债权人丙10万元未还而被丙起诉至法院。某县人民法院判令甲在10日内偿还丙借款本息11万元。由于甲到期未履行还款义务，法院下达民事裁定书：裁定扣押公司轿车一部，并从甲在公司中的30万股金中提出11万作为还款。问：法院的做法是否正确？

◉ **案情分析：**

法院裁定扣押公司轿车的做法是错误的。公司是法人，具备独立的法律人格。本案中股东甲的债务是其个人债务，而不是公司债务。法院扣押公司的资产（轿车）混淆了公司与股东的关系，因而是错误的。至于法院从甲30万股金中提出11万作为还款也是错误的。股东的出资在法律上属于公司的财产，股东甲因为出资而享有股（东）权。因此，甲不履行法院判决，法院可以冻结甲的股权，并可以提取甲应分得的红利用于清偿，也可以依法转让甲的股权，用转让所得清偿债务，而不能直接从公司中甲的股金里提取现金。

二、公司的分类

公司可以根据以下不同的标准进行分类：

1. 根据股东对公司承担的责任不同，可以将公司分为无限公司、有限责任公司、两合公司、股份有限公司、股份两合公司。这是大陆法系国家对公司的最基本的分类。

2. 根据公司资本认购对象以及股份转让方式的不同，可将公司分为封闭式公司和开放式公司。这是英美法系对公司的基本分类。

3. 依据公司的信用基础的不同，公司可以分为人合公司（如无限公司）、资合公司（如股份有限公司）、人资两合公司（如两合公司、股份两合公司、有限责任公司）。

4. 根据公司的外部组织关系，公司可以分为母公司和子公司。

5. 根据公司的内部组织关系，公司可以分为总公司（本公司）和分公司。

6. 根据公司的国籍不同，公司可以分为本国公司和外国公司。

三、各国的公司立法概述

近代西方各国为规范公司的各种法律关系，促进商品经济的发展，确保股东的权利和利益，确保公司这种经济组织能够自由经营、安全经营以及尽可能快地扩大经营规模，维护资本主义经济秩序，都通过各种各样的形式先后制定并颁布了各自的公司法律规范，确立了各自的公司法律制度。

（一）法国公司法

法国属于民商分立的国家，法国公司法属于商法范畴。法国的公司法对各国公司法的发展有着重要的影响。早在1673年路易十四时代就制订了世界上第一部系统编纂的《商事条例》，其中就规定了无限公司和两合公司的条款。1807年拿破仑《商法典》第一编第三章对公司作了专章规定。后来因为经济发展的影响，拿破仑《商法典》作了较多的修改，并颁布了单行法作为补充。其中最重要的是1866年颁布的《公司法》，设专章规定了股份两合公司和股份有限公司。1925年另外颁布了《有限公司法》，正式承认并确立了有限公司的法律制度。1966年戴高乐执政时，法国重新制定了一部全面规定各种公司形式的完整的、统一的公司法，即共计509条的《法国商事公司法》。该法取代了过去相关公司法律规范，并依欧盟公司法指令作了多次修改。

法国的商事公司分为合股公司（即无限公司）、两合公司、有限责任公司、股份有限公司、股份两合公司、简易股份公司。《法国商事公司法》还就子公司、参股公司和控股公司作了专门规定。

（二）德国公司法

德国也属于典型的民商分立的国家，有关公司方面的立法较为健全。早在1861年，德国就颁布了《普通德意志商法》，即旧商法典。德国统一后，于1897年5月10日颁布了《德意志商法典》（最近一次修改于2002年8月24日），即新商法典。该法典对公司形式、业务内容等进行了总体规范。另外，德国还有《股份法》、《有限责任公司法》、《合伙公司法》等专门立法。

德国公司法的主要特点是它具有很大的弹性，任意性规范较多，如德国没有规定有限公司成员人数的限制，没有规定有限公司股东将其股权转让给他人的限制，不要求公开公司的财务会计报告，小规模有限责任公司还可任意选择是否设立监事会等。其次，德国公司治理结构也很特殊。德国的监事会具有决策职能，董事会由监事会任免，对监事会负责。德国公司法还首创了“工人参与决定制”，即有一定数量的监事会和董事会成员是从职工中选举产生。这种工人参与管理的“工人参与决定制”对其他国家以后的公司立法起了很大作用。

（三）日本公司法

日本公司立法始于明治维新以后。此前日本奉行闭关锁国政策，资本主义发展受到极大扼制，商品经济很不发达，因此，公司制度及公司立法几乎都不存在。1869 年明治维新后，日本政府奉行“富国强兵、殖产兴业、文明开花”三大政策，开始走上资本主义发展道路。在引进西方现金科学技术的同时，也输入了大陆法系的公司法制度。日本于 1890 年和 1899 年先后制定了两部商法典，分别在第一、二编中规定了有关各种公司的综合性条款，后于 1911 年和 1938 年又进行了两次重大修改，并于 1938 年制定了《有限公司法》。二战后，日本又对公司法进行了多次修改，并广泛采用美国法制，使其具有融大陆法系与英美法系于一身，兼采两大法系之长的特点。20 世纪 90 年代日本泡沫经济破灭后，日本两次对公司法进行了较大幅度的修改，其重要内容有：设置关于最低资本金的限制；承认并允许设立一人公司等。

日本公司主要有四种类型：股份有限公司、无限公司、两合公司、有限责任公司。日本既没有像法国那样将公司法从商法中分离出来，也没有像德国那样将股份公司法从商法中分离出来，而是拘泥于商法的体系与条文，因而商法公司篇的条文和内容都比较凌乱。

（四）英美法系的公司法

1. 英国公司法

英国的公司立法对英美法系国家和地区影响很大。英国最早于 1720 年颁布了有关公司制度的《布伯尔法》，该法案一直到 1825 年才予以废止。1825 年后英国颁布了一系列单行的公司法规，诸如 1835 年的《贸易公司法》、1844 年的《共同股份法》、1855 年的《有限责任法》、1907 年的《有限责任合伙法》、1908 年的《公司法合并法》、1929 年的《公司法》和 1948 年颁布的新《公司法》等，这些法规都经过多次修改，对无限公司、有限责任保证公司（即股东除其认购的股本外，依章程规定，在公司财产不足清偿债务时，还要在一定保证金额范围内负补充责任）和股份有限公司等各种类型的公司作了明确的规定，形成了现代英国较为完整的公司法律制度。英国公司法有一个重要的特点，就是修订频繁，特别是 20 世纪 80 年代以后，基本上 4 至 5 年就要修订一次。

2. 美国公司法

美国公司法是受英国公司法影响制定的。不过根据美国宪法的分权制，美国联邦议会没有公司法方面的立法权，所以美国公司法是由各州自行制定的。美国统一州法委员会和美国法学会分别于 1928 年和 1950 年制定了《统一公司法》和《标准公司法》，以供各州进行公司立法时参考。以后各州都纷纷据此修订了各自的公司法。

与大陆法系的公司法性比，英美法系公司法表现出以下共同特点：

（1）在发源上，虽然其现代公司法以成文法为主，但是由于其是判例法国家，所以仍然存在大量的判例法形式的公司法。

（2）在立法模式上，有关公司法的成文法均以单行法或统一法的形式存在，即便像美国制定了商法典（《统一商法典》），商法典里面也不包含公司法规范。尽管这种立法模式并非英美法系国家所特有，但依然是其一大特色。

（3）公司法赋予公司设立者较大的自由，富有弹性。如英国公司法对公司资本额没有最低限制，未规定法定公积金制度等等。

(4) 公司法的调整范围独特。首先，就公司种类而言，主要调整三类公司，即开放式公司（类似于大陆法系的股份有限公司）、封闭式公司（类似于大陆法系的有限责任公司）和有限保证责任公司。其次，公司法调整范围比较广泛，不但包括公司设立、组织机构等一般公司法规范，还包括证券及证券交易、公司财务会计（该部分规定的内容十分详细）、公司破产等内容。如在英国，有关公司破产的内容都在公司法中作了详尽的规定，而专门的破产法只调整自然人破产。

（五）我国的公司立法

我国的公司法也是受西方国家公司法的影响而制定的，最早见于 1903 年清政府制定的《大清公司律》。民国建立以后，北洋政府于 1914 年制定颁布了《公司条例》，南京国民党政府于 1929 年制定颁布了《公司法》。

中华人民共和国成立以后，50 年代初期曾制定颁布了一些具有公司法性质的法律规范。改革开放以来，适应市场经济需要的公司应运而生。从 1983 年起我国正式起草公司法，1993 年 12 月 29 日，八届人大常委会第五次会议通过了《中华人民共和国公司法》，新中国第一部公司法正式诞生。这部公司法于 1999 年 12 月 25 日和 2004 年 8 月 28 日进行了两次修订。2005 年 10 月 27 日第十届全国人民代表大会常务委员会第十八次会议对公司法进行了第三次修订，自 2006 年 1 月 1 日起实行。新公司法根据我国社会和经济发展的最新要求，借鉴了各国公司法改革的最新成果，对现实中的许多重要问题进行了深入分析和论证，修改或取消了脱离现实需要的许多规定，进一步完善了行之有效的制度和范围，对促进改革开放，促进社会主义市场经济的健康发展，有着重要的意义。

第二节　有限责任公司

一、有限责任公司的概念

所谓有限责任公司，是指依照公司法设立的，股东以其出资额为限对公司承担责任，公司以其全部资产对公司的债务承担责任的企业法人。

二、有限责任公司的设立

（一）设立条件

设立有限责任公司，应当具备下列条件：

1. 股东符合法定人数。关于股东人数的限制各国规定不一，有的国家规定最高人数，如英国规定，股东人数限制在 50 人以下。有的国家限制最低人数，如法国规定，有限责任公司股东必须 2 人以上。有的国家没有限制，如德国规定 1 人以上就可以成立有限责任公司。我国《公司法》第 24 条规定：有限责任公司由 50 个以下股东共同出资设立。

2. 股东出资达到法定资本最低限额。为了使公司具备基本的经营能力和责任能力，设立有限责任公司必须达到法定最低资本限额。各国公司法基本上都对有限责任公司的资本总额规定了最低限制。我国《公司法》第26条规定：有限责任公司的注册资本为在公司登记机关登记的全体股东认缴的出资额。公司全体股东的首次出资额不低于注册资本的百分之二十，也不得低于法定的注册资本最低限额，其余部分由股东自公司成立之日起两年内缴足；其中，投资公司可以在五年内缴足。有限责任公司注册资本的最低限额为人民币三万元。法律、行政法规对有限责任公司注册资本的最低限额有较高的规定的，从其规定。

◇ *小资料*

公司资本制度

★ 法定资本制，是指公司设立时，必须在公司章程中载明公司的资本总额，并在公司成立时由股东（发起人）认足或募足的资本制度。

★ 授权资本制，是指公司成立时，须在章程中确定资本总额，股东只需认缴一定比例的资本或章程中所规定的最低限额，公司即可成立。未认缴的资本，授权董事会根据公司的营业需要和市场情况随时发行新股，募集资本。

★ 折中资本制，是指公司成立时，不必将全部资本认足，可以授权董事会随时或于公司成立后一定年限内，在公司资本额之一定范围内，发行新股，增加资本，而无需经股东会特别决议批准。

3. 股东共同制定章程。有限责任公司章程是记载公司组织规范及其行动准则的书面文件，须由全体股东共同订立和签署。

4. 有公司名称，建立符合有限公司要求的组织。

5. 有公司住所。

（二）设立程序

1. 制定公司章程

法国公司法规定："全体股东必须亲自或委派证明有代理权的受任人参加公司设立行为。"按照这一规定，章程应当由全体股东订立。德国有限责任公司法规定："章程须用公证形式，章程应由全体股东签名。"该法认为章程应由全体股东订立，经全体股东同意签名即可。日本公司法对此无明文规定，一般认为与德国做法相同。我国公司法规定："股东应当在公司章程上签名、盖章。"可以认为，我国做法与德国做法也是相同的。

2. 必要的行政审批

并不是所有有限责任公司的设立均要报经批准，大多数情况下，只要不涉及法律、法规的特别要求，直接注册登记就可以。

3. 缴纳出资

我国《公司法》第27条规定，股东可以用货币出资，也可以用实物、知识产权、土地使用权等可以用货币估价并可以依法转让的非货币财产作价出资；但是，法律、行政法规规定不得作为出资的财产除外。

全体股东的货币出资金额不得低于有限责任公司注册资本额的 30%。

4. 验资

股东全部缴纳出资后，必须经法定验资机构进行验资并出具证明。

5. 设立登记

在股本全部或部分缴纳之后，应在法院或有关机关申请设立登记。如德国规定，应当向公司所在地法院申请设立登记。我国规定公司应向工商机关进行登记。公司进行登记以后，即宣告成立，从此取得法人资格。

案　例

案情介绍：

甲、乙、丙拟共同出资设立一家以生产经营为主的有限责任公司（以下简称公司），并共同制定了公司章程草案。该公司章程草案有关要点如下：公司注册资本总额为 600 万元。各方出资数额、出资方式以及缴付出资的时间分别为：甲出资 180 万元，其中：货币出资 70 万元、计算机软件作价出资 110 万元，首次货币出资 20 万元，其余货币出资和计算机软件出资自公司成立之日起 1 年内缴足；乙出资 150 万元，其中：机器设备作价出资 100 万元、特许经营权出资 50 万元，自公司成立之日起 6 个月内一次缴足；丙以货币 270 万元出资，首次货币出资 90 万元，其余出资自公司成立之日起 2 年内缴付 100 万元，第 3 年缴付剩余的 80 万元。问：根据中国《公司法》，该公司的章程是否合法？

案情分析：

公司首次出资总额不符合法律规定。根据公司法，有限责任公司全体股东首次出资额不得低于注册资本的 20%，而本案股东首次出资仅为 110 万，未达到 20% 的限额，故不符合法律的规定。

公司出资人的货币出资符合法律规定。根据公司法，全体股东的货币出资金额不得低于有限责任公司注册资本的 30%，本案中三位股东的货币出资金额共 340 万，已超过了 30% 的最低限额。

甲以计算机软件出资符合法律规定。根据公司法，股东可以以知识产权进行出资，而计算机软件属于著作权。

乙以特许经营权出资不符合法律的规定。根据公司法，股东不得以劳务、信用、商誉、特许使用权出资。

甲和乙分期缴纳出资的时间均符合法律规定，而丙分期缴纳出资的时间不符合法律规定。根据公司法，股东分期缴纳出资的，其余部分股款应自公司成立之日起 2 年内缴足。甲、乙的股款都在两年内缴足，而丙则拖到了第三年。

三、有限公司的组织机构

有限公司的组织机构亦称之为公司治理结构，是指公司中股东会、董事会、经理和监事会等公司机关组成的有机管理系统和监督制衡的运行机制。其中，股东会是公司的最高权力机构，董事会是公司的经营管理机构，经理是董事会聘任的公司日常经营管理者，监事会是公司经营管理的监督机构。

（一）公司治理结构的立法模式

由于各国历史传统、政治经济制度、立法和公司实践存在的差异，其公司治理结构也体现出不同的特点。比较典型的是英美法系的单层体制和大陆法系国家的双层体制。

1. 单层体制

这一体制强调股东对管理权的主导和控制。除股东（大）会作为公司权力机关外，日常管理和决策权交由股东选任的董事会行使，公司不再单独设立专门的监督机构，而是由董事会下设的专门委员会聘任的独立董事行使监督权。

2. 双层体制

双层体制强调职工对公司管理的参与，除股东会作为公司权力机关外，在董事会之外在设立有职工参与的监事会，由二者分别行使经营管理权和监督权。在董事会和监事会的关系问题上，又存在两种立法模式：一是监事会在上，监事会选举产生董事会的德国模式；二是由股东会选举产生平级的董事会和监事会的日本模式。我国采用的是日本模式。下面着重介绍一下我国公司法关于公司组织机构的规定。

（二）股东会

有限责任公司的股东会是由公司全体股东组成的，对公司经营管理、各种涉及股东和公司利益的事宜拥有最高决策权的公司权力机构。有限公司的一切重大事务均有股东会决定。

股东会行使下列职权：决定公司的经营方针和投资方针；选举和更换非由职工代表担任的董事、监事，决定有关董事、监事的报酬事项；审议批准董事会的报告；审议批准监事会或者监事的报告；审议批准公司的年度财务预算方案、决算方案；审议批准公司的利润分配方案和弥补亏损方案；对公司增加或者减少注册资本作出决议；对发行公司债券作出决议；对公司合并、分立、解散、清算或者变更公司形式作出决议；修改公司章程；公司章程规定的其他职权。

股东会会议分为定期会议和临时会议。定期会议应当依照公司章程的规定按时召开。代表十分之一以上表决权的股东，三分之一以上的董事，监事会或者不设监事会的公司的监事提议召开临时会议的，应当召开临时会议。有限责任公司设立董事会的，股东会会议由董事会召集，董事长主持；董事长不能履行职务或者不履行职务的，由副董事长主持；副董事长不能履行职务或者不履行职务的，由半数以上董事共同推举一名董事主持。有限责任公司不设董事会的，股东会会议由执行董事召集和主持。董事会或者执行董事不能履行或者不履行召集股东会会议职责的，由监事会或者不设监事会的公司的监事召集和主持；监事会或者监事不召集和主持的，代表十分之一以上表决权的股东可以自行召集和主持。

股东会会议由股东按照出资比例行使表决权；但是，公司章程另有规定的除外。股东会的议事方式和表决程序，除法律另有规定的外，由公司章程规定。股东会会议作出修改公司章程、增加或者减少注册资本的决议，以及公司合并、分立、解散或者变更公司形式的决议，必须经代表三分之二以上表决权的股东通过。

（三）董事会和经理

董事会是公司股东会的执行机构，负责公司日常经营决策。有限责任公司设董事会，其成员为三人至十三人。股东人数较少或者规模较小的有限责任公司，可以设一名执行董事，不设董事会。董事会设董事长一人，可以设副董事长。董事长、副董事长的产生办法由公司章程规定。董事任期由公司章程规定，但每届任期不得超过三年。董事任期届满，连选可以连任。

董事会对股东会负责，行使下列职权：召集股东会会议，并向股东会报告工作；执行股东会的决议；决定公司的经营计划和投资方案；制订公司的年度财务预算方案、决算方案；制订公司的利润分配方案和弥补亏损方案；制订公司增加或者减少注册资本以及发行公司债券的方案；制订公司合并、分立、解散或者变更公司形式的方案；决定公司内部管理机构的设置；决定聘任或者解聘公司经理及其报酬事项，并根据经理的提名决定聘任或者解聘公司副经理、财务负责人及其报酬事项；制定公司的基本管理制度；公司章程规定的其他职权。

董事会会议由董事长召集和主持；董事长不能履行职务或者不履行职务的，由副董事长召集和主持；副董事长不能履行职务或者不履行职务的，由半数以上董事共同推举一名董事召集和主持。董事会的议事方式和表决程序，除法律另有规定的外，由公司章程规定。董事会决议的表决，实行一人一票。

有限责任公司可以设经理，由董事会决定聘任或者解聘。执行董事可以兼任公司经理。经理对董事会负责，经理列席董事会会议。

法定代表人依照公司章程的规定，由董事长、执行董事或者经理担任，并依法登记。公司法定代表人变更，应当办理变更登记。

（四）监事会

有限责任公司的监事会是负责对公司活动进行监督的机构。有限责任公司设监事会，其成员不得少于三人。股东人数较少或者规模较小的有限责任公司，可以设一至二名监事，不设监事会。监事会应当包括股东代表和适当比例的公司职工代表，其中职工代表的比例不得低于三分之一，具体比例由公司章程规定。监事会中的职工代表由公司职工通过职工代表大会、职工大会或者其他形式民主选举产生。

监事会设主席一人，由全体监事过半数选举产生。监事会主席召集和主持监事会会议；监事会主席不能履行职务或者不履行职务的，由半数以上监事共同推举一名监事召集和主持监事会会议。

董事、高级管理人员不得兼任监事。

监事的任期每届为三年。监事任期届满，连选可以连任。

监事会、不设监事会的公司的监事行使下列职权：检查公司财务；对董事、高级管理人员执行公司职务的行为进行监督，对违反法律、行政法规、公司章程或者股东会决议的董事、高级管理人员提出罢免的建议；当董事、高级管理人员的行为损害公司的利益时，要求董事、高级管理人员予以纠正；提议召开临时股东会会议，在董事会不履行法律规定的召集和主持股东会会议职责时召集和主持股东会会议；向股东会会议提出提案；对董事、高级管理人员提起诉讼；公司章程规定的其他职权。

监事可以列席董事会会议，并对董事会决议事项提出质询或者建议。监事会、不设监事会的公司的监事发现公司经营情况异常，可以进行调查；必要时，可以聘请会计师事务所等协助其工作，费用由公司承担。

监事会每年度至少召开一次会议，监事可以提议召开临时监事会会议。监事会的议事方式和表决程序，除法律另有规定的外，由公司章程规定。监事会决议应当经半数以上监事通过。

监事会、不设监事会的公司的监事行使职权所必需的费用，由公司承担。

案 例

案情介绍：

甲、乙、丙拟共同出资设立一家以生产经营为主的有限责任公司（以下简称公司），并共同制定了公司章程草案。该公司章程草案规定：公司的董事长由甲委派，副董事长由乙委派，经理由丙提名并经董事会聘任，经理作为公司的法定代表人。在公司召开股东会会议时，出资各方行使表决权的比例为：甲按照注册资本30%的比例行使表决权；乙、丙分别按照注册资本35%的比例行使表决权。问：公司的法定代表人由经理担任是否符合公司法的有关规定？公司章程规定的出资各方在公司股东会会议上行使表决权的比例是否符合公司法的有关规定？

案情分析：

公司法定代表人由经理担任符合公司法规定。根据公司法，公司法定代表人依照公司章程的规定，由董事长，执行董事或者经理担任。

公司章程规定的出资各方在股东会上行使表决权的比例符合法律规定。根据公司法，有限责任公司股东会会议由股东按照出资比例行使表决权，但公司章程另有规定的除外。故有限责任公司章程可对股东在股东会上行使表决权的比例作出规定。

（五）公司董事、监事和高级管理人员的任职资格和义务

1. 我国《公司法》规定，有下列情形之一的，不得担任公司的董事、监事、高级管理人员：

（1）无民事行为能力或者限制民事行为能力者；

（2）因贪污、贿赂、侵占财产、挪用财产或者破坏社会主义市场经济秩序，被判处刑罚，执行期满未逾五年，或者因犯罪被剥夺政治权利，执行期满未逾五年；

（3）担任破产清算的公司、企业的董事或者厂长、经理，对该公司、企业的破产负有个人责任的，自该公司、企业破产清算完结之日起未逾三年；

（4）担任因违法被吊销营业执照、责令关闭的公司、企业的法定代表人，并负有个人责任的，自该公司、企业被吊销营业执照之日起未逾三年；

（5）个人所负数额较大的债务到期未清偿；

（6）未经批准，国家公务员不得兼任公司的董事、监事和高级管理人员。

◇ *相关链接*

公司的高级管理人员

高级管理人员，是指公司的经理、副经理、财务负责人，上市公司董事会秘书和公司章程规定的其他人员。

2. 董事、监事、高级管理人员应当遵守法律、行政法规和公司章程，对公司负有忠实义务和勤勉义务。董事、监事、高级管理人员不得利用职权收受贿赂或者其他非法收入，不得侵占公司的财产。

董事、高级管理人员不得有下列行为：

（1）挪用公司资金；

（2）将公司资金以其个人名义或者以其他个人名义开立账户存储；

（3）违反公司章程的规定，未经股东会、股东大会或者董事会同意，将公司资金借贷给他人或者以公司财产为他人提供担保；违反公司章程的规定或者未经股东会、股东大会同意，与本公司订立合同或者进行交易；

（4）未经股东会或者股东大会同意，利用职务便利为自己或者他人谋取属于公司的商业机会，自营或者为他人经营与所任职公司同类的业务；

（5）接受他人与公司交易的佣金归为己有；

（6）擅自披露公司秘密；

（7）违反对公司忠实义务的其他行为。

董事、高级管理人员违反上述义务，所得的收入应当归公司所有。

案　例

◉ **案情介绍：**

原告库克是多伦多建筑公司的一名小股东兼董事，被告是该公司的另外三名大股东兼董事。多伦多公司的主要业务是长期承包加拿大太平铁路公司的修建铁路工程，并且声誉卓著。2007年被告代表多伦多建筑公司与太平洋铁路公司谈判承包海岸铁路支线建造事宜，但在达成协议时，被告却以他们三人另外组建的一家公司与太平洋铁路公司签约，并且利用他们在多伦多公司的控股地位通过一项董事会决议，使得多伦多公司的一部分财产转让给被告组建的公司，并使得多伦多公司自动放弃这一签约机会。原告指控称，这项契约利益应属于多伦多公司，而由被告操纵的董事会决议无效。问：这项董事会决议是否无效？

◉ **案情分析：**

根据公司法规定，董事、高级管理人员不得有下列行为：未经股东会或者股东大会同意，利用职务便利为自己或者他人谋取属于公司的商业机会，自营或者为他人经营与所任职公司同类的业务。本案中，被告利用自己的职务便利谋取属于公司的商业机会，其所得应当归公司所有。

四、一人有限责任公司

（一）一人有限公司的概念

一人有限责任公司是指只有一个自然人股东或者一个法人股东的有限责任公司。

（二）一人有限公司的特殊规定

我国《公司法》对一人有限公司的规定如下：

1. 一人有限责任公司的注册资本最低限额为人民币 10 万元。股东应当一次足额缴纳公司章程规定的出资额。

2. 一个自然人只能投资设立一个一人有限责任公司。该一人有限责任公司不能投资设立新的一人有限责任公司。

3. 一人有限责任公司应当在公司登记中注明自然人独资或者法人独资，并在公司营业执照中载明。

4. 一人有限责任公司章程由股东制定。一人有限责任公司不设股东会。股东会职权由股东一人行使，股东依法作出决定时，应当采用书面形式，并由股东签名后置备于公司。

5. 一人有限责任公司应当在每一会计年度终了时编制财务会计报告，并经会计师事务所审计。

6. 一人有限责任公司的股东不能证明公司财产独立于股东自己的财产的，应当对公司债务承担连带责任。

案　例

案情介绍：

张某欲设立一人有限公司，该公司注册资本为人民币 10 万元，其中以货币出资 2 万，实物出资 5 万，知识产权作价出资 3 万。张某首次出资为人民币 2 万，实物 3 万。问该公司能不能设立？

案情分析：

根据公司法规定，一人有限责任公司的注册资本最低限额为人民币 10 万元，且股东应当一次足额缴纳公司章程规定的出资额。故张某不得分期缴付出资。另外，公司法对一人有限公司未作规定的，应当适用普通有限公司的规定，故张某出资中货币资本至少为注册资本的 30% 即 3.3 万元。因此该公司不能设立。

五、有限责任公司的股权转让

（一）有限责任公司股权转让的限制

1. 有限责任公司的股东之间可以相互转让其全部或者部分股权。

2. 股东向股东以外的人转让股权，应当经其他股东过半数同意。股东应就其股权转让事项书面通知其他股东征求同意，其他股东自接到书面通知之日起满三十日未答复的，视为同意转让。其他股东半数以上不同意转让的，不同意的股东应当购买该转让的股权；不购买的，视为同意转让。经股东同意转让的股权，在同等条件下，其他股东有优先购买权。

3. 两个以上股东主张行使优先购买权的，协商确定各自的购买比例；协商不成的，按照转让时各自的出资比例行使优先购买权。公司章程对股权转让另有规定的，从其规定。

（二）有限责任公司股权转让中的问题

有下列情形之一的，对股东会该项决议投反对票的股东可以请求公司按照合理的价格收购其股权：

1. 公司连续五年不向股东分配利润，而公司该五年连续盈利，并且符合法律规定的分配利润条件的；

2. 公司合并、分立、转让主要财产的；

3. 公司章程规定的营业期限届满或者章程规定的其他解散事由出现，股东会会议通过决议修改章程使公司存续的。

案　例

◉ **案情介绍：**

甲、乙、丙三人共同出资成立了一有限责任公司，其出资比例分别为20%、20%、60%。现丙与第三人丁达成协议，丙将自己在该公司的出资全部转让给丁。甲、乙知晓后均不同意。丙称自己的表决权占全体股东表决权的半数以上，他完全有权决定将出资转让给丁。问：丙的说法有没有道理？

◉ **案情分析：**

根据公司法规定，股东向股东以外的人转让股权，应当经其他股东过半数同意。此处为人数过半数而不是表决权过半数，所以丙的说法没有道理。

第三节　股份有限责任公司

一、股份有限公司的概念

股份有限公司是指全部资本划分为等额股份，股东以其持有的股份为限对公司承担责任，公司以其全部资产对公司债务承担责任的公司。

二、股份有限公司的设立

（一）设立方式

股份有限公司的设立，可以采取发起设立或者募集设立的方式。发起设立，是指由发起人认购公司应发行的全部股份而设立公司。此种设立方式，由于发行股份总数由发起人自行认足，不另对外募集认股，设立程序简单。募集设立，是指由发起人认购公司应发行股份的一部分，其余股份向社会公开募集或者向特定对象募集而设立公司。此种公司设立方式、设立程序较发起设立要复杂。

股份有限公司的设立，究竟采用哪种设立方式，由发起人相互约定，自行选择，并载明于公司章程。

（二）设立条件

我国《公司法》规定，设立股份有限公司，应当具备下列条件：

1. 发起人符合法定人数；

2. 发起人认购和募集的股本达到法定资本最低限额（人民币500万）；

3. 股份发行、筹办事项符合法律规定；

4. 发起人制订公司章程，采用募集方式设立的经创立大会通过；

5. 有公司名称，建立符合股份有限公司要求的组织机构；

6. 有公司住所。

（三）股份有限公司的发起人

1. 发起人的概念和资格。股份有限公司的发起人，是指按照公司法规定，认购其应认购股份，制定公司章程，并承担公司筹办事务的人。股份有限公司的设立必须有赖于发起人的行为。

我国《公司法》第79条规定，设立股份有限公司，应当有二人以上二百人以下为发起人，其中须有半数以上的发起人在中国境内有住所。我国《公司法》对自然人作为发起人及发起人的国籍均没有禁止规定，因此，在我国，无论自然人还是法人，本国人还是外国人，均可作为股份有限公司发起人。法人作为发起人，应以营利性法人为限。

2. 发起人的法律责任。由于发起人的特殊身份，其行为直接关系到债权人、其他股东和即将成立的公司的利益，因此，我国《公司法》对发起人的法律责任作了规定：(1) 公司不能成立时，对设立行为所产生的债务和费用负连带责任；(2) 公司不能成立时，对认股人已缴纳的股款，负返还股款并加算银行同期存款利息的连带责任；(3) 在公司设立过程中，由于发起人的过失致使公司利益受到损害的，应当对公司承担赔偿责任。

（四）股份有限公司的设立程序

1. 发起设立的程序

(1) 发起人订立章程。

(2) 发起人认足公司章程规定发行的股份。发起人以书面形式认足公司章程规定发行的股份。股份有限公司采取发起设立方式设立的，注册资本为在公司登记机关登记的全体发起人认购的股本总额。

(3) 发起人缴纳股款。发起人认足股份之后，应即按所认购股份数额缴纳股款。公司全体发起人的首次出资额不得低于注册资本的百分之二十，其余部分由发起人自公司成立之日起两年内缴足；其中，投资公司可以在五年内缴足。在缴足前，不得向他人募集股份。股款缴齐以后，应当由法定验资机构出具验资证明。发起人的出资方式适用有限公司的规定。

（4）发起人选任公司机关。发起人首次缴纳出资后，应当选举董事会和监事会。

（5）公司设立登记。董事会向公司登记机关报送公司章程、由依法设定的验资机构出具的验资证明以及法律、行政法规规定的其他文件，申请设立登记。经核准登记，取得登记机关核发的营业执照。

2. 募集设立程序

（1）发起人订立公司章程。

（2）发起人认购股份。股份有限公司采取募集方式设立的，注册资本为在公司登记机关登记的实收股本总额。以募集设立方式设立股份有限公司的，发起人认购的股份不得少于公司股份总数的百分之三十五；但是，法律、行政法规另有规定的，从其规定。

（3）发起人募股。发起人向社会公开募集股份，必须公告招股说明书，并制作认股书。

（4）认股人认股。认股人认股为要式法律行为，应由认股人填写认购股数、金额、住所，并签名、盖章。

（5）发起人催缴股款。发起人向社会公开募集股份，应当由依法设立的证券公司承销，签订承销协议。并同银行签订代收股款协议。代收股款的银行应当按照协议代收和保存股款，向缴纳股款的认股人出具收款单据，并负有向有关部门出具收款证明的义务。发行股份的股款缴足后，必须经依法设立的验资机构验资并出具证明。

（6）召开创立大会。创立大会是在股份有限公司募集设立过程中由认股人（包括发起人）所组成的决议机构或决策机构。发起人、认股人缴纳股款或者交付抵作股款的出资后，除未按期募足股份、发起人未按期召开创立大会或者创立大会决议不设立公司的情形外，不得抽回其股本。

（7）申请设立登记。董事会应于创立大会结束后三十日内，向公司登记机关报送有关文件，申请设立登记。公司登记机关对符合规定条件的，予以登记，发给营业执照。营业执照签发日期为公司成立日期。

案　例

◉ 案情介绍：

甲、乙、丙、丁四人欲以募集设立的方式设立一股份有限公司，注册资本为人民币500万，其出资情况如下：甲以货币认缴出资30万，首次出资10万元；乙以货币出资20万，厂房作价30万，首次出资为货币20万元；丙以专利权认缴出资80万，首次出资即专利权80万元；经甲、乙、丙三人一致同意，丁以劳务作价10万元出资。其余事项均符合《公司法》规定。问：根据我国新《公司法》，该公司能否设立？为什么？

◉ 案情分析：

根据我国《公司法》规定，该公司不能设立。首先，股份有限公司以募集方式设立的不得分期缴付出资；其次，股份有限公司的股东不得以劳务出资；最后，全体发起人认购的股份不得少于公司股份的35%，而本案例中却未达到。所以，公司不得设立。

三、股份有限公司的组织机构

（一）股东大会

股份有限公司股东大会由全体股东组成。股东大会是公司的权力机构，有关有限责任公司股东会职权的规定，适用于股份有限公司股东大会。股东大会应当每年召开一次年会，但有下列情形之一的，应当在两个月内召开临时股东大会：董事人数不足法律规定人数或者公司章程所定人数的三分之二时；公司未弥补的亏损达实收股本总额三分之一时；单独或者合计持有公司百分之十以上股份的股东请求时；董事会认为必要时；监事会提议召开时；公司章程规定的其他情形。

股东出席股东大会会议，所持每一股份有一表决权。但是，公司持有的本公司股份没有表决权。股东大会作出决议，必须经出席会议的股东所持表决权过半数通过。但是，股东大会作出修改公司章程、增加或者减少注册资本的决议，以及公司合并、分立、解散或者变更公司形式的决议，必须经出席会议的股东所持表决权的三分之二以上通过。本法和公司章程规定公司转让、受让重大资产或者对外提供担保等事项必须经股东大会作出决议的，董事会应当及时召集股东大会会议，由股东大会就上述事项进行表决。

股东大会选举董事、监事，可以依照公司章程的规定或者股东大会的决议，实行累积投票制。所谓累积投票制，是指股东大会选举董事或者监事时，每一股份拥有与应选董事或者监事人数相同的表决权，股东拥有的表决权可以集中使用。

（二）董事会和经理

股份有限公司设董事会，其成员为五人至十九人。董事会成员中可以有公司职工代表。董事会中的职工代表由公司职工通过职工代表大会、职工大会或者其他形式民主选举产生。我国《公司法》关于有限责任公司董事任期的规定，适用于股份有限公司董事。我国《公司法》关于有限责任公司董事会职权的规定，适用于股份有限公司董事会。董事会设董事长一人，可以设副董事长。董事长和副董事长由董事会以全体董事的过半数选举产生。董事会每年度至少召开两次会议，每次会议应当于会议召开十日前通知全体董事和监事。代表十分之一以上表决权的股东、三分之一以上董事或者监事会，可以提议召开董事会临时会议。董事长应当自接到提议后十日内，召集和主持董事会会议。董事会会议应有过半数的董事出席方可举行。董事会作出决议，必须经全体董事的过半数通过。董事会决议的表决，实行一人一票。董事应当对董事会的决议承担责任。董事会的决议违反法律、行政法规或者公司章程、股东大会决议，致使公司遭受严重损失的，参与决议的董事对公司负赔偿责任。但经证明在表决时曾表明异议并记载于会议记录的，该董事可以免除责任。

股份有限公司设经理，由董事会决定聘任或者解聘。我国《公司法》关于有限责任公司经理职权的规定，适用于股份有限公司经理。公司董事会可以决定由董事会成员兼任经理。公司不得直接或者通过子公司向董事、监事、高级管理人员提供借款。公司应当定期向股东披露董事、监事、高级管理人员从公司获得报酬的情况。

（三）监事会

股份有限公司设监事会，其成员不得少于三人。监事会应当包括股东代表和适当比例的公司职工代表，其中职工代表的比例不得低于三分之一，具体比例由公司章程规定。监事会中的职工代表由公司职工通过职工代表大会、职工大会或者其他形式民主选举产生。监事会设主席一人，可以设副主席。监事会主席和副主席由全体监事过半数选举产生。

我国《公司法》规定，关于董事会、经理、监事会的有关规定，除另有规定外，都可以使用有限责任公司的规定。

案　例

◉ 案情介绍：

A股份有限公司拟召开2008年度股东大会年会，审议批准董事会报告、审议批准监事会报告、审议批准年度财务预算方案、决算方案、审议批准公司的利润分配方案。公司在国务院证券管理部门指定的报纸上登载了召开股东大会年会的通知。通知内容如下：

A股份有限公司关于召开2008年度股东大会年会的通知

兹定于2008年5月15日在公司本部办公楼二层会议室内召开2008年度股东大会年会，特通知如下：

一、凡持有本公司股份50万股以上的股东可向本公司索要本通知，并持通知出席股东大会会议。

二、持有本公司股份不足50万股的股东，可自行组合，每50万股选出一名代表，向本公司索要本通知，并持通知出席股东大会会议。

A股份有限公司董事长　董某某

2008年5月5日

问题：阅读上述资料，指出上述通知有哪些违法之处？根据什么？

◉ 案情分析：

根据有下列违法之处：（1）通知发出时间违反《公司法》。根据《公司法》规定，召开股东大会，应于会议召开30日以前通知各股东。（2）通知中未将审议的四个事项列出。根据《公司法》规定，召开股东大会，应将审议事项通知各股东。（3）通知中一、二项均违反《公司法》，剥夺了部分股东表决权。根据是，违反股东平等原则，即《公司法》关于“股东出席大会，所持每一股份有一表决权”的规定。（4）通知由董事长署名，而不是署公司董事会。违反了股东大会应由有召集权的人召集的规定。根据是，《公司法》规定，股东大会由董事会依公司法规定负责召集。

四、股份有限公司的资本和股份

（一）股份有限公司的资本

股份有限公司的资本，亦称股本，是指股份有限公司的股份数额总额。股份有限公司的资本划分为等额股份，每一股的金额相等。

我国公司法规定，股份有限公司采取发起设立方式设立的，注册资本为在公司登记机关登记的全体发起人认购的股本总额；股份有限公司采取募集方式设立的，注册资本为在公司登记机关登记的实收股本总额。并规定，股份有限公司注册资本的最低限额为人民币500万元。

（二）股份有限公司股份的概念和种类

股份有限公司的股份是指均分公司全部资本的、表示股东权利义务的最基本的计算单位。股份具有两种含义：一是指公司资本的组成单位，是公司全部资本划分成的均等份额，全部股份金额的总和即为公司资本总额。二是指股东权利义务产生的根据，股东权利和义务的大小取决于其拥有的股份数额。

股份有限公司签发的用来证明股东所持股份的凭证是股票。股份和股票有着密切的联系，股份是股票的实质内容，股票是股份的证券形式。从不同角度和标准，可对股份进行不同的划分：依照股份所反映的股东权为标准可分为普通股和优先股；依股票票面上是否标明股份金额为标准，可分为额面股和无额面股；依股票上是否有股东的姓名或名称为标准，可分为记名股和不记名股；依投资主体为标准，又可分为国家股、法人股、个人股和外资股。

（三）股份有限公司股份的发行

股份的发行，是指股份有限公司通过法定方式向社会发行公司股份的行为。因为股份必须采用股票的形式，因而股份的发行实际上就是股票的发行。

股份的发行，实行公平、公正的原则，同种类的每一股份应当具有同等权利。同次发行的同种类股票，每股的发行条件和价格应当相同；任何单位或者个人所认购的股份，每股应当支付相同价额。

股票发行价格可以按票面金额，也可以超过票面金额，但不得低于票面金额。超过股票票面金额的发行价格发行股份所得的溢价款，应当列为公司资本公积金。

公司发行的股票，可以为记名股票，也可以为无记名股票。公司向发起人、法人发行的股票，应当为记名股票，并应当记载该发起人、法人的名称或者姓名，不得另立户名或者以代表人姓名记名。其中发起人的股票，应当标明发起人股票字样。发行无记名股票的，公司应当记载其股票数量、编号及发行日期。

（四）股份有限公司股份的转让

股份的转让，是指股份所有人（股东）依一定程序将股份出让给受让人，受让人因此取得股份并成为公司股东的行为。

股东持有的股份可以依法转让。股东转让其股份，应当在依法设立的证券交易场所进行或者按照国务院规定的其他方式进行。记名股票，由股东以背书方式或者法律、行政法规规定的其他方式转让；转让后由公司将受让人的姓名或者名称及住所记载于股东名册。无记名股票的转让，由股东将该股票交付给受让人后即发生转让的效力。

我国《公司法》对股份转让有以下限制性规定：

(1) 股份转让应当在依法设立的证券交易场所进行或者按照国务院规定的其他方

式进行。

（2）记名股票的转让，在股东大会召开前二十日内或者公司决定分配股利的基准日前五日内，不得进行前款规定的股东名册的变更登记。但是，法律对上市公司股东名册变更登记另有规定的，从其规定。

（3）发起人持有的本公司股份，自公司成立之日起一年内不得转让。公司公开发行股份前已发行的股份，自公司股票在证券交易所上市交易之日起一年内不得转让。

（4）公司董事、监事、高级管理人员应当向公司申报所持有的本公司的股份及其变动情况，在任职期间每年转让的股份不得超过其所持有本公司股份总数的百分之二十五；所持本公司股份自公司股票上市交易之日起一年内不得转让。上述人员离职后半年内，不得转让其所持有的本公司股份。公司章程可以对公司董事、监事、高级管理人员转让其所持有的本公司股份作出其他限制性规定。

（5）公司不得收购本公司股份。但是，有下列情形之一的除外：减少公司注册资本；与持有本公司股份的其他公司合并；将股份奖励给本公司职工；股东因对股东大会作出的公司合并、分立决议持异议，要求公司收购其股份的。

（6）公司不得接受本公司的股票作为质押权的标的。

第四节　公司的变更、解散和清算

一、公司的合并与分立

（一）公司合并

公司的合并是指两个以上的公司依照法定程序变为一个公司的行为。其形式有两种：一是吸收合并，二是新设合并。吸收合并是一个公司吸收其他公司，被吸收的公司解散。新设合并是两个以上公司合并设立一个新的公司，合并各方解散。

公司合并，应当由合并各方签订合并协议，并编制资产负债表及财产清单。公司应当自作出合并决议之日起十日内通知债权人，并于三十日内在报纸上公告。债权人自接到通知书之日起三十日内，未接到通知书的自公告之日起四十五日内，可以要求公司清偿债务或者提供相应的担保。公司合并时，合并各方的债权、债务，应当由合并后存续的公司或者新设的公司承继。

（二）公司分立

公司分立是指一个公司依法分为两个以上的公司。公司分立，其财产作相应的分割。公司分立，应当编制资产负债表及财产清单。公司应当自作出分立决议之日起十日内通知债权人，并于三十日内在报纸上公告。公司分立前的债务由分立后的公司承担连带责任。但是，公司在分立前与债权人就债务清偿达成的书面协议另有约定的除外。

二、注册资本的增加和减少

（一）注册资本的增加

有限责任公司增加注册资本时，股东认缴新增资本的出资，依照设立有限责任公司缴纳出资的有关规定执行。股份有限公司为增加注册资本发行新股时，股东认购新股，依照设立股份有限公司缴纳股款的有关规定执行。

（二）注册资本的减少

公司需要减少注册资本时，必须编制资产负债表及财产清单。公司应当自作出减少注册资本决议之日起十日内通知债权人，并于三十日内在报纸上公告。债权人自接到通知书之日起三十日内，未接到通知书的自公告之日起四十五日内，有权要求公司清偿债务或者提供相应的担保。公司减资后的注册资本不得低于法定的最低限额。

三、公司解散和清算

（一）公司解散

公司的解散是一种丧失法人资格的行为，这种行为的结果是公司丧失了进行经营活动的能力。我国《公司法》规定，公司因下列原因解散：

1. 公司章程规定的营业期限届满或者公司章程规定的其他解散事由出现；
2. 股东会或者股东大会决议解散；
3. 因公司合并或者分立需要解散；
4. 依法被吊销营业执照、责令关闭或者被撤销；
5. 公司经营管理发生严重困难，继续存续会使股东利益受到重大损失，通过其他途径不能解决的，持有公司全部股东表决权百分之十以上的股东，可以请求人民法院解散公司。

在第一种情形下，可以通过修改公司章程而存续。

（二）清算

公司因上述第一种、第二种、第四种、第五种原因而解散的，应当在解散事由出现之日起十五日内成立清算组，开始清算。有限责任公司的清算组由股东组成，股份有限公司的清算组由董事或者股东大会确定的人员组成。逾期不成立清算组进行清算的，债权人可以申请人民法院指定有关人员组成清算组进行清算。人民法院应当受理该申请，并及时组织清算组进行清算。

清算组应当自成立之日起十日内通知债权人，并于六十日内在报纸上公告。债权人应当自接到通知书之日起三十日内，未接到通知书的自公告之日起四十五日内，向清算组申报其债权。债权人申报债权，应当说明债权的有关事项，并提供证明材料。清算组应当对债权进行登记。在申报债权期间，清算组不得对债权人进行清偿。

公司财产在分别支付清算费用、职工的工资、社会保险费用和法定补偿金，缴纳所欠税款，清偿公司债务后的剩余财产，有限责任公司按照股东的出资比例分配，股份有限公司按照股东持有的股份比例分配。清算期间，公司存续，但不得开展与清算无关的经营活动。公司财产在未依照前款规定清偿前，不得分配给股东。

公司清算结束后，清算组应当制作清算报告，报股东会、股东大会或者人民法院确认，并报送公司登记机关，申请注销公司登记，公告公司终止。

清算组在清理公司财产、编制资产负债表和财产清单后，发现公司财产不足清偿债务的，应当依法向人民法院申请宣告破产。公司被依法宣告破产的，依照有关企业破产的法律实施破产清算。

关键术语

法人　有限责任　公司设立　组织机构　股权转让

本章小结

商事组织是现代商事活动中的重要主体，所以商事组织法律制度是国际商法的重要组成部分。其中，公司是现代社会最重要的商事主体。

公司是依照法定程序设立的以盈利为目的的企业法人。公司的法人资格和投资人的有限责任是最具吸引力的制度要素。现代公司的基本形式是有限责任公司和股份有限公司。

本章重点介绍了各国的公司法，包括有限责任公司和股份有限公司的概念、设立要件、资本制度、组织结构以及公司的合并、分立、解散和清算等基本问题。

自　测　题

一、判断题

1. 一个人只能投资设立一个一人有限责任公司，且该一人有限责任公司不能投资设立新的一人有限责任公司。（　）

2. 有限责任公司股东必须按出资比例分配利润。（　）

3. 股份有限公司的股东人数为 2 人以上，200 人以下。（　）

4. 股份有限公司采用发起设立时全体发起人认购的股份不得少于公司总股份的 35%。（　）

5. 股份有限公司每一个股份有一个表决权。（　）

二、单项选择题

1. 根据我国公司法的规定，下列有关公司组织机构的表述中，正确的是（　）。

A. 规模较小的有限责任公司可以不设监事会，也可以不设监事

B. 一人有限责任公司不设股东会

C. 国有独资公司的董事长由董事会以全体董事的过半数选举产生

D. 股份有限公司的董事会成员应当有公司职工代表

2. 根据我国公司法的规定，有限公司股东非货币出资金额最多达到注册资本的（　）。

A. 70%　　B. 25%　　C. 30%　　D. 35%

3. 根据我国公司法的规定，有限公司股东向股东以外的人转让股权，应当经过其

他股东（ ）。

A. 一致同意 B. 过半数同意 C. 半数以上同意 D. 以上均不对

4. 根据我国公司法的规定，一人有限责任公司的最低注册资本为人民 币（ ）。

A. 3 万元 B. 10 万元 C. 500 万元 D. 1000 万元

5. 根据我国公司法的规定，股份有限公司董事每年转让股份不得超过其所持有股份的（ ）。

A. 20% B. 25% C. 30% D. 35%

三、多项选择题

1. 根据我国《公司法》的规定，股份有限公司在发生下列事项时，可以收购本公司股份的有（ ）。

A. 减少公司注册资本

B. 与持有本公司股份的其他公司合并

C. 将股份奖励给本公司职工

D. 股东因对股东大会作出的公司合并、分立决议持异议，要求公司收购其股份

2. 我国《公司法》规定，股份有限公司的法定代表人可以是（ ）。

A. 董事长 B. 董事 C. 经理 D. 执行董事

3. 根据我国法律规定，属于股份有限公司申请股票上市应当符合的条件有（ ）。

A. 公司股本总额不少于人民币 5 000 万元

B. 公司股本总额超过人民币 2 亿元的，公开发行股份的比例为 10% 以上

C. 公司最近 3 年无重大违法行为，财务会计报告无虚假记载

D. 股票经国务院证券监督管理机构核准已公开发行

4. 根据我国《公司法》规定，下列选项中，属于一人有限责任公司与其他有限责任公司不同之处的有（ ）。

A. 关于注册资本最低限额的规定

B. 关于股东出资可否分期缴付的规定

C. 关于年终财务报告是否须经会计师事务所审计的规定

D. 关于股东是否承担有限责任的规定

5. 股份有限公司发起人的出资方式有（ ）。

A. 土地所有权 B. 商标权 C. 公司债券 D. 劳务

四、简答题

1. 简述有限公司的设立条件。

2. 简述公司法对一人有限公司的限制性规定。

3. 简述公司法对股份有限公司股份转让的限制性规定。

4. 简述公司董事、监事、高级管理人员任职资格的规定。

5. 简述公司解散的原因。

五、案例分析题

甲、乙、丙拟共同出资设立一家以生产经营为主的有限责任公司（以下简称公司），并共同制定了公司章程草案。该公司章程草案有关要点如下：

（1）公司注册资本总额为 600 万元。各方出资数额、出资方式以及缴付出资的时间分别为：甲出资 180 万元，其中货币出资 70 万元、计算机软件作价出资 110 万元，首次货币出资 20 万元，其余货币出资和计算机软件出资自公司成立之日起 1 年内缴足；乙出资 150 万元，其中机器设备作价出资 100 万元、特许经营权出资 50 万元，自公司成立之日起 6 个月内一次缴足；丙以货币 270 万元出资，首次货币出资 90 万元，其余出资自公司成立之日起 2 年内缴付 100 万元，第 3 年缴付剩余的 80 万元。

（2）公司的董事长由甲委派，副董事长由乙委派，经理由丙提名并经董事会聘任，经理作为公司的法定代表人。在公司召开股东会会议时，出资各方行使表决权的比例为：甲按照注册资本 30% 的比例行使表决权；乙、丙分别按照注册资本 35% 的比例行使表决权。

（3）公司需要增加注册资本时，出资各方按照在股东会行使表决权的比例优先认缴出资；公司分配红利时，出资各方依照以下比例进行分配：甲享有红利 25% 的分配权；乙享有红利 40% 的分配权；丙享有红利 35% 的分配权。

问题：

（1）公司成立前出资人的首次出资总额是否符合我国《公司法》的有关规定？并说明理由。公司出资人的货币出资总额是否符合《公司法》的有关规定？并说明理由。甲、乙、丙的出资形式和分期缴纳出资的时间是否符合《公司法》的有关规定？并分别说明理由。

（2）公司的法定代表人由经理担任是否符合《公司法》的有关规定？公司章程规定的出资各方在公司股东会会议上行使表决权的比例是否符合《公司法》的有关规定？说明理由。

（3）公司章程规定增加注册资本时，不按照出资比例优先认缴出资是否违反《公司法》的有关规定？公司章程规定的出资各方分红比例是否符合《公司法》的有关规定？说明理由。

第三章

国际商事合同法

学习目标

◉ **知识要点：**

1. 了解国际商事合同法概念及其基本原则
2. 掌握国际商事合同的订立——要约和承诺、成立及生效要件
3. 了解国际商事合同债权债务的变更、转让和合同债务的消灭
4. 了解违约形式和违约救济措施

◉ **技能目标：**

通过学习具备签订合同所需的法律知识及能力，并能运用法律知识处理相关事件。

导读案例

◉ **案情介绍：**

英国G公司于10月20日来电向上海H公司发出要约出售一批木材，要约中列明各项必要条件，但未规定有效期，亦未表明要约是不可撤销的。H公司于当日（20日）收到来电。经研究后于22日上午11时整向上海电报局交发对上述要约表示接受的电报，该电报于22日下午1时整送达英国G公司。在此期间，因木材价格上涨，英国G公司于22日上午9时15分向香港电报局交发电报，其电文如下："由于木材价格上涨，我10月20日要约撤销"。G公司的电报于22日上午11时20分送达H公司。

问：根据《公约》规定G公司是否已成功撤销了10月20日的要约？G公司与H公司之间的是否已经成立了合同？

◉ **案情分析：**

在本案中合同不成立，因为要约已经被成功撤销。根据公约的规定要约人可以在被要约人未对要约作出承诺以前撤销要约。英国公司早于我国上海公司承诺的时间撤销了原要约，合同不能成立。

第一节　国际商事合同法概述

一、国际商事合同的概念

虽说在商事活动中合同的作用无处不在，但对合同的具体涵义到底作什么样的界定，各国法律仍然存在一定程度的差异。这种差异特别体现在英美法系国家和大陆法系国家之间，即使是同一法系国家也难以形成完全一致的合同概念。在我国《合同法》中，合同是平等主体的自然人、法人、其他组织之间设立、变更、终止民事权利义务关系的协议。依法成立的合同，受法律保护。根据这个定义，合同具有以下三个特征：

（1）合同是双方的民事法律行为，合同至少要有双方当事人参加，而且双方当事人的意思表示必须一致合同才能成立。这是合同的基本法律特征。

（2）订立合同的目的是为了产生某种民事法律上的效果。

（3）合同是合法行为不是违法行为。

资本主义各国对合同所下的定义也各有特点。大陆法倾向于将合同视为一种关于债务的合意。如《法国民法典》第1101条规定："合同是一种合意，依此合意，一人或数人对于其他一人或数人负担给付、作为或不作为的债务。"英美法倾向于将合同看作是一种具有法律约束力的允诺或协议。如英国普通法认为："合同是这样一种或一系列许诺：违背它，将依法律产生责任或者补偿；履行它，法律将确认它为一种义务。"美国《合同法重述Ⅱ》也规定："合同是一个允诺或一系列的允诺，对于违反这种允诺，法律将给其补偿或将强制其得到实际执行。"尽管各国对合同含义的表述不一，但对合同的基本内涵的认识应是基本一致，即当事人就合同中的权利义务达成一致意思是合同成立的基本条件。据此，我们可以给商事合同下一个简单的定义，即商事合同是两个及两个以上商事主体之间依法设立、变更、终止权利义务关系的协议或合意。

二、合同的分类

依据合同成立的条件和法律效力不同，合同主要分为：

（1）单务合同与双务合同。这是根据合同当事人的权利与义务的分担方式进行的划分。比如买卖合同是典型的双务合同，而借用合同和赠与合同是典型的单务合同。

（2）诺成合同与实践合同。这是根据合同的成立是否以交付标的物为要件进行的划分。大多数合同属于诺成合同，比如买卖合同、租赁合同等；加工承揽合同、仓储合同等则属于实践合同。

（3）要式合同与非要式合同。这是根据合同的成立是否具备一定的形式为要件进行的划分。除法律另有规定的外，一般为非要式合同。

（4）明示合同与默示合同。这是根据当事人意思表示的方式不同进行的划分。用口头或书面形式作出的意思表示称为明示合同；以当事人的行为或沉默推定其缔约的意图称为默示合同。

三、合同成立的有效条件

各国的法律对于合同的有效成立都要求具备一定的条件。综合起来看，各国对合同有效成立的要求主要有以下几项：

(1) 当事人之间必须达成协议，这种协议是通过要约与承诺而达成的。

(2) 当事人必须具有订立合同的能力。

(3) 合同必须有对价或合法的约因。

(4) 合同的标的和内容必须合法。

(5) 合同必须符合法律规定的形式要求。

(6) 当事人的意思表示必须真实。

第二节 国际商事合同的订立

一项国际商事合同的订立，通常也需要经历当事人双方交换意见、充分协商的过程，这一过程法律上称之为要约和承诺。甚至有时，还要通过反复协商，即多次要约—反要约及最终承诺的过程，才能将合同确立下来。

一、要约

要约是订立合同的第一步，各国对要约涵义的解释基本相似。《国际商事合同通则》也对其涵义作了一个明确的界定："一项订立合同的建议，如果十分确定，并表明要约人在得到承诺时受其约束的意旨，即构成要约。"据此，我们对要约下一个简单的定义，所谓要约，是指合同成立前一方当事人希望与他人订立合同的一种建议或意思表示。提出要约的一方称为要约人，其相对方称为受要约人。在国际贸易实务中，通常将要约称为发盘。要约可以采用书面、口头形式作出。

(一) 要约的成立要件

一项要约，如果要使其有效成立，须具备四个要件：

第一，要约是特定人的意思表示。要约人不论是自然人还是法人或其他组织，都必须具有相应的民事权利能力和民事行为能力。

第二，要约必须向一个或一个以上的特定人发出。这就是说要约一般要对特定相对人或其代理人表示，而不能向社会公众发出。如我国《合同法》就将面向公众寄送的价目表、拍卖公告、招标公告、招股说明书、商业广告等视为要约引诱，不能作为要约。但各国在这方面的规定存在差异，如《欧洲合同法原则》规定：要约可以向一个或多个特定的人或向公众作出。广告的对象是社会公众而非特定的人，对于悬赏广告如寻人启事或寻物启事，各国法律一般都认为是一项要约，我国也不例外；对于普通商业广告一般则认为是要约引诱，但英美法院的一些判例认为，即便是普通商业广告，只要文字明确、肯定，足以构成一项许诺，亦可视为要约。

◇ 小资料

要约与要约引诱的区别

如果是要约，它一经对方承诺，要约人便受到约束，合同即告成立；如果是要约引诱，则即使对方完全同意或接受该要约引诱所提出的条件，发出该项要约引诱的一方仍不受约束，除非他对此表示承诺，否则合同仍不成立。

第三，要约必须以缔结合同为目的。要约要明确表示要约人打算按所提条件同受要约人订立合同的意思表示。要约一旦经过受要约人有效承诺，要约人就必须受其约束也因此而成立，要约人不得反悔对其加以否认。因此，凡不是以订立合同为目的的意思表示，都不能称之为要约。但并非所有以订立合同为目的的意思表示都构成有效要约，这还要涉及该意思表示的具体内容。

第四，要约的内容必须具体明确。根据一项以订立合同为目标的意思表示的内容不同，可将该意思表示分为要约和要约引诱。要约的内容必须明确、具体、全面，基本涵盖了未来将要订立的合同的主要条款，如标的、价款、数量、质量、履行的时间、地点、方式等。但《美国统一商法典》对此要件作了灵活规定：货物买卖合同的要约须明确货物的数量或计量方法，其他可以日后确定，发生争议后，由法院依所谓合理的依据确定。我国《民法通则》中亦有类似规定。也就是说，要约的内容至少要包括标的和数量或计量方法，否则无法承诺而使合同成立。要约引诱，又称"要约邀请"，指一方邀请他方向自己发出要约的意思表示。它虽然也是以订立合同为目的，但其本身并不是一项要约，仅是为了吸引对方向己方提出要约，然后经己方表示接受该要约时，合同才成立。

◇ 小资料

要约内容具体的标准至少包括品名、数量或确定数量的方法、价格或确定价格的方法。例如数量：① 购买小站稻米50公吨；② 购买天津小站稻米产区2008年全部产量。

（二）要约的生效

要约必须送达受要约人才能生效，如果是以电报或信件发出要约，则于送达受要约人的营业所时，即是送达。

案　例

甲公司于6月2日向乙公司发出要约出售黑色汽车一辆，售价2万美元，要约于6月5日到达乙公司。乙公司于6月4日主动向甲公司发来电报称以2万美元购买黑色汽车一辆。但甲公司拒绝把车出售给乙司。为什么？

（三）要约的约束力

要约的约束力包含两个方面的含义：（1）对要约人的约束力；（2）对受要约人的约束力。一般地说，要约对受要约人没有约束力。要约对要约人是否有约束力各国法律规定不一致。

英美普通法认为，要约对于要约人无约束力，要约人在受要约人作出承诺之前的任何时候都可以撤回要约或变更要约，即使要约人在要约中规定了有效期限，他仍然可以在期限届满前随时把要约撤回。

大陆法认为，要约原则上对要约人具有约束力。除非要约人在要约中注明不受约束。如果在要约中规定了有效期，在有效期内不得撤销或更改要约。

公约规定，要约在被接受以前，原则上可以撤销，但有下列情况之一则不能撤销：（1）要约写明承诺的期限或者以其他方式表示要约是不可撤销的；（2）受要约人有理由信赖该项要约是不可撤销的，并以本着对该项要约的信赖行事。

（四）要约的撤回与撤销

要约的撤回是指要约发出之后效力发生以前，要约人欲使该要约不发生法律效力而作出的意思表示。要约的撤销是指要约人在要约发生法律效力之后而受要约人承诺之前，欲使该要约失去法律效力的意思表示。要约的撤回与要约的撤销的区别在于：（1）要约的撤回发生在要约生效之前，而要约的撤销发生在要约生效之后；（2）要约的撤回是使一个未发生法律效力的要约不发生法律效力。而要约的撤销是使一个已发生法律效力的要约失去法律效力；（3）要约撤回的通知只要在要约到达之前或与要约同时到达就发生效力，而要约撤销的通知在受要约人发出承诺通知之前到达受要约人，但不一定发生效力。

案　例

案情介绍：

德国某商人A于1993年8月与美国生产商B联系，要求生产商B向其报4万吨钢丝的价格，并明确告诉B，此次报价是为了计算向某项工程的投标，投标将于同年10月1日开始进行，10月10日便可得知投标结果。同年9月10日，美国生产商B向A发出要约，要约中条件完整，但既没有规定承诺期限，也没有注明要约是不可撤销的。同年9月中旬，国际市场钢丝的价格上涨，在此情况下，B于10月2日向A发出撤销其9月10日要约的传真。同年10月10日，当A得知自己中标的消息后，立即向B发出传真，对9月10日要约表示承诺。美国B争辩他已于10月2日撤销了要约，因此，合同不成立。双方发生了纠纷。

问题：本案中的要约是否可以被撤销？

案情分析：

（1）当事人的营业地处于不同国家，本案属于国际货物买卖合同案件，当事人对合同的法律适用未作特别约定，应适用《联合国国际货物买卖合同公约》的规定。

（2）合同未成立。因为B已在A作出有效承诺之前撤销了其要约。

（五）要约的消灭

要约的消灭，是指要约丧失了法律效力，即不再对要约人和受要约人具有法律约束力。一项要约的消灭，通常由下列四个方面的原因造成的：

第一，因要约人撤回或撤销而消灭。撤回的要约，是指要约被要约人发出后至受要约人收到前，即在要约生效之前将要约收回，使其不发生法律效力。撤销要约，是指要约已经送达受要约人之后即在要约已生效之后消灭要约的效力的行为。要约一旦被撤回或撤销即告消灭。

第二，要约期间已过而消灭。规定了承诺期限的要约，在该期限终了时仍未获承诺，则其效力即自行消灭。没有规定承诺期限的要约，如果当事人以面对面或电话商谈等对话方式进行交易磋商的，要约没有获得即时承诺就失去约束力；如果当事人以异地函电等非对话方式发出要约，则各国的法律有不同的规定。许多大陆法国家，例如，德国、瑞士与日本等国家的民法典都规定，在异地人之间发出要约而又未规定承诺期间者，如果不在相当期限内或不在“依通常情形可期待承诺达到的期间内”作出承诺，要约即告失效，要约人不再受要约的约束。根据大陆法学者的解释，这个期间应包括要约到达受要约人的时间、受要约人考虑承诺的时间以及承诺到达要约人的时间。这段时间究竟以多长为适当，属于事实问题，应由法院根据两地相隔的远近，以及要约与承诺所采取的传递方式决定。

第三，因受要约人的拒绝而消灭。这是指受要约人将拒绝要约的明确意思表示通知要约人而使要约失效。虽然一般情况下受要约人并没有通知拒绝要约的法定义务，但在拒绝通知送达要约人时要约即告失效。

第四，因受要约人对要约内容作实质性变更而消灭。如果受要约人在承诺中对要约的条款作了扩充、限制或变更，在法律上视同受要约人向要约人发出的一项新要约，也被称为反要约，而原要约人发出的要约即已丧失法律效力。新要约必须经原要约人承诺后，合同才能正式成立。

案 例

案情介绍：

某商人甲在给乙发的一封要约中说：“我有丰田牌轿车50辆（各项交易条件），如你方需要，请电汇55万美元到我方账户上，我方收到汇款后的15日内交货”。商人乙在该要约规定的有效期内回电：“我方完全接受你方提出的各项交易条件，并已将55万美元汇交你方开户银行，该货款在你方交货前代为保管。”商人甲对此未作答复，并将轿车以更高的价格出售给了另一客户。商人乙为此向法院起诉，要求商人甲履行合同。问该合同是否已经成立？为什么？

案情分析：

合同不成立，因为乙的回电对甲的要约作出了实质性变更，导致原要约失效，所以合同不成立。

二、承诺

承诺，是指受要约人以成立合同为目的，对要约人提出的要约表示同意的意思表示。要约一经承诺，合同即告成立。承诺可以采用书面、口头形式，也可以用行动作出。

（一）承诺成立的要件

要使一项承诺有效成立，必须具备下列四个要件：

第一，承诺须由受要约人向要约人表示。受要约人和要约人除其本人外，也包括其授权的代理人。除受要约人或其授权的代理人之外，任何第三人即使知道要约的内容并对此作出同意的意思表示，也不能构成有效承诺。

案　例

案情介绍：

某日张先生与李先生在茶楼洽谈一笔关于兔毛的生意，但未达成交易。谈话内容被王先生无意得知。事后王先生主动与张先生联系，但被张先生拒绝。为什么？

案情分析：

王先生不是受要约人，不具备承诺的资格。

第二，承诺应在要约有效期限内作出。如果要约明确规定了有效期，就必须在该期限内承诺；如果要约未规定有效期，则必须在依照常情可期待得到承诺的期间内或在合理的时间内作出承诺。迟到的承诺可视为新要约。对于如何认定要约的有效期，两大法系有不同规定。大陆法系采取到达主义，即在承诺的通知到达要约人时发生法律效力。英美法系对以邮电方式发出承诺通知的，采取发信主义，即通知发出后立即生效；以其他方式发出承诺通知的，则采用到达主义。

第三，承诺的内容必须与要约的内容一致。承诺不能附带任何条件，只能就原要约的主要条款毫无保留地表示同意，如果对原要约内容有所扩大、限制或变更，都被认为是对原要约的拒绝并作为新要约的提出。但随着世界各国贸易的发展，该要件已有所松动。如美国《统一商法典》规定：承诺即使与原要约或原同意的条款有所不同或对其有所补充，仍具有承诺的效力。又如，我国《合同法》第31条规定："承诺对要约的内容作出非实质性变更的，除要约人及时表示反对或者要约表明承诺不得对要约的内容作出任何变更以外，该承诺有效，合同的内容以承诺的内容为准。"《国际货物买卖合同公约》与《国际商事合同通则》也有类似条款。

案　例

案情介绍：

我出口企业6月1日向英商发电销售某商品，限于6月7日复到有效，6月2日英商来电："接受，但价格减5%。"我方未答复，由于市场价格大涨，英商6月5日再次来电："无条件接受6月1日发盘。"我方应如何处理？

◉ **案情分析：**

该合同不成立。因为英商6月2日来电中的答复已经构成反要约，是对我出口企业原要约的拒绝。导致原要约失效。英商6月5日的再次来电只能视为新要约，并不构成对我出口企业要约的有效承诺。我方可告知对方合同不成立，不需要履约。

第四，承诺必须有订立合同的明确意思表示。受要约人的承诺必须清楚明确，不能模棱两可，要确切地表示出订约的意图。

（二）承诺生效的时间

要约一经承诺生效，当事人双方的合同即宣告成立。因此，承诺何时发生法律效力，对确认合同的有效成立至关重要。目前，在这个问题上存在着两种不同的法律主张，即到达主义和发信主义。

第一，到达主义。所谓到达主义，即必须在承诺到达要约人时才开始发生法律效力，合同也在此时生效。承诺到达相对人，具体指承诺的通知到达要约人所支配的范围之内，如要约人的营业场所、信箱、电子邮箱等。此时，即使承诺人尚未知悉其内容，承诺亦发生了法律效力。《联合国国际货物销售合同公约》、《国际商事合同通则》及大多数大陆法国家和我国基本上采取这一规则。如《德国民法典》第130条规定："对于相对人以非对话方式所作的意思表示，于意思表示到达相对人时发生效力。"在这里虽未明确指出承诺的生效时间，但承诺亦是一种意思表示，当然适用这一规定。我国《合同法》第26条规定："承诺通知到达要约人时生效。承诺不需要通知的，根据交易习惯或者要约的要求作出承诺的行为时生效。"

第二，发信主义。发信主义，又称投邮主义，主要为英美法国家所采用。它是指在以书信或电报作出承诺时，承诺一经投邮立即生效，合同即告成立。采取发信主义，即使承诺函在邮局传递时丢失，只要受要约人能证明自己对承诺函的投邮行为确实存在而且无误，合同仍可以成立。因英美法认为，要约人曾默示地指定邮局为其接受承诺的代理人，故一旦受要约人把承诺函交至邮局，等同于交给要约人，即使邮局不慎将承诺函丢失，也应当由要约人负责，而不能影响承诺的有效成立。如此规定，其实质是为了缩短要约人能够撤销要约的时间。

（三）承诺的逾期与撤回

受要约人在承诺期限届满之后以订立合同为目的发出对要约表示同意的意思表示，为承诺逾期。承诺逾期会产生两种法律后果：一种是该承诺被要约人认可为有效，从而使合同成立；另一种是该承诺未被要约人明示有效，即视为一项新要约。如我国《合同法》第28条规定："受要约人超过承诺期限作出承诺的，除要约人及时通知受要约人该承诺有效的以外，为新要约。"

承诺撤回，是承诺人阻止承诺发生法律效力的一种意思表示。承诺撤回的意思表示必须在其承诺生效之前作出，才能产生使承诺消灭的法律效果。据此，采取到达主义的方式确认承诺生效时间的，因承诺的通知必须送达要约人才能生效，因此，在承诺通知到达要约人之前即承诺生效之前，原则上承诺仍可撤回。如以平邮方式发出的承诺函，可用更为快捷的电报方式将其撤回。而采取发信主义的方式确认承诺生效时间的，其承诺函一经投邮就立即生效。故一旦承诺投邮后就无法撤回。

案 例

逾期到达承诺的争议案

2001年10月10日中国A公司向美国B公司发出信函："我公司欲向你出售一级羊毛3 000吨，单价980美元/吨FOBXX港，合同订立后三个月装船不可撤销即期信用证付款，要约有效期为十五日。"该信10月15日到达B公司B公司10月17日回复："完全同意"。由于邮递的失误，B公司信件2001年11月5日才到达A公司而A公司因未及时收到回复已将羊毛售于其他公司。因此，A公司对B公司的答复没有反应。2002年1月B公司根据A公司的信件中的要求，租船定舱。此时，A公司否认合同存在，B公司向法院提起诉讼。法院最后判定合同成立，A公司赔偿B公司损失若干。

第三节 国际商事合同的成立、变更与转让

一、国际商事合同的成立

国际商事合同是一种协议，但并非所有的协议都具有合同效力，只有具备了当事人意思表示一致、合同必须有对价或合法的约因、当事人具有签订合同的行为能力、合同内容必须合法、合同必须符合法律规定的形式要求、当事人的意思表示必须真实等基本要求的协议，才能使合同有效成立。

（一）当事人意思表示一致

合同不是单方的民商事行为，是两个或两个以上的当事人通过协商达成的意思表示一致的结果。法律上把合同的意思表示一致称为要约与承诺，即如果一方当事人向对方提出一项要约，而对方对该要约表示承诺，那么，在双方当事人之间就达成了一项具有法律约束力的合同。

（二）合同必须有对价或合法的约因

对价，是英美法系国家合同法中的一个重要概念，它是指合同一方为了从另一方得到某种权利利益、利润或好处而付出的具有法律价值的代价，包括积极的作为和消极的不作为。通俗地讲，对价是对履行义务当事人一方的某种回报，主要是强调当事人之间必须存在"我给你是为了你给我"的关系。根据合同形式的不同，英美法将合同分为两类：一是签字蜡封合同，又称盖印合同，由当事人签字、加盖印章并把它交付给对方即成立，无需任何对价。另一类为简式合同，包括口头合同及一般书面合同，这类合同必须要有对价。因简式合同在商事活动中占重要地位，故英美法认为，"没有对价的许诺只是一件礼物；而为对价所作出的许诺则已构成一项合同。"一项有效的对价具有以下特点：

第一，法律所禁止的物与行为不能作为对价。对价既是合同成立的要件，又是合同的必要内容。因此，对价不合法将导致整个合同非法，从而使得合同无效。

例如：贩卖毒品的合同因为作为标的物的物品是违法的，所以这种合同是无效的。

第二，对价必须是将要履行的对价或是已履行的对价，而不是过去的对价。

案　例

甲与某服装厂约定，甲去纽约为服装厂购买 A 品牌西服 1 万套，服装厂许诺支付甲 1 万美元酬金。如果此时甲已完成任务，而按约定服装厂的支付待半年后履行，此时服装厂的许诺即属待支付对价。如果双方的行为皆完毕，则服装厂的许诺属已支付的对价。如果双方的行为皆完毕，而甲在未同服装厂商定的情况下，又去华盛顿为服装厂购买了一批物美价廉的棉布，甲回来后服装厂答应另支付他 5 000 美元，这时服装厂所允诺的支付 5 000 美元是针对甲已完成的去华盛顿的购买棉布对价，这一对价即属过去完成的对价，不能作为一项有效对价，即使服装厂后来从中受益却拒绝给付，法律亦无能为力。

由此可见，一项对价属于何种对价及其效力如何，实际上是相对接受对价方当事人履行义务或许诺履行义务的时间而言的，即在一定时间内的对价才是有效对价。

第三，对价必须是为促使对方履行义务所付出的真实代价或牺牲（包括精神损失），即对价必须真实、有价。但对价并非完全等价。根据意思自治原则，多少价值为适当对价一般由当事人自行决定。对价的价值与对方履行或将要履行的价值是否对等，是否合理适当，这是当事人自己的事。

案　例

甲聘请乙为雇员，约定每周工资为 50 英镑。这项雇佣合同是有对价的，至于对价是否与提供的劳务相当法院不予过问。如果商人愿意以很低的价格出售价值很高的商品，法院也不予追究。

第四，对价必须来自受允诺人，因为允诺人履行义务是受允诺人权利和利益的实现，而对价实质上是受允诺人对允诺人履行义务的回报。只有对某项允诺付出了对价的人，才能要求强制执行此项允诺。

案　例

据双方合意 A 公司允诺并给付 B 公司 100 吨钢材后，A 公司就成为允诺人，就有权利从 B 公司取得对价（即货款），而不能从其他主体那里得到这种对价回报；如果 B 公司拒绝给付对价，则 A 公司可要求有关部门强制执行。

第五，已存在义务及法定义务不能作为对价。已存在义务是指原来合同上已经存在的义务，不能作为一项新允诺的对价。法定义务指依照法律规定必须履行的义务，例如，很多国家法律规定，律师有为贫弱者提供法律援助的法定义务，律师据此所提供的法律服务则不构成对价。

案 例

某甲的女儿被绑架，他登报声明，如找到女儿者，愿酬谢一万美元。警察乙被指示办理此案，并找回某甲的女儿。但法院认为这是法律上的责任不足以作为对价。

所谓约因，是指当事人通过合同想要达到的最直接和最接近的目的。如买卖合同中，一方约因是以商品换取金钱，另一方约因则是以金钱换取商品。《法国民法典》第1131 条规定："凡属无约因的债，基于错误约因或不法的约因的债，都不发生任何效力。"法国法把约因作为合同有效成立的要素之一。如果一项债的产生没有约因，或者其约因为法律所禁止，或者其约因违反善良风俗或公共秩序，都不能发生任何效力。但赠与合同是约因原则的例外，根据《法国民法典》第 931 条规定，赠与合同应以通常合同的方式，在公证人前作成，并应在公证处留存合同的原本，否则赠与合同无效。正是由于赠与合同采用了特定的订立形式，加上赠与人的赠与意思表示，使其替代约因而成为合法有效的合同。

约因原则是法国合同法的一大特色，即使是同属于大陆法系的德国法也没有约因的相关规则。我国《合同法》既无对价又无约因的规定，但在"可撤销合同"的内容中还是包含了对价与约因原则的某些因素。

◇ 小资料

约因和动机的不同，约因是当事人产生债务所追求的最接近和直接的目的。同一类型的合同中约因往往是相同的。

（三）当事人具有签订合同的能力

订立国际商事合同的能力包括权利能力和行为能力。权利能力是指当事人或代理人订立国际商事合同的资格，行为能力则是指当事人或代理人以自己的行为订立国际商事合同的资格。订立国际商事合同的当事人有自然人和商事组织，他们订约能力是不同的。

(1) 自然人签订合同的能力

各国法律对自然人的订约能力，都作出了具体的规定。就订约权利能力而言，自然人依法可以具有签订国际商事合同的权利能力，但未成年人、禁治产人或精神病患者的该项权利必须由其监护人代为行使。这里所谓的"禁治产人"，指被禁止本人治理自己财产的人，它是大陆法系国家对无行为能力人的一种称谓。就订约行为能力而言，未成年人、禁治产人或精神病患者一般为无订约行为能力人或限制订约行为能力人。无订约行为能力人所订立的合同不发生任何法律效力，限制订约行为能力人所订立的合同须取得法定代理人的追认，否则可被撤销。但世界各国法律对未成年人签署纯获利的国际商事合同，都认可其具有法律效力。

◇小资料

德国英国以18岁为成年的标准，日本瑞士以20岁为成年的标准，阿根廷以21岁为成年的标准。我国把公民的民事行为能力分为完全民事行为能力、限制民事行为能力和无民事行为能力三类。

案　例

◉ 案情介绍：

中国某中学生张某（15岁）瞒着家长将家中收藏的古代字画以低价卖给李某。不久，张父发现此事，找李某原价赎回字画，李某不还，双方发生争执。为此张父起诉到法院。问：买卖关系是否生效？本案应如何处理？为什么？

◉ 案情分析：

根据中国法律的规定：张某是未成年人，不具备完全民事行为能力，因此处理古代字画的行为应得到其监护人的认可。本案中张父没有认可此事，所以买卖关系无效。

（2）商事组织的行为能力

各国法律一般规定，商事组织必须通过它授权的代理人才能订立合同，而且其活动范围不得超出公司章程的规定。如英国公司法在公司的行为能力问题上，强调公司行为不得越权，订约能力须受公司章程支配，如果公司订立的合同超出了公司章程规定的目的，该合同在法律上是无效的。

（四）合同的内容必须合法

订立国际商事合同的目的是为了产生某种商事法律上的效果，合同是合法行为，不是违法行为。因此，内容合法是合同产生法律效力的基本前提。因合同内容不合法而造成合同无效的情况有两种：一是合同违法；二是合同违反善良风俗和公共秩序或公共政策。所谓合同违法，是指合同的标的（如毒品）或合同所追求的目标（如唆使他人犯罪允诺报酬的合同）违反法律强制性规定。合同违反善良风俗和公共秩序，是大陆法国家的概念，即订立合同所追求的目标违背了道德准则和社会公共秩序。对此，一般由法院通过审判实践来确定。如赌博合同、限制人身自由合同、违背伦理合同等。违反公共政策的合同，是英美法国家的概念，是指损害公共利益，违反法律明确规定的政策或目标，或旨在妨碍公共健康、安全、道德以及一般社会福利的合同。如限制竞争合同、犯罪合同、损害社会道德的合同等。

（五）合同必须符合法律规定的形式要求

合同的形式多种多样，如书面形式、口头形式、默示形式或其他形式。一般情况下，各国法律并不干涉当事人对各种合同形式的自由选择。但是，为了严肃某些重要的社会关系，确保公正或防止欺诈，很多国家也规定，某些特殊类型的合同必须采用相应的特殊形式，否则无效或不能执行。如对于不动产交易所签订的合同，一般都必须采用书面形式，有些国家还规定了公证和过户程序，否则买方永远无法取得该项不动产的产权。如在英国订立土地处置合同就必须采取书面形式。

（六）当事人的意思表示必须真实

合同的有效成立是当事人双方合意的结果。有时，当事人在磋商时会出现意思表示错误、受欺诈或胁迫的情形，在此情形下即使双方当事人达成了协议，但这种合意并非真实的，并因此而导致合同无效或撤销。当事人意思表达不真实的情形主要有以下几种：

（1）错误

根据《国际商事合同通则》的规定，错误是指在合同订立时对已经存在的事实或法律所作的不正确的假设。并非所有的错误都一定导致合同无效，错误有大小之分，只有错误特别重大才会产生合同无效的法律后果。对于错误重大到何种程度可导致合同无效，各国又有不同规定。如《国际商事合同通则》对“错误特别重大”的解释是：该错误以至于一个通情达理的人，处在与犯错误方的相同情况下，如果知道事实真相，就会按实质不同的条款订立合同，或根本不会订立合同。

案　例

案情介绍：

原告是一个硬币零售商，他从一个业余的硬币交易人（本案被告）手中，以500美元购进了一枚原以为是1916年“丹佛造”的币值一角的硬币，因为当时这种硬币在市场上已是稀有之物。但后来原告发现这枚硬币是伪造的。原告在初审败诉的情况下，提起上诉。

案情分析：

上诉法院以共同错误为由，宣布合同无效。调查表明，被告在出售这枚硬币时也相信这枚硬币是真的，因为他也是花450美元购买的，毫无疑问，当事人双方都相信，该枚硬币是一枚真的“丹佛造”硬币。双方对于这一特定的实质性的事实有着共同的错误理解，并基于这一错误理解而奔忙了一场，无论是要价还是付款都是基于这种推定而进行的。

（2）欺诈

一方当事人在订立合同之前，为了吸引对方订立合同而明知详情的情况下对重要事实作虚假性的说明，即为欺诈。欺诈行为是行为人意欲诱导对方犯错误并从中获益的行为，因此，如果一方当事人因对方当事人欺诈而订立了合同，受欺诈方可以宣告合同无效或撤销合同，英国法甚至规定，受欺诈方可以要求获得赔偿或直接拒绝履行合同义务。

（3）胁迫

这是指为使相对人陷于恐怖而预告危害的违法行为。人们受胁迫时所作的意思表示属于一种非自由的表达，不能产生法律上的意思表示的效果。因此，当事人一方因受另一方胁迫而订立的合同，受胁迫方可主张合同无效或撤销合同。《德国民法典》第 138 条规定，受胁迫表意人得撤销其意思表示。《法国民法典》第 1111 明确规定，因胁迫而签订的合同无效。英美法认为，受胁迫者不仅包括订约者本人，还包括订约当事人的丈夫、妻子或近亲属。《国际商事合同通则》认为，导致宣告合同无效的胁迫必须具有急迫性和严重性，此种胁迫致使受胁迫人没有其他合理选择余地时，即可宣告该合同无效。

二、国际商事合同的变更

合同的变更，是指合同的主体不变，当事人双方在合同成立之后，完全履行合同之前改变原合同权利义务关系，形成新的权利义务关系，改变原债权债务关系的内容的一种方式。合同的变更应具备三项条件：

（1）当事人之间应当存在有效的合同关系；

（2）当事人之间须就合同关系的变更达成合意；

（3）须有合同关系变更的作为发生。

根据合同变更的内容，可将合同变更分为要素变更和非要素变更，前者是指合同标的物的变更，后者是指标的之外的变更。如在借款合同中，借款数目的变更为要素的变更，付款时间、地点、方式的变更为非要素变更。合同变更的方式原则上应同于原合同成立和生效的方式，如需对经登记生效的房屋买卖合同进行变更，也必须经过相同的登记程序才能生效。合同的变更既可用新的合同完全取代旧的合同，也可以在保留旧合同效力的基础上，就某些条款进行修改和补充，原合同和补充条款一并成立有效。当事人对合同变更的内容约定不明确的，推定为未变更。

三、国际商事合同的转让

国际商事合同的转让是指国际商事合同当事人一方在不变更合同内容的前提下，将自己所享有的权利或应承担的义务，转让给第三人的行为。国际商事合同的转让包括权利转让、义务转让及概括转让三种方式。

（一）国际商事合同权利的转让

合同权利的转让，又称合同债权的转让，是指在债的内容不变更的情况下，债权人将自己所享有的合同权利转让给第三人的行为。合同权利转让有自由主义、通知主义和同意主义三种法律规程。美国和德国采取自由主义，转让合同债权时只需转让人与权利人双方合意即可，无须征得债务人的同意，甚至不必通知债务人。法国和日本采纳通知主义，转让合同债权时亦无须征得债务人的同意，但必须告知债务人权利转让的事实。同意主义，指债权人转让债权时，以取得债务人的同意为前提条件。这一规程为我国《民法通则》所采纳，但我国《合同法》第 80 条却采纳了通知主义，规定：“债权人转让权利的，应当通知债务人。未经通知，该转让对债务人不发生效力。”另外，有些合同权利是禁止转让的，如提供个人劳务的合同因其具有高度个体特色而被很多国家禁止转让。

（二）国际商事合同义务的转让

合同义务的转让，又称债务承担，是指在债的内容不变更的情况下，合同债务人经债权人同意将合同义务转让给第三人承担的行为，包括全部转让和部分转让。在合同义务全部转让时，新的债务人即替代原债务人而成为合同的当事人，原债务人即退出合同关系。在合同义务部分转让时，原合同债务人与受让债务的第三人共同对债权人承担按份或连带债务。债务转让后，新债务人应承担除专属于原债务人之外的从债务，但同时新债务人取得原债务人对债权人的抗辩权。

第四节　国际商事合同的履行与消灭

当事人之间签订合同，其核心目的就是要实现合同中所设定的各项权利义务，即履行合同。正因如此，世界各国合同法及国际有关合同法律规则都明确规定，合同生效后，当事人即有正确适当地履行合同的义务。

一、国际商事合同的履行

国际商事合同的履行，是指国际商事合同债务人全面、适当地完成其合同义务，债权人的合同债权得到完全实现的行为。各国的法律都认为，合同当事人在订立合同之后，都有履行合同的义务，如果违反应履行的合同义务，就要根据不同的情况，承担相应的法律责任。

（一）履行合同的基本原则

（1）全面履行原则。全面履行，也称适当履行，要求当事人根据合同所约定的标的、数量、质量、期限、地点和方式，全面完成合同义务。如我国《民法通则》第88条规定："当事人应当按照合同的约定，全面履行自己的义务。"

（2）合作履行原则。当事人不仅适当地履行自己的义务，而且应当根据诚实信用原则协助对方当事人履行其义务。在商事活动中，一方当事人在很多情况下只有靠对方当事人的合作才能履行自己的义务。如卖方提供货物需要买方接受货物并及时进行验收，否则卖方的供货就难以适当地完成。如我国《合同法》第60条规定："当事人应当遵循诚实信用原则，根据合同的性质、目的和交易习惯履行通知、协助、保密等义务。"

（3）经济合同原则。当事人在履行合同义务时，应当讲求经济效益，力争付出最小的成本，获取最大的合同利益。

（二）约定不明合同的履行

在合同实务中，经常遇到对合同的质量、价格或履行时间、地点、方式等没有约定或约定不明确的情况。为使合同得到顺利履行，很多国家规定当事人可以协议补充相关条款，也可根据交易习惯或法律强行规定来履行。但各国法律规定有许多不同之处，在此以《国际商事合同通则》为例，对约定不明合同的履行加以说明。《通则》规定：

（1）履行质量不明的，规定所履行标的物的质量应达到合理的标准，并且不得低于此情况下的平均水平；

（2）履行价格不明的，采用订约时可比较的通常价格或合理的价格；

（3）履行时间不明的，合同可由任何一方当事人作出合理期限的通知而终止；

（4）履行地点不明的，金钱给付的履行地为债权人的营业地，其他义务的履行地为债务人的营业地，在合同订立后当事人改变营业地而使履行增加的费用，应由改变营业地的当事人承担；

（5）履行费用不明的，由义务方承担。

二、国际商事合同的消灭

国际商事合同的消灭，指当事人之间所确立的国际商事合同关系因某一法律事实的发生而不复存在，即当事人权利义务的终止。合同关系消灭，其效力不仅及于合同主债权，也及于合同从债权。下面对两大法系的相关立法分别加以阐述。

（一）大陆法系的相关规定

在大陆法系国家，合同可因清偿、抵销、提存、免除、混同等原因而消灭。

第一，清偿。按合同的约定实现债权目的的行为，即是清偿。它与履行的意义相同，是合同消灭的主要原因。

清偿一般是指由债务人向债权人履行合同规定的义务。但原则上允许债务人以外的第三者向债权人清偿债务。

清偿的标的物一般应当是合同规定的标的物。但如果债权人同意，债务人可以用规定的标的物以外的物品来清偿债务。

第二，抵销。当合同的双方当事人互相负有债务，且都同意各自以其债权充当债务之清偿时，即可使用抵销的方法使等额内的相互债务归于消灭。《德国民法典》、《瑞士债务法》规定抵销只需一方当事人的意思表示即生效；《法国民法典》规定抵销条件成就时自动产生抵销效力，但所抵销的债务，必须是已到期的、可抵销的、同类的互负之债。抵销实质上也清偿债的一种方法。

抵销的优点包括：（1）手续方便、可以避免交换履行；（2）当一方当事人破产时，采用抵销方法，可以避免交换履行引起的不公平的结果。

抵销的方法有：（1）法定抵销；（2）以当事人单方面的意思表示抵销；（3）约定抵销。

案　例

甲欠乙1 000元，乙欠甲500元，经过抵销，乙欠甲的500元债务归于消灭，抵销的结果甲仍然欠乙500元。

第三，提存。债务人打算履行自己的合同义务，但由于债权人的原因而使其无法交付合同标的物，此时，债务人可将该标的物交给提存部门而使合同消灭。

提存产生的原因包括：(1) 债权人下落不明；(2) 债权人无正当理由拒绝受领标的物；(3) 债权人死亡未确定继承人、或丧失行为能力未确定监护人等。

案 例

甲欠乙 100 000 元，在清偿期到来前，乙意外死亡。乙有子女若干人，其中谁是继承人尚未确定，此时甲可以把应偿还的金钱寄存在提存所，使债的关系归于消灭。

提存的效力包括：(1) 债务人免除债务；(2) 风险转移；(3) 费用负担。提存物寄存于提存所后，费用由债权人负担。

第四，免除。债权人免除债务人的债务，可使合同关系归于消灭。日本和我国法律认为免除是一种单方面的法律行为，无需债务人同意。而法国、德国和瑞士等国法律则认为免除亦属双方的法律行为，需经债务人同意方能生效。

第五，混同。当债权与债务同归于一人，原债权债务关系因失去其存在的基础而消灭，这就是混同。商事法上的继受如合并导致债权人与债务人同归于一人。如甲公司对乙公司负有合同债务，而此时两公司合并，致使该债务归于消灭，从而使原合同关系亦不复存在。

混同的原因包括：(1) 民法上的继受；(2) 商法上的继受；(3) 特定继受。

(二) 英美法的相关规定

在英美法国家，履行、协议、受挫、违约、法定事由等原因可导致合同当事人权利义务的消灭。

第一，履行。一般说来，履行完毕，债权人依据约定实现了合同的目的，即导致合同消灭。通常情况下，合同只有当事人完全正确履行义务后才告消灭。

第二，协议。合同因当事人协议而成立，亦可因当事人协议而解除。如果双方当事人达成协议，解除其中一方当事人的合同义务，则会因无对价而不能执行，除非是签字蜡封或禁止翻供的合同。但是如果双方当事人达成协议，彼此免除各自尚待履行的合同义务，则不要另外的对价，因为在这种协议中，双方当事人都放弃了他们在尚待履行的合同中的权利，这本身就是对价。

第三，受挫。合同因非法、不可能、实质性差异而消灭。非法体现为违反法律强制性规定；不可能体现为当事人死亡或丧失行为能力及标的物灭失；实质性差异体现为情况发生了根本变化致使已订立的合同失去了存在的基础。

第四，违约。合同一方严重违约，另一方可以解除合同而使合同归于消灭。此处所指违约有两种情况：一是现实违约，即合同规定的履行期已到而未履约；二是预期违约，即一方当事人在合同规定的履行期到来之前就明确表示届时将不履约。

第五，法定事由。当出现合并、破产或擅自修改书面合同时，可导致合同权利义务的终止。合并中的一类与大陆法中的混同相似，另一类是以更安全的合同替代原合同而使原合同消灭。经破产清理程序，取得法院的解除令后，破产人即可解除一切债务及责任。如果一方当事人擅自对书面合同的重要部分作利己性的修改，对方即可解除合同。

第五节 国际商事合同违约及其救济措施

各国法律以及国际立法、国际惯例都认为，合同一经依法订立，对双方当事人都具有法律约束力，任何一方都必须严格按合同规定全面、适当地履行义务，否则即构成违约，并承担相应的法律责任，以便使非违约方得到适当的救济。违约包含当事人对各种法定的、约定的以及根据诚信原则所遵循的各种义务的违反。

一、违约

违约，是指合同当事人一方无合法理由不履行或不完全履行具有合法性和强制性的合同义务的行为。

二、违约责任的成立

对于违约的确认两大法系存在不同之处：大陆法采用过错责任原则认定是否违约，这里所说的过错包括故意与过失；而英美法依照严格责任原则认定是否违约。所谓过错责任原则，即只有在当事人因自身过错没有履行合同时，才构成违约。所谓严格责任原则，指无论当事人有无过失，只要其未按合同约定履行合同义务，即构成违约。

◇ ***想一想***

大陆法与英美法关于违约责任成立的规定对受损害方的救济有何不同？

各国法律根据违约的性质不同，对违约形式作了相应的划分：

第一，拒绝履行。债务人在合同之债成立后履行期届满之前，能履行而明示不履行合同义务。

第二，不能履行。德国法和法国法分别将不能履行称为给付不能和履行不可能。其含义基本相同，是指当事人出于客观上的原因无法履行合同所规定的义务。

第三，不当履行。德国法称之为“积极违约”或“不良给付”，指当事人一方虽已履行合同义务，但其履行存在瑕疵而给对方造成损害。如在买卖合同中，虽然卖方已按期交货，但所交货物不符合合同约定的品质，致使买方遭受了损失。

第四，迟延履行。德国法称之为“给付迟延”，指当事人没有按照合同约定的期限完成自己应承担的合同义务。

第五，不完全履行。亦称“部分履行”，指当事人只履行了合同中约定的部分义务。

三、违约救济措施

任何违反合同的行为，都是违约，都要承担违约责任。根据各国合同法的相关规定，在当事人一方违约后，受损害一方的当事人有权采取法律上的违约的救济措施，包括实际履行、赔偿损失、禁令、解除合同、行使法定或约定的担保权。

（一）实际履行

实际履行，是指在一方不履行合同义务时，另一方当事人有权要求违约方仍按合同约定履行义务。实际履行必须按合同所规定的标的，不折不扣地实现其内容，而不能以合同以外的标的来履行。大陆法国家一般都将实际履行作为救济方法之一，如德国法将实际履行视为不履行合同的一种主要的救济手段，法国法也承认债务人不履行合同时债权人有提起实际履行之诉的权利。英美法对待实际履行的态度与大陆法有所不同：英美衡平法认为在采用损害赔偿的救济措施不能补偿一方所受损失时，则可使用实际履行作为补充救济办法；英美普通法就根本不承认实际履行这种救济方法。我国《合同法》不仅将实际履行列为违约的救济方法之一，而且对金钱债务和非金钱债务作了区别规定，对非金钱债务的实际履行有除外规定：（1）法律上或者事实上不能履行；（2）债务的标的不适于强制履行或者履行费用过高；（3）债权人在合理期限内未要求履行。虽然大陆法国家和我国都承认实际履行的救济手段，但在实践中却很少作实际履行的判决。

但在特殊的情况下，当实际履行不必要和不可能时，当事人可不以合同规定的标的履行。所谓不必要是指将合同规定的标的交付给对方已经没有实际意义，或者履行不但不能达到预期目的，反而会使对方扩大损失。所谓不可能是反映合同所规定的标的已经灭失，而这种标的物是特定的，不可能用其他标的来代替。因此当上述两种情况出现时，可以免除当事人实际履行的义务。

案　例

某罐头厂有两台闲置的机器设备要处理。某果品加工厂听说后，即到罐头厂联系购买事宜。双方协商后，签订了合同。规定，果品加工厂以15万元的价格购买机器设备，合同生效后十天内果品工厂到罐头厂付款提货，任何一方违约须承担2%的违约金。

某冷库也听说罐头厂要处理两台设备。冷库正需要，且价格便宜，也派人到罐头厂洽谈购买。但迟了一步，设备已卖给了果品加工厂。冷库考虑若购买新的设备要花上近三倍的价格，见设备未运走，机不可失，就对罐头厂说，愿以20万元的价格购买该机器。罐头厂见有利可图，便与冷库签了同样的合同，只是价格高了，并要求冷库尽快来人付款提货。第三天即派车来提货，不巧这一天果品加工厂也来提货。双方互不相让，均有合同为据。罐头厂自觉理亏，对果品加工厂说愿支付违约金，合同就不再履行了。但果品加工厂坚决不同意，一定要机器设备，罐头厂与冷库联合强行让冷库将设备拉走，对果品工厂置之不理。于是，果品加工厂向法院起诉，罐头厂履行合同，支付违约金。罐头厂表示愿意承担违约责任，支付违约金，但履行合同已不可能，设备已经卖掉。法院受理后，将冷库列为第三人，一同参加审理。

◇小资料

英美法在下列情况下不作出实际履行的判决：

- 凡金钱损害赔偿已可以作为充分的救济方法的；
- 凡属提供个人劳务合同的；
- 凡法院不能监督其履行合同的；
- 当事人一方为未成年人的合同的；
- 如判决实际履行会造成对被告过分苛刻的负担的。

（二）损害赔偿

损害赔偿是指一方因违约行为而致使另一方遭受损害的，应依法律规定或合同约定对另一方的损害承担赔偿责任。损害赔偿是违约的救济措施之一，它是最常见的合同违约救济措施。

大陆法认为损害赔偿的成立，须满足三个条件：损害事宜、归责于债务人的原因、损害发生的原因与损害之间的因果关系。关于损害赔偿的方法，德国法是以恢复原状为原则，以金钱赔偿为例外；而法国法恰恰相反，以金钱赔偿为原则，恢复原状为例外。关于损害赔偿的范围，德、法两国法律规定基本一致，包括实际损失和预期利益的损失。实际损失是现实财产的减少，也称直接损失；预期利益是指缔约时可以预见到的履行利益，也称可得利益或间接利益。英美法认为损害赔偿的成立，无须以违约一方有过失或发生实际损失为前提，只要当事人一方违反合同，对方就可以提起损害赔偿之诉。对损害采取金钱赔偿的方法。赔偿范围以使由于债务人违约而蒙受损害的一方，在经济上能处于该合同得到履行时同等的利益。

一般来说，损害赔偿的预期利益不得超过违约人缔约时预见到或可能预见到违约可能造成的损失。在我国，在当事人违约行为侵害对方人身或财产时，对方有请求违约损害赔偿或侵权损害赔偿的选择权。

（三）禁令

禁令是指由法院发出的禁止当事人在一定时期内作某种行为的判决或命令，它是英美衡平法上的一种特有的违约救济方法，如法院发布的禁止当事人在诉讼期间处分资产的命令，这样就可以使胜诉方在诉讼结束时能顺利执行判决。一般说来，英美法院只有在采取一般损害赔偿的救济方法不足以补偿债权人所受的损失，或者在确信发出禁令符合公平合理原则的情形下，才会给予这种救济。在我国，虽然出现过法院向银行发布禁止付款禁令的现象，但禁令并不是我国《合同法》明文规定的一种违约救济措施。

（四）解除合同

解除合同是指由于某种原因使已经成立的合同归于消灭。合同解除有多种原因，其中违约是合同解除的原因之一。

（1）解除权的发生

大陆法认为当双务合同的一方当事人不履行合同时，对方就有解除合同的权利；而在英美法中，只有对违反条件（即违反合同中重要条款）或重大违约行为才可行使合同解除权，对违反担保（即违反合同中次要条款）或轻微违约行为就只能请求损害赔偿。

（2）解除权的行使

行使合同解除权的方法主要有两种：一是由一方当事人向法院起诉，由法院作出解除合同的判决；二是无须经过法院，只需向对方表示解除合同的意思表示即可。法国采取第一种办法，德国、英美法系国家及我国采取第二种办法。但我国《合同法》还规定，对解除合同有异议的，可以请求人民法院或仲裁机构确认解除合同的效力。法律、行政法规规定解除合同应当办理批准、登记等手续的，依照其规定。否则即不发生合同解除的效力。

（3）解除权与损害求偿权可否并存

德国法认为债权人只能在解除权与损害求偿权中两者择其一；而法、日、英、美等国法律认为解除权和损害求偿权可同时并存。

（4）解除合同的后果

解除合同的法律后果是使合同效力归于消灭，但这种消灭时间界定，各国法律规定有所不同。法、德、美等国法律规定基本相似，都认为合同的解除，其效力可以溯及到订立的时候，即自始无效。而英国法则认为合同无效仅指向未来，即只是在解除合同时还没有履行的债务不再履行。

（五）行使法定或约定的担保权

各国法律都赋予合同当事人在对方违约时行使法定或约定的担保权。该担保权一般包括抵押权、质押权、违约金、定金、留置权等。

（1）抵押权。当一方当事人不履行合同义务时，另一方对他或第三人提供的担保财产或财产权，享有变价优先受偿的权利。抵押权以不动产为客体，一般不转移占有。

（2）质押权。当合同的目的无法实现时，质权人有依法以质物变价优先受偿的权利。质押权以动产和权利为客体，并以客体的转移占有为特点。

（3）违约金。为了保证合同得以履行，当事人在合同中约定或法律规定的一方违约后应向另一方支付的金额，即为违约金。违约金有惩罚性和补偿性两种性质界定。在德国，违约金具有惩罚性，债权人可同时要求违约方进行损害赔偿和支付违约金；英美法国家和除德国以外的大陆法国家认为违约金应属补偿性，违约金和损害赔偿不能同时执行。我国《合同法》中所规定的违约金以补偿性为主，并兼有一定的惩罚性。

（4）定金。为了保证合同的履行，债务人按约定预先给付债权人的一定数额的金钱。债务人履行债务后，定金应当抵作价款或收回。给付定金的一方不履行约定的债务的，无权要求返还定金；收受定金的一方不履行约定的债务的，应当双倍返还定金。

（5）留置权。合同债务人完全不履行或不适当履行债务时，债权人有权扣留按合同已占有的债务的财产。当债务人不履行债务已届满一定期间，债权人有权变卖扣留，实现违约救济。如在买方不足额付款时，卖方可以对所有权已经转移给买方但买方尚未提走的货物实行留置。

关键术语

合同　　合同履行　　违约　　救济

本章小结

本章主要介绍合同订立、履行、违约救济、合同消灭等内容。合同成立的条件主要包括要约与承诺、当事人的订约能力、对价与约因、合同形式、合同合法、合意真实等六个方面的要求。履行合同是签订合同的目的。违约的救济方法包括实际履行、损害赔偿、禁令、解除合同等。合同的消灭有履行、抵消、提存、混同等原因。

自　测　题

一、判断题

1. 凡向一个或一个以上特定的人提出订立合同的建议，如果内容十分确定即构成要约。（　）

2. 德国法律认为，要约原则上对要约人具有拘束力。（　）

3. 公约规定，对预期违约的救济方法是赔偿损失。（　）

4. 所有违法合同均是无效合同，因此，无效合同也就是违法合同。（　）

5. 根据《国际货物销售合同公约》的规定，受要约人收到要约后，应尽快发出承诺与否的通知，如果怠于通知时，则视为默认承诺。（　）

二、单项选择题

1. 根据英国法的规定，一项在法律上有效的合同，除当事人之间的意思表示一致外，还须具备的要素是（　）。

A. 书面形式　　B. 对价　　C. 签字蜡封　　D. 约因

2.《国际货物买卖合同公约》在接受的生效时间上，原则上采用（　）。

A. 到达生效　　B. 了解生效　　C. 投邮生效　　D. 发出生效

3. 下列属于我国《民法通则》规定的无民事行为能力的人是（　）。

A. 10 周岁以上的未成年人

B. 不满 10 周岁的未成年人或者不能辨认自己行为的精神病人

C. 不能完全辨认自己行为的精神病人

D. 16 周岁以上不满 18 周岁的未成年人

4. 在违约金的性质认定上，认为违约金具有惩罚性的国家是（　）。

A. 德国　　B. 美国　　C. 法国　　D. 英国

5. 依照英国法，下列各项中会使合同无效的是（　）。

A. 一方当事人意思表示的错误

B. 一方当事人判断上的错误

C. 一方当事人对自己履约能力的估计错误

D. 在认定当事人上发生错误

三、多项选择题

1. 关于要约的说法，下列正确的是（ ）。

A. 英美普通法认为，要约原则上对要约人无约束力

B. 德国法律认为，要约原则上对要约人具有拘束力

C. 法国法原则上认为要约人在其要约被受要约人承诺以前可以撤销要约

D. 意大利法典规定，凡要约人在要约中规定有承诺期限者，在该期限届满以前，不得撤销要约

E. 公约规定，要约在其被受要约人接受之前，原则上可以撤销

2. 按各国法律的一般规定，下列各项中属于要约引诱的是（ ）。

A. 普通商业广告　　B. 向交易对方寄送价目表

C. 向交易对方寄送报价单　　D. 悬赏广告

E. 向交易对方寄送商品目录

3. 规定一项在法律上有效的合同，除当事人之间的意思表示一致外，无须具备"对价"即告成立的是（ ）。

A. 法国法　B. 中国法　C. 英美法　D. 德国法

4. 根据德国法律，对不履行合同的救济方法是（ ）。

A. 实际履行合同　　B. 请求损害赔偿

C. 请求恢复原状　　D. 解除合同

5. 根据各国法律的规定，合同的有效要件主要是（ ）。

A. 当事人之间必须有一致的意思表示

B. 意思表示必须真实

C. 标的物必须合法

D. 当事人必须有订约能力

E. 形式必须合法

6. 对法国法的解除亲权制度的理解，正确的为（ ）。

A. 该制度是针对未成年人而设定的

B. 未成年人因结婚而依法当然解除亲权

C. 未成年人年满 16 岁，由其父母双方或一方向监护法官申请，宣告解除亲权

D. 解除亲权的未成年人与成年人相同，但不得经营商业

E. 解除亲权的未成年人与成年人相同，可以经营商业

四、简答题

1. 什么是要约？一项有效的要约应具备哪些条件？要约与要约邀请有什么区别？

2. 什么是承诺？一项有效的承诺应具备哪些条件？大陆法和英美法在承诺生效问题上有何不同？《公约》是如何规定的？

3. 合同成立的一般要件有哪些？

五、案例分析题

1. 被告是一种名为石炭酸烟丸的药品的制造商，曾刊登一则广告，声称任何人根据指定方法和在特定的期间内服用一颗药丸后，如果仍染上流行性感冒，可获被告赔付100英镑，被告在广告里还声称已将1 000英镑存入银行，以示诚意。原告看到这则广告后，信以为真，购买被告的药丸，并按照说明书的指示服用，但结果仍染上流行性感冒。于是向被告追讨100英镑。问题：

（1）要约的构成要件有几项？

（2）该广告是否是一项要约？

（3）原告的索赔是否成立？

2. 5月1日，乙收到甲邮寄的一份要约；5月2日，乙邮寄一封撤销要约的信件；5月3日，乙改变主意，在上午10点打电话给甲，表示承诺该要约，并告诉甲不要考虑那封拒绝要约的信件；5月4日，甲收到那封拒绝要约的信件。

问题：合同是否成立？如合同成立，于何时成立？

3. 2011年11月25日，德国A公司向香港B有限公司发出如下要约：Jettish彩色复印机2 000台，每台汉堡船上交货价（FOB）4 000美元，即期装运，要约的有效期截止到12月30日。A公司发出要约后，又收到了巴黎某公司购买该种型号复印机的要约，报价高于A公司发给香港B有限公司的要约价格。由于当时香港B有限公司尚未对该要约作出承诺，故而A公司于12月15日向香港B公司发出撤销11月25日要约的通知，而后与巴黎方面的公司签约。但是，12月22日，A公司收到了香港B有限公司的承诺，同意德国A公司的要约条件，并随之向A公司开出了不可撤销的信用证，要求A公司履行合同。后因A公司未履约，香港B公司诉诸瑞典斯德哥尔摩仲裁庭，要求A公司赔偿损失。请你回答下列问题：1、A公司的辩称是否成立，A公司11月25日发出的要约能否被撤销。2、A公司与B公司之间是否存在有效的买卖合同。案例5：市场价格变化拒绝成交1986年7月27日我国某公司应荷兰A商号的请求，报出某初级产品100吨，每吨鹿特丹到岸价格（CIF）人民币3 900元即期装运的实盘。对方接收到我方报盘后，没作承诺表示，而是再三请求我方增加数量，降低价格一并延长要约有效期。我方曾将数量增至300吨，价格每吨鹿特丹GIF减至人民币3 800元，并两次延长了要约的有效期，最后延至8月30日。荷兰于8月26日来电接受该盘。我方公司在接到对方承诺电报时，发现巴西因受旱灾而影响到该产品的产量，国际市场价格暴涨，从而我方拒绝成交，并复电称：货物在接到承诺电报前已售出。但荷方不同意这一说法，认为承诺是在要约有效期内作出，因而是有效的，坚持要求我方按要约的条件履行合同，并提出，要么执行合同，要么赔偿对方差价损失40余万元人民币，否则将提起诉讼。请你回答下列问题：1. 如果A商号对我国的这家公司提起诉讼，有无正当理由？2. 双方间的买卖合同是否成立？

第四章

买 卖 法

学习目标

知识要点：

1. 了解有关国际货物买卖的法律
2. 掌握国际货物买卖合同
3. 熟悉买卖双方的义务、违反合同的补救方法以及货物所有权与风险的转移

技能目标：

通过本章学习，了解有关货物买卖的国内立法、国际公约与国际贸易惯例；掌握国际货物买卖合同中的相关内容，特别是合同成立的基本条件；熟悉买卖双方的义务，违反合同的补救方法，以及货物所有权与风险的转移问题。

导入案例

案情介绍：

美国哈迪公司以“FOB 里斯本”条件向英国庞德公司购买300吨葡萄牙松节油，而实际上该批货物由葡萄牙供货人供货，并规定由该供货人取得出口许可证。但当作为买方的美国船只到达里斯本港口时，葡萄牙政府拒绝签发货物发往东德的出口许可证，卖方船只由此未能装船。美方向英国上议院提起上诉。英国上议院判决，根据FOB合同规则，英国公司须承担未能装船的全部责任。英国庞德公司败诉。

案情分析：

本案主要涉及的是FOB合同下买卖双方责任的划分问题，我们应该参考《2010年国际贸易术语解释通则》关于贸易术语的规定。

贸易术语是确定买卖双方风险、责任和费用划分的国际惯例，常见的FOB、CFR、CIF三种贸易术语都属于象征性交货方式。其中，FOB贸易术语是最重要的国际贸易术语之一。按照FOB贸易术语的一般解释及《2010年国际贸易术语解释通则》的有关规定，FOB贸易条件下卖方承担的主要义务包括但不限于：办理报关、商检等出口手续；及时向买方发出装船完毕通知，并提交单据等。

卖方与供货方之间的约定并不影响他在FOB贸易条件下对买方应承担的义务。本案中，卖方英国公司与供货方葡萄牙某商虽不在同一国家，但并不影响其承担在葡萄牙

取得出口许可证的义务。卖方因未申请到出口许可证致使货物无法装船，已构成违约，应承担违约责任。英国上议院的判决于法有据。

上述案例中提到的《2010年国际贸易术语解释通则》是有关国际货物买卖的一种国际惯例，是由商人们在长期的商业实践中反复不断使用而形成的一些习惯做法，目的在于避免或消除不同国家（地区）的贸易当事人对同一问题作出不同的理解和解释，在处理贸易争议方面起着重要的作用。因此，属于有关国际货物买卖的主要法律规范之一。

此外，由于国际货物买卖是跨越国境的，其买卖关系会受到不同国家的国内法律的调整。同时，由于各国的历史、文化等原因，各国国内买卖法在形式和内容上均存在较大的不同，对同一买卖关系也很可能出现不同的调整结果。为了避免冲突，更好地协调各国不同的国内法规定，在国际社会上逐渐形成了各种有关国际货物买卖的国际公约，以期达到统一国际货物买卖法的目的。所以说，各国国内法、国际公约和国际惯例等构成了有关国际货物买卖的主要法律规范，而国际货物买卖法则是调整国际货物买卖的各种法律规范的总称。

第一节 有关货物买卖的国内立法、国际条约与国际贸易惯例

一、关于国际货物买卖的各国国内立法

（一）大陆法系国家的国内立法

在大陆法系国家，通常将有关货物买卖的法律编入民法典中的独立章节。民商合一的国家直接将其编入民法典中债的部分。如意大利的民法典、土耳其的民法典、瑞士的债法典等。民商分立的国家，还会同时在商法典中作出规定。民法为普通法，商法为特别法，在有特别规定的时候优先适用商法的规定。如德国的《民法典》第二编和《商法典》第三编，法国的《民法典》第三编和《商法典》第一编等。

（二）英美法系国家的国内立法

英美法系的国家没有民法和商法之分，有关货物买卖的法律由普通法和成文法构成。普通法，是由法院以判例形式所确定的法律原则，属于不成文法；成文法，是有关货物买卖的单行法规，亦称作制定法。制定了有关货物买卖法的典型代表国家是英国和美国。

◇小知识

关于货物买卖的成文法有代表性的是英国《1893年货物买卖法》（Sale of Goods Act，1893），它是在总结英国法院数百年来就有关货物买卖案件所作出的判例的基础上制定的，现在生效的是1979年修订的文本。美国以此为蓝本，制定了《1906年统一买卖法》（Uniform Sale of Goods Act，1906）。1942年，美国统一各州法律委员会

和美国法学会即着手起草《美国统一商法典》（Uniform Commercial Code，简称UCC），于1952年正式颁布，现在使用的是1977年文本，该法第二章标题即为“买卖”。需要注意的是，由于《美国统一商法典》并不是由联邦立法机关制定的一部法律，从法律地位上看，它仅仅是由美国的学术机构制定的一部示范性法典。但是由于该机构诸多的成员来自于美国法院以及立法机构，所以该法典可以深刻地影响各州关于货物买卖的立法和司法。按照美国法律的规定，关于贸易方面的立法权属于各州，联邦只对涉及州之间的贸易和国际贸易享有立法权。所以，各州对是否采用该法典是有完全的自主权。目前除了保持大陆法传统的路易斯安那州之外，其他各州均已通过立法程序采用该法典。

（三）中国的国内立法

在中国的法律体系中，调整货物买卖的法律主要是《中华人民共和国民法通则》和《中华人民共和国合同法》（以下简称《合同法》）。合同法“分则”第九章专门对买卖合同作了规定，从第130~174条共计44条。除此之外，合同法总则的各项规定也可适用于买卖合同。新合同法没有对国内的经济合同和涉外的经济合同加以区别。因此，新合同法的规定应适用国际货物买卖合同。

二、关于国际货物买卖的国际公约

（一）1964年海牙公约

1964年海牙通过了《国际货物买卖统一法公约》（The Uniform Law on International Sale of Goods）和《国际货物买卖合同成立统一法公约》（The Uniform Law on the Formation of Contract for International Sale of Goods）。前者于1972年8月18日生效，批准或参加该公约的有比利时、冈比亚、德国、以色列、意大利、荷兰、圣马力诺和英国等8个国家；后者于同年8月23日生效，在上述8国中，除了以色列外，其他国家均批准或参加了这项公约。但是，许多国家认为这两项公约受欧洲大陆法传统的影响较多，内容比较繁琐，没有能调和大陆法系和英美法系之间在货物买卖规定上的巨大差异。因此，上述两项公约在国际上并没有被广泛接受和采用。

（二）1980年《联合国国际货物销售合同公约》

《联合国国际货物销售合同公约》是联合国国际贸易法委员会于1980年在维也纳召开的外交会议上通过的，于1988年1月1日生效，是到目前为止关于国际货物买卖的最重要的国际公约，具有重大的法律意义。该公约将1964年海牙公约予以合并，同时很好地调和了英美法系和大陆法系在传统上关于货物买卖规定的分歧。

根据公约在序言中的规定，公约的宗旨是建立新的国家经济秩序，在平等互利的基础上发展国际贸易，照顾到不同的社会、经济和法律制度，制定国际货物销售的统一规则，以减少法律障碍，促进国际贸易的发展。

除序言外，分四个部分，共101条，187款。第一部分共13条，对公约的适用范围和总则作出了规定；第二部分共11条，规定了合同订立的程序和规则；第三部分共

64条，就货物买卖的一般规则、买卖双方的权利义务、违约救济、风险转移等内容作出了规定，是公约的重要部分；第四部分是最后条款，对公约的保管、签字、加入、保留、生效、退出等作出了规定。

（三）中国对《联合国国际货物销售合同公约》的保留

我国是《联合国国际货物销售合同公约》的最早成员国之一。1981年9月30日中华人民共和国政府代表签署本公约，1986年12月11日交存核准书，成为该公约缔约国。在核准该公约时，我国对该公约提出了两项重要的保留：

（1）关于适用范围的保留。

公约第1条第1款b项规定可以在通过国际私法规则导致适用某一缔约国的法律的情况下适用公约。这项规定的目的是为了扩大公约的适用范围。我国对此提出了保留，即只承认营业地在不同缔约国的当事人之间订立的合同才自动适用公约。

（2）关于合同书面形式的保留。

公约第11条规定，销售合同无须以书面订立或书面证明，在形式方面也不受任何其他条件的限制。我国对此提出了保留，因为在当时的我国国内合同立法中要求合同必须以书面形式订立。目前我国新的合同法已经允许合同可以采用书面、口头或者其他形式，但在我国还没有撤销此项保留前，该保留继续有效。

三、关于国际货物买卖的国际贸易惯例

在国际上有较大影响的国际贸易惯例主要有三种：

（一）《1932年华沙—牛津规则》

《1932年华沙—牛津规则》是国际法协会专门为解释CIF术语而制定的，共21条。这一规则对于CIF术语的性质、买卖双方所承担的风险、责任和费用的划分以及所有权转移的方式等问题都作了比较详细的解释。

（二）《1941年美国对外贸易定义修订本》

《1941年美国对外贸易定义修订本》是由美国的几个商业团体制定的。这一规则对六种术语进行了解释，分别为：Ex产地交货、FOB在运输工具上交货、FAS在运输工具旁边交货、C&F成本加运费、CIF成本加保险费和运费、Ex Dock目的港码头交货。

该规则在美洲地区有一定的影响，对FOB、FAS合同有独特的解释。所以，在同美洲国家进行贸易时应加以注意。

（三）《2000年国际贸易术语解释通则》

《2000年国际贸易术语解释通则》的特点有：

（1）将买卖双方的义务采取标准化的、互相对应的规定办法，分别用10个项目列出，以便于对比检查。具体排列如表所示：

卖 方 义 务	买 方 义 务
A1 提供符合合同规定的货物	B1 支付货款
A2 许可证、批准文件及海关手续	B2 许可证、批准文件及海关手续
A3 运输合同与保险合同	B3 运输合同与保险合同
A4 交货	B4 受领货物
A5 风险转移	B5 风险转移
A6 费用划分	B6 费用划分
A7 通知买方	B7 通知卖方
A8 交货凭证、运输单证或相等的电子单证	B8 交货凭证、运输单证或相等的电子单证
A9 核查、包装及标记	B9 货物检验
A10 其他义务	B10 其他义务

上述责任按其性质可分为常规责任、主要责任、共同责任。常规责任是指任何贸易、任何贸易术语买卖双方都应承担的责任；主要责任是指主运费、保险费由谁负担的问题；共同责任是指货物从卖方仓库到买方目的地整个过程风险的承担问题。

（2）《2000 年国际贸易术语解释通则》将 13 种术语，按开头字母不同分成四组：

E 组有 EXW 一个术语；

F 组有 FCA、FAS、FOB 三个术语。在该组术语下，卖方必须按买方的指示交运货物，因为是由买方订立运输合同和指定承运人，主运费由买方支付；

C 组有 CFR、CIF、CPT、CIP 四个术语。在该组术语下，卖方必须按通常的条件自费订立运输合同，并支付主运费。该组术语一个典型的特点是费用的划分与风险的划分不在同一点；

D 组有 DAF、DES、DEQ、DDU、DDP 五个术语。在该组术语下，卖方必须负责将货物运送到约定的目的地，并负担货物交至该处为止的一切风险和费用。因此，按 D 组术语订立的买卖合同属于“到货合同”。

（3）按照出口商完成交货义务地点的不同，贸易术语可分为在出口国交货和在进口国交货两大类。出口国交货类贸易术语包括 E、F、C 组术语，进口国交货类贸易术语包括 D 组术语。

与上述划分相适应，对进出口合同可以划分为装运合同和到货合同两大类型。前者是指以出口国交货类贸易术语成交的合同，后者是指以进口国交货类贸易术语成交的合同。也就是说，凡是以 E、F、C 组术语成交的合同均可称为装运合同，凡是以 D 组术语成交的合同均可称为到货合同。

（四）《2010 年国际贸易术语解释通则》

《2010 年国际贸易术语解释通则》是由国际商会制订的，共包括 11 种术语。在当今关于贸易术语的国际惯例中，是包括内容最多、使用范围最广和对国际贸易实务影响最大的一种。

国际商会（ICC）重新编写的《2010 年国际贸易术语解释通则》（INCOTERMS 2010，2010 通则），是国际商会根据国际货物贸易的发展，对 2000 通则的修订，2010

年9月27日公布，于2011年1月1日开始全球实施，2010通则较2000通则更准确标明各方承担货物运输风险和费用的责任条款，令船舶管理公司更易理解货物买卖双方支付各种收费时的角色，有助于避免现时经常出现的码头处理费（THC）纠纷。此外，新通则亦增加大量指导性贸易解释和图示，以及电子交易程序的适用方式。

虽然2010通则于2011年1月1日正式生效，但并非2000通则就自动作废。因为国际贸易惯例本身不是法律，对国际贸易当事人不产生必然的强制性约束力。国际贸易惯例在适用的时间效力上并不存在“新法取代旧法”的说法，即2010通则实施之后并非2000通则就自动废止，当事人在订立贸易合同时仍然可以选择适用2000通则。

相对2000通则，2010通则主要有以下变化。

（1）13种贸易术语变为11种；

（2）贸易术语分类由四级变为两类；

（3）使用范围的扩大至国内贸易合同；

（4）电子通信方式被2010通则赋予完全等同的功效。

2000通则和2010通则的主要区别

INCOTERMS 2010于2011年1月1日起正式实施，2010与2000相比主要变化有：

1. 贸易术语的数量由原来的13种变为11种。

2. 删除INCOTERMS2000中四个D组贸易术语，即DDU（Delivered Duty Unpaid）、DAF（Delivered At Frontier）、DES（Delivered Ex Ship）、DEQ（Delivered Ex Quay），只保留了INCOTERMS2000D组中的DDP（Delivered Duty Paid）。

3. 新增加两种D组贸易术语，即DAT（Delivered At Terminal）与DAP（Delivered At Place）。

4. E组、F组、C组的贸易术语不变。

主要变化及说明

1. 两种新的术语——DAT和DAP

通则已经将13种不同的术语减为11种。DAT和DAP（指定目的地和指定地点交货），取代了DAF，DES，DEQ和DDU而实现的。所谓DAT和DAP术语，是“实质性交货”术语，在将货物运至目的地过程中涉及的所有费用和风险由卖方承担。此术语适用于任何运输方式，因此也适用于各种DAF，DES，DEQ以及DDU以前被使用过的情形。

2. 11种贸易术语的分类

2000通则中的13种术语按术语缩写首字母分成四组，即，E组（EXW），F组，C组以及D组。这种分类反映了卖方对于买方的责任程度。FCA，或者适用国内贸易的EXW，利用交货的完成以及在尽可能早的时间把风险转移给买方从而赋予卖方最少的责任。相反地，D组术语，或者说“实质性交货”术语，利用交货的完成以及在尽可能晚的时间把风险转移给买方从而赋予卖方最多的责任。这种分类仍然很重要，尤其是在当事人对2010通则中的中11种贸易术语作出选择时。

然而，2010通则将这11种术语分成了截然不同的两类。

第一类包括那些适用于任何运输方式，包括多式运输的七种术语。EXW，FCA，

CPT，CIP，DAT，DAP 和 DDP 术语这类。这些术语可以用于没有海上运输的情形。但要谨记，这些术语能够用于船只作为运输的一部分的情形，只要在卖方交货点，或者货物运至买方的地点，或者两者兼备，风险转移。

第二类，实际上包含了比较传统的只适用于海运或内河运输的 4 种术语。这类术语条件下，卖方交货点和货物运至买方的地点均是港口，所以“唯海运不可”就是这类术语标签。FAS，FOB，CFR，CIF 属于本类术语。

3. 国内和国际贸易术语

贸易术语在传统上被运用于表明货物跨越国界传递的国际销售合同。然而，世界上一些地区的大型贸易集团，如东盟和欧洲单一市场的存在，使得原本实际存在的边界通关手续变得不再那么有意义。因此，2010 通则的编撰委员会认识到这些术语对国内和国际销售合同都是适用的；所以，2010 通则在一些地方作出明确说明，只有在适用的地方，才有义务遵守出口/进口所需的手续。

两方面的发展使国际商会确信在这个方向上作一个改动是适时的。首先，一个强有力的证据就是事实上很多交易者将通则普遍运用于纯粹的内贸合同。另一个原因就是在美国人们更愿意选择通则而不是统一商法典装运和交货条款运用于国内贸易。

4. 使用指南

每一种 2010 通则中的术语在其条款前面都有一个使用指南。指南解释了每种术语的基本原理：何种情况应使用该术语；风险转移点是什么；费用在买卖是如何分配的。这些指南并不是术语正式规则的一部分：它们是用来帮助和引导使用者准确有效地为特定交易选择合适的术语。

5. 电子通讯

通则的早期版本已经对需要的单据作出了规定，这些单据可被电子数据交换信息替代。不过现在 2010 通则赋予电子通讯方式完全等同的功效，只要各方当事人达成一致或者在使用地是惯例。在 2010 的生命期里，这一规定有利于新的电子程序的演变发展。

6. 保险

2010 通则是自全协会货物保险条款修改以来的第一个版本，这个最新版本在所修改内容中充分考虑了这些保险同款的变动。2010 通则在涉及运输和保险合同的 A3/A4 条款中罗列了有关保险责任的内容，原本它们属于内容比较泛化而且有着比较泛化标题“其他义务”的 A10/B10 款。在这方面，为了阐明当事人的义务，对 A3/A4 款中涉及保险的内容作出修改。

7. 有关安全的核准书及这种核准书要求的信息

如今对货物在转移过程中的安全关注度很高，因而要求检定货物不会因除其自身属性外的原因而造成对生命财产的威胁。因此，在各种术语的 A2/B2 和 A10/B10 条款内容中包含了取得或提供帮助取得安全核准的义务，比如货物保管链。

8. 码头装卸费

按照“C”组术语，卖方必须负责将货物运输至约定目的地：表面上是卖方自负运输费用，但实际上是由买方负担，因为卖方早已把这部分费用包含在最初的货物价格中。运输成本有时包括货物在港口内的装卸和移动费用，或者集装箱码头设施费用，而且承运人或者码头的运营方也可能向接受货物的买方收取这些费用。譬如，在这些情况下，买方就要注意避免为一次服务付两次费，一次包含在货物价格中付给卖方，一次单独付给承运人或码头的运营方。2010通则在相关术语的A6/B6条款中对这种费用的分配作出了详细规定，旨在避免上述情况的发生。

9. 连串销售（string sales）

在商品的销售中，有一种和直接销售相对的销售方式，货物在沿着销售链运转的过程中频繁地被销售好几次。在这种情况下，在一连串销售中间的销售商并不将货物"装船"，因为它们已经由处于这一销售串中的起点销售商装船。因此，连串销售的中间销售商对其买方应承担的义务不是将货物装船，而是"设法获取"已装船货物。着眼于贸易术语在这种销售中的应用，2010通则的相关术语中同时规定了"设法获取已装船货物"和将货物装船的义务。

术语的使用解释

2000通则中，按照镜像原则，A条款下反映的是卖方的义务，相应地，B条款下反映的是买方的义务。但是由于一些短语的使用贯穿整个文件，2010通则打算在其正文中对以下被列出来的词语不再作解释，以以下注解为准。

承运人：就2010通则而言，承运人是指签署运输合同的一方。

出口清关：遵照各种规定办理出口手续，并支付各种税费。

交货：这个概念在贸易法律和惯例中有着多重含义，但是2010通则中用其来表示货物缺损的风险从卖方转移到买方的点。

电子数据：由一种或两种以上的和相应纸质文件功效等同的电子讯息组成的一系列信息。

"包装"和"存放"：这些短语被用于不同的目的：

1. 遵照合同中所有的要求的货物包装。
2. 使货物适合运输的包装。
3. 已包装好的商品转载进货柜或其他运输工具。

国际贸易惯例的适用是以当事人的意思自治为基础的。因为惯例本身不是法律，它对贸易双方不具有强制性约束力，故买卖双方有权在合同中作出与某项惯例不符的规定。只要合同有效成立，双方均要履行合同规定的义务，一旦发生争议，法院和仲裁机构也要维护合同的有效性。

但是，国际贸易惯例对贸易实践仍具有重要的指导作用。这体现在：一方面，如果双方都同意采用某种惯例来约束该项交易，并在合同中作出了明确规定，那么这项约定的惯例就具有了强制性。另一方面，如果双方在合同中既未排除，也未注明该合同适用某项惯例，在合同执行中发生争议时，受理该争议案的司法和仲裁机构也往往会引用某一国际贸易惯例进行判决或裁决。这是因为，通过各国立法或国际公约赋予了他法律效力。

课堂案例讨论

我国某出口公司按照 CIF AVON－Mouth 向某英商出售一批货物为核桃仁，由于该商品季节性强，双方在合同中规定，买方需于9月底前开到信用证，卖方保证货船不得迟于12月2日驶抵目的港，如货轮迟于12月2日抵达目的港，买方有权取消合同；如货款已收，卖方需将货款退还买方。

讨论：该合同用此形式订立是否合法？

第二节　国际货物买卖合同的成立

案　例

我国某公司应荷兰某商人请求，报出某初级产品200公吨，每公吨 CIF 鹿特丹人民币1 950元，即期装运的实盘，对方接到我方报盘后，没有表示承诺，而再三请求我方增加数量，降低价格，并延长有效期，我方曾将数量增至300公吨，价格每公吨 CIF 鹿特丹减至人民币1 900元，有效期两次延长，最后延至7月25日，荷商于7月22日来电接受该盘，但附加了包装条件为“需提供良好适合海洋运输的袋装”，我方在接到对方承诺电报时复电称：“由于世界市场的变化，货物在接到承诺电报前已售出。”但对方不同意这一说法，认为承诺在要约有效期内作出，因而是有效的，坚持要求我方按要约的条件履行合同。最终我方以承认合同已成立而告结束，从而使我方损失23万元。

本案涉及的主要问题是要约与承诺，我们应该参考《国际货物销售合同公约》关于要约与承诺的规定。

与其他一般合同的成立一样，双方当事人的签约意志是国际货物买卖合同成立的实质要件。一项国际货物买卖合同的订立，是双方当事人经过要约、承诺，或反要约的反复磋商而最后达成的结果。要约对受要约人没有拘束力，受要约人只有承诺的权利，没有承诺的义务。但要约对于要约人来说，则是具有拘束力的，要约人不得随意撤销要约。要约原则上可以撤回，但须附一定条件。要约邀请是容易与要约相混淆的概念。在国际贸易实务中常使用的实盘概念是指确定的要约，对发盘人具有约束力，而虚盘则只是一种要约邀请，对发盘一方不具有约束力。反要约和承诺是国际贸易实践中经常发生混淆的又一对概念，区分它们的标准是对要约是否作了实质性修改。对要约中所提出的有关货物价格、付款、货物数量和质量、交货的时间和地点，以及赔偿责任范围或解决争端方法所作的修改，均视为对要约的实质变更，构成反要约。反之，凡未对要约作出实质性修改而作出的承诺，是有效承诺。

本案的焦点问题在于荷兰方面对我方公司的实盘附加了包装条件，中方应已外方对承诺附加了实质性修改条件为由，否认承诺的有效性，主张反要约的构成。而中方对该反要约又未予以承诺，合同因此不能成立。中方由此可解除一切责任，合法地解除合同。但在该案中，由于中方人员缺乏外贸业务的法律知识，未能抓住要害和关键点。以市场价格变动为由撤回要约的理由缺乏说服力，自然就显得牵强乏力，以致坐失良机，在争议中完全处于被动地位，使财产遭受损失。

一、国际货物买卖合同的概念和特征

所谓国际货物买卖合同，一般是指营业地位于不同国家的当事人之间所订立的有关货物买卖权利义务关系的协议。

与其他合同相比，国际货物买卖合同主要有以下特征：

（1）合同当事人的营业地位于不同的国家；

（2）合同的标的物是货物；

（3）合同涉及的法律关系复杂并受多种法律调整。

二、国际货物买卖合同的成立

《联合国国际货物销售合同公约》关于国际货物买卖合同成立的规定，合同成立的要件包括实质性要件和形式要件。

（一）实质性要件

有效的国际货物买卖合同必须通过要约和承诺的程序达成，要约和承诺是订立合同的必经程序。

1. 要约

要约是指一方当事人希望与另一方当事人订立合同的意思表示，在国际货物买卖中也称为发价或者发盘。

公约第14条规定：① 向一个或一个以上特定的人提出的订立合同的建议，如果十分确定并且表明发价人在得到接受时承受约束的意旨，即构成发价。一个建议如果写明货物并且明示或暗示地规定数量和价格或规定如何确定数量和价格，即为十分确定。② 非向一个或一个以上特定的人提出的建议，仅应视为邀请作出发价，除非提出建议的人明确地表示相反的意向。

由此可见，一项有效的要约应具备以下几个条件：① 必须是向特定的人提出。例如，向广大公众散发的商品价目单，由于受盘人不确定，通常只看作邀请发盘；② 内容必须十分确定，也就是说发盘人必须提出明确、完整、无保留的各项交易条件。明确即指不能使用模糊语言，如使用“大约”、“可能”等字眼。完整即指包括所有主要交易条件，也就是货物的名称、数量和价格等。无保留是指发盘人愿意按照所提出来的交易条件同受盘人订立合同；③ 表明发盘人受约束的意旨，即必须表明该发盘一经接受就受约束的意思。通常的表示方法是“We offer...”、“We can supply...”；④ 发盘必须送达受盘人。如果由于传递失误使受盘人没有接到发盘，则该发盘失效。

（1）要约生效的时间

公约第15条第1款规定，发价于送达被发价人时生效。

关于“送达”，公约第24条作出了规定，系指用口头通知对方或通过任何其他方法送交对方本人，或其营业地或通讯地址，如无营业地或通讯地址，则送交对方惯常居住地。

（2）要约的撤回与撤销

要约的撤回是指要约人在发出要约后，在其尚未到达受要约人之前，将该要约收回。

要约的撤销是指要约人在其要约已经到达受要约人之后，将该要约取消，从而使要约的效力归于消灭。

公约第15条第2款规定，一项发价，即使是不可撤销的，得予撤回，如果撤回通知于发价送达被发价人之前或同时，送达被发价人。

公约第16条规定，① 在未订立合同之前，发价得予撤销，如果撤销通知于被发价人发出接受通知之前送达被发价人。② 但在下列情况下，发价不得撤销：（a）发价写明接受发价的期限或以其他方式表示发价是不可撤销的；或（b）被发价人有理由信赖该项发价是不可撤销的，而且被发价人已本着对该项发价的信赖行事。

（3）要约的终止或失效

根据公约的规定，要约终止或失效的情况有以下几种：① 过了发盘的有效期；② 受盘人拒绝了发盘，或作出了还盘；③ 发盘被撤回或撤销；④ 由于出现不可抗力因素，导致发盘人无法执行交易；⑤ 发盘人或受盘人在发盘被接受前丧失了行为能力。

2. 承诺

承诺是指受要约人对要约内容表示接受并愿意订立合同的意思表示。

公约第18条第1款规定，被发价人声明或做出其他行为表示同意一项发价，即是接受。缄默或不行动本身不等于接受。

一项有效的承诺应具备以下几个条件：① 必须由受盘人作出。该受盘人必须是发盘所针对的特定的受盘人；② 接受必须是同意原发盘所提出的各项交易条件。如果只接受部分内容，或有条件的接受，或提出了实质性的修改，则被视为还盘；③ 必须在发盘规定的时效内作出；④ 接受的传递方式应符合发盘的要求。如果发盘中规定了具体的方式，则受盘人必须使用规定的方式；如果没有具体规定，则受盘人可以采用发盘的传递方式，或采用比其更快的传递方式。

（1）承诺生效的时间

公约第18条第2款和第3款规定，接受发价于表示同意的通知送达发价人时生效。如果表示同意的通知在发价人所规定的时间内，如未规定时间，在一段合理的时间内，未曾送达发价人，接受就成为无效，但须适当地考虑到交易的情况，包括发价人所使用的通讯方法的迅速程度。对口头发价必须立即接受，但情况有别者不在此限。但是，如果根据该项发价或依照当事人之间确立的习惯做法和惯例，被发价人可以作出某种行为，例如与发运货物或支付价款有关的行为，来表示同意，而无须向发价人发出通知，则接受于该项行为作出时生效，但该项行为必须在上一款所规定的期间内作出。

（2）逾期承诺

如果接受通知没有在规定的时效内或合理时间内送达发盘人，则被视为逾期接受。逾期接受是否有效，关键要看发盘人的态度。但如果是传递失误造成的逾期，仍然是有效的。

公约第21条规定，① 逾期接受仍有接受的效力，如果发价人毫不迟延地用口头或书面将此种意见通知被发价人。② 如果载有逾期接受的信件或其他书面文件表明，它是在传递正常、能及时送达发价人的情况下寄发的，则该项逾期接受具有接受的效力，除非发价人毫不迟延地用口头或书面通知被发价人：他认为他的发价已经失效。

（3）承诺的撤回

承诺的撤回是指在承诺到达要约人之前，承诺人将其收回。

公约第22条规定，接受得予撤回，如果撤回通知于接受原应生效之前或同时，送达发价人。

承诺不存在撤销的问题，因为承诺到达要约人后，合同成立，若撤销承诺，即构成违约。

（二）形式要件

所谓形式要件是指合同当事人应当采用怎样的形式订立合同。

《联合国国际货物销售合同公约》第11条对合同的形式作出了规定，销售合同无须以书面订立或书面证明，在形式方面也不受任何其他条件的限制。销售合同可以用包括人证在内的任何方法证明。

可见公约规定了较为灵活的合同形式，只要当事人之间意思达成一致，可以采取各种方式来订立合同。

◇ 小知识

电子单证（EDI）

传统的国际贸易，在要约、承诺、运输、保险、结汇以及报关等各个环节中都离不开各种书面文件，同时，还要花费大量的时间和精力来制作和传输这些文件，这不仅增加了交易的成本，降低了效率，也增加了出错的几率，特别是在邮递过程中的出错，给贸易带来极大的不便和损失。

自20世纪80年代以来，电子单证（EDI）被广泛地应用于国际贸易，对国际贸易的发展起到了很大的促进作用。

电子单证（Electronic Date Interchange，简称EDI，直译为电子数据交换），是一种通过计算机及网络在当事人之间传送标准化商业文件的技术。关于EDI的概念，目前尚无一致的说法，按照联合国国际贸易法委员会《电子商务示范法》第2条的规定，EDI系指电子计算机之间使用某种商定标准来规定信息结构的信息电子传输。

使用EDI进行商业交易，不仅可以节省处理书面文件的时间和精力，降低成本，而且能够显著提高信息的传递速度，提高交易速度。同时，EDI由于减少了人工的介入，减少了传统的信息传递过程中可能出现失误的几率，提高了工作效率。

EDI用电子文件代替了书面文件进行信息的交换和传递，这种现代的贸易方式对传统的建立在书面文件基础上的法律体制造成了很大的冲击，许多新的问题随之产生，如书面形式问题、签字和认证问题、电子合同问题、管辖权和法律适用问题等。为了较好地解决由于EDI技术的应用所带来的各种法律问题，一些国际组织纷纷制定了各种有关 EDI 的规则。其中影响较大的有三种,《数据电传交换统一行为守则》、《国际海事委员会电子提单规则》、《电子商务示范法》。

课堂案例讨论

中国某公司向澳大利亚某公司发出要约,在列明各项必要条件外,还规定:“用坚固包装”。在要约有效期内,澳大利亚某公司回复了承诺,同时称:“用新包装”。中国某公司在收到此承诺后未给予回复而开始备货。一周后,由于该货物国际市场价格猛跌,澳大利亚某公司声称:“我方对包装条件作出了变更,你方未给予答复,故合同不成立。”

讨论:此案中合同是否成立?

第三节 国际货物买卖合同中买卖双方的主要义务

案 例

2010 年 3 月 16 日和 2011 年 7 月 8 日,交易双方分别签订 2 份买卖合同。合同订立后,卖方先后于 2010 年 6 月 5 日和 2011 年 3 月 4 日分别将这 2 份合同项下的货物,按约定时间先后运抵天津新港,并向买方办理了交接手续,买方实际上也分别收到了这 2 份合同项下的货物。买方收到货物后,对第 1 份合同项下的货款没有全部付清,尚拖欠货款 600 221.43 美元,对第 2 份合同项下的货款 1 202 967.91 美元则全部未付。卖方虽多次催交货款,买方仍拖欠未付,于是卖方遂依约向中国国际经济贸易仲裁委员会提请仲裁,作为被申请人的买方对申请人提出的上述事项,也未否认或提出答辩,且未正式派人参加庭审。后经仲裁庭开庭审理,裁决买方如数偿还其拖欠的货款,支付逾期付款的利息,并承担全部仲裁费,以了结此案。

本案合同没有约定解决合同争议的准据法,但本案合同双方当事人所在国,都是《联合国国际货物销售合同公约》的成员国,故该《公约》适用于解决本案合同的争议。

《公约》第 53 条规定:“买方必须按照合同和本公约规定支付货物价款和收取货物。”这是国际货物买卖中,买方的主要义务。作为本案被申请人的买方既然收取了约定的货物,就应该依约支付货款。被申请人没有依约付款,实属严重违约行为。

《公约》第 78 条还规定:“如果一方当事人没有支付价款或任何其他拖欠金额,另一方当事人有权对这些款额收取利息,但不妨碍要求按照第 74 条规定可以取得的损害赔偿。”

鉴于本案被申请人严重违约,故本案全部仲裁费也裁定由其承担,这不仅合情合理,也有利于维护买卖合同的严肃性。

买卖双方的义务是买卖法的核心内容。《联合国国际货物销售合同公约》在其第三部分第二、第三、第五章中，对卖方和买方的义务作了详细的规定。

一、卖方的义务

《联合国国际货物销售合同公约》第 30 条规定，卖方必须按照合同和本公约的规定，交付货物，移交一切与货物有关的单据并转移货物所有权。同时，公约还规定了卖方对货物的品质担保和权利担保义务。

（一）交付货物

1. 交货的时间

《公约》第 33 条规定，卖方必须按以下规定的日期交付货物：

（1）如果合同规定有日期，或从合同可以确定日期，应在该日期交货；（2）如果合同规定有一段时间，或从合同可以确定一段时间，除非情况表明应由买方选定一个日期外，应在该段时间内任何时候交货；或者（3）在其他情况下，应在订立合同后一段合理时间内交货。

2. 交货的地点

《公约》第 31 条对交货地点作了明确规定，如果卖方没有义务要在任何其他特定地点交付货物，他的交货义务如下：

（1）如果销售合同涉及货物的运输，卖方应把货物移交给第一承运人，以运交给买方；（2）在不属于上一款规定的情况下，如果合同指的是特定货物或从特定存货中提取的或尚待制造或生产的未经特定化的货物，而双方当事人在订立合同时已知道这些货物是在某一特定地点，或将在某一特定地点制造或生产，卖方应在该地点把货物交给买方处置；（3）在其他情况下，卖方应在他于订立合同时的营业地把货物交给买方处置。

（二）移交单据

在国际货物买卖中，单据的交付是卖方的重要义务，尤其在象征性交付条件下，卖方只要将象征货物所有权的单据交付给买方，就算完成了交货义务。

通常卖方需要交付的单据包括：提单、保险单、商业发票、品质检验证书、进出口许可证、领事签证、原产地证书等。

《公约》第 34 条规定，如果卖方有义务移交与货物有关的单据，他必须按照合同所规定的时间、地点和方式移交这些单据。如果卖方在那个时间以前已移交这些单据，他可以在那个时间到达前纠正单据中任何不符合同规定的情形，但是，此一权利的行使不得使买方遭受不合理的不便或承担不合理的开支。但是，买方保留本公约所规定的要求损害赔偿的任何权利。

（三）品质担保

品质担保是指卖方对其所售货物的质量、规格、包装、特征或适用等承担的义务。

《公约》第 35 条规定：（1）卖方交付的货物必须与合同所规定的数量、质量和规格相符，并须按照合同所规定的方式装箱或包装。（2）除双方当事人业已另有协议外，货物除非符合以下规定，否则即为与合同不符：（a）货物适用于同一规格货物通常使用的目的；（b）货物适用于订立合同时曾明示或默示地通知卖方的任何特定目的，除非情况表明买方并不依赖卖方的技能和判断力，或者这种依赖对他是不合理的；（c）货物的质量与卖方向买方提供的货物样品或样式相同；（d）货物按照同类货物通用的方式装箱或包装，如果没有此种通用方式，则按照足以保全和保护货物的方式装箱或包装。（3）如果买方在订立合同时知道或者不可能不知道货物不符合同，卖方就无须按上一款 a 项至 d 项负有此种不符合同的责任。

《公约》第 36 条还对卖方承担货物品质担保义务的时间作出了规定：（1）卖方应按照合同和本公约的规定，对风险移转到买方时所存在的任何不符合同情形，负有责任，即使这种不符合同情形在该时间后方始明显。（2）卖方对在上一款所述时间后发生的任何不符合同情形，也应负有责任，如果这种不符合同情形是由于卖方违反他的某项义务所致，包括违反关于在一段时间内货物将继续适用于其通常使用的目的或某种特定目的，或将保持某种特定质量或性质的任何保证。

（四）权利担保

权利担保是指卖方应保证对其出售的货物享有合法权利，不会侵犯任何第三方的权利，且任何第三方不会就该货物向买方提出任何权利要求。

《公约》第 41 条和第 42 条对卖方的权利担保义务作了如下规定：

卖方所交付的货物，必须是第三方不能提出任何权利或要求的货物，除非买方同意在这种权利或要求的条件下，收取货物。但是，如果这种权利或要求是以工业产权或其他知识产权为基础的，卖方的义务应依照第 42 条的规定：（1）卖方所交付的货物，必须是第三方不能根据工业产权或其他知识产权主张任何权利或要求的货物，但以卖方在订立合同时已知道或不可能不知道的权利或要求为限，而且这种权利或要求根据以下国家的法律规定是以工业产权或其他知识产权为基础的：（a）如果双方当事人在订立合同时预期货物将在某一国境内转售或做其他使用，则根据货物将在其境内转售或做其他使用的国家的法律；或者（b）在任何其他情况下，根据买方营业地所在国家的法律。（2）卖方在上一款中的义务不适用于以下情况：（a）买方在订立合同时已知道或不可能不知道此项权利或要求；或者（b）此项权利或要求的发生，是由于卖方要遵照买方所提供的技术图样、图案、程式或其他规格。

二、买方的义务

《联合国国际货物销售合同公约》第 53 条规定，买方必须按照合同和本公约规定支付货物价款和收取货物。

（一）支付货款

《公约》第 54 条至第 59 条规定了买方支付价款的具体内容。

1. 付款方法：买方支付价款的义务包括根据合同或任何有关法律和规章规定的步骤和手续，以便支付价款。

2. 价格：如果合同已有效的订立，但没有明示或暗示地规定价格或规定如何确定价格，在没有任何相反表示的情况下，双方当事人应视为已默示地引用订立合同时此种货物在有关贸易的类似情况下销售的通常价格。

3. 重量：如果价格是按货物的重量规定的，如有疑问，应按净重确定。

4. 付款地点：（1）如果买方没有义务在任何其他特定地点支付价款，他必须在以下地点向卖方支付价款：（a）卖方的营业地；或者（b）如凭移交货物或单据支付价款，则为移交货物或单据的地点。（2）卖方必须承担因其营业地在订立合同后发生变动而增加的支付方面的有关费用。

5. 付款时间：（1）如果买方没有义务在任何其他特定时间内支付价款，他必须于卖方按照合同和本公约规定将货物或控制货物处置权的单据交给买方处置时支付价款。卖方可以支付价款作为移交货物或单据的条件。（2）如果合同涉及货物的运输，卖方可以在支付价款后方可把货物或控制货物处置权的单据移交给买方作为发运货物的条件。（3）买方在未有机会检验货物前，无义务支付价款，除非这种机会与双方当事人议定的交货或支付程序相抵触。

《公约》第59条规定：买方必须按合同和本公约规定的日期或从合同和本公约可以确定的日期支付价款，而无需卖方提出任何要求或办理任何手续。

（二）收取货物

《公约》第60条规定，买方收取货物的义务如下：

（1）采取一切理应采取的行动，以期卖方能交付货物；和（2）接收货物。

课堂案例讨论

2011年5月，我国某公司向日本某公司出口一批电气设备。日本某公司在收到电气设备后，又将该批设备转卖给德国甲公司。德国甲公司在收到设备后即在德国国内进行销售。但同时，由于该批设备侵犯了德国国内乙公司有效的专利权而被起诉，法院判决德国甲公司赔偿乙公司损失。于是，德国甲公司向日本某公司追偿，而日本某公司又向我国某公司索赔。

讨论：我国公司是否应当承担责任？

第四节　对违反买卖合同的补救方法

案　例

我国台湾地区某出口商与斯里兰卡某进口商在签订的货物买卖合同中约定以CIF价格条件销售泼纹绸，合同价款共计8 514.50美元。但在产品接受出口检验时被发现其中混有不合格产品，约占货物全部39.4%，且卖方未予清理。因卖方在合同与信用证上均未标明在货物中混有不合格产品的比例，故当买方发现货物存在瑕疵后拒绝支付货款，并要求卖方减价赔偿损失。经双方协商后，卖方准备以未出口的下一批货物减价的方式，承担交货不符的法律责任，买方也同意按照汇票金额付款。卖方因此在另一批准备向买方装运出口的玩具制品中扣除价金总额中的1 050美元向买方供货。

买卖合同订立后，买卖双方都有可能发生违约行为，如卖方不按质交货，买方无理拒收货物等。按照不同国家和地区法律的规定，当一方违反合同使对方的权利受到损害时，受损害的一方有权采取适当措施，以维护自身的合法权益。

本案所涉及的请求减少价金的救济方法，是指卖方交货不符合同规定时，买方提出的要求把合同价金减低，并按新价格计算价款后收取货物的一种救济方法。本案的卖方虽在产品出口检验时发现大量不合格产品，但未作任何清理即装船出口，且合同中未约定允许货物中混有不合格产品，致使卖方交货品质与合同不符，构成违约的卖方应承担相应法律责任。

减少价金的救济方法值得提倡。通过该种救济方法，不仅使买方达到了与请求赔偿损失同样的索赔目标，同时，卖方不必向本国主管机关申请准许赔偿的汇款手续，使今后的交易能够顺利进行，不受任何影响。

《联合国国际货物销售合同公约》将违反合同的补救方法分为三类：卖方违约时买方可采用的补救方法；买方违约时卖方可采用的补救方法；买卖双方都可采用的补救方法。

一、卖方违约时买方可采用的补救方法

卖方违反合同的情形主要有以下三种：不交货；迟延交货；交付的货物不符合同规定。公约从总的方面对卖方违反合同时买方可以采取的各种救济方法作出规定。根据《公约》第三部分第二章第三节的规定，如果卖方不履行他在合同和该公约中的任何义务，买方可以采取下列救济方法：

（一）要求卖方实际履行合同义务

《公约》第46条第1款规定，买方可以要求卖方履行义务，除非买方已采取与此一要求相抵触的某种补救办法。

（二）要求卖方交付替代物

《公约》第46条第2款规定，如果货物不符合同，买方只有在此种不符合同情形构成根本违反合同时，才可以要求交付替代货物，而且关于替代货物的要求，必须与依照第39条发出的通知同时提出，或者在该项通知发出后一段合理时间内提出。

《公约》按照违约行为造成的损害结果的严重程度，将违约分为根本违约和非根本违约。《公约》第25条规定，一方当事人违反合同的结果，如使另一方当事人蒙受损害，以致实际上剥夺了他根据合同规定有权期待得到的东西，即为根本违反合同，除非违反合同一方并不预知而且一个同等资格、通情达理的人处于相同情况中也没有理由预知会发生这种结果。

（三）要求卖方修理货物

《公约》第46条第3款规定，如果货物不符合同，买方可以要求卖方通过修理对不符合同之处做出补救，除非他考虑了所有情况之后，认为这样做是不合理的。修理的要求必须与依照第39条发出的通知同时提出，或者在该项通知发出后一段合理时间内

提出。

（四）规定一段合理的额外时间让卖方履行合同义务

《公约》第47条规定，（1）买方可以规定一段合理时限的额外时间，让卖方履行其义务。（2）除非买方收到卖方的通知，声称他将不在所规定的时间内履行义务，买方在这段时间内不得对违反合同采取任何补救办法。但是，买方并不因此丧失他对迟延履行义务可能享有的要求损害赔偿的任何权利。

（五）宣告合同无效

《公约》第49条规定，（1）买方在以下情况下可以宣告合同无效：（a）卖方不履行其在合同或本公约中的任何义务，等于根本违反合同；或（b）如果发生不交货的情况，卖方不在买方按照第47条第1款规定的额外时间内交付货物，或卖方声明他将不在所规定的时间内交付货物。（2）但是，如果卖方已交付货物，买方就丧失宣告合同无效的权利，除非：（a）对于迟延交货，他在知道交货后一段合理时间内这样做；（b）对于迟延交货以外的任何违反合同事情：① 他在已知道或理应知道这种违反合同后一段合理时间内这样做；或② 他在买方按照第47条第1款规定的任何额外时间满期后，或在卖方声明他将不在这一额外时间履行义务后一段合理时间内这样做；或③ 他在卖方按照第48条第2款指明的任何额外时间满期后，或在买方声明他将不接受卖方履行义务后一段合理时间内这样做。

（六）要求减价

减低价格适用于买方接受了卖方交付的不符合同规定的货物的情形。

《公约》第50条规定，如果货物不符合同，不论价款是否已付，买方都可以减低价格，减价按实际交付的货物在交货时的价值与符合合同的货物在当时的价值两者之间的比例计算。但是，如果卖方按照第37条或第48条的规定对任何不履行义务做出补救，或者买方拒绝接受卖方按照该两条规定履行义务，则买方不得减低价格。

（七）当卖方只交付部分货物或所交货物只有一部分符合合同规定时，买方可采取的救济方法

《公约》第51条规定，（1）如果卖方只交付一部分货物，或者交付的货物中只有一部分符合合同规定，第46条至第50条的规定适用于缺漏部分及不符合同规定部分的货物。（2）买方只有在完全不交付货物或不按照合同规定交付货物等于根本违反合同时，才可以宣告整个合同无效。

（八）当卖方提前交货时，买方可以采取的补救方法

《公约》第52条第1款规定，如果卖方在规定的日期前交付货物，买方可以收取货物，也可以拒绝收取货物。

（九）当卖方超量交货时，买方可以采取的补救方法

《公约》第52条第2款规定，如果卖方交付的货物数量大于合同规定的数量，买方可以收取也可以拒绝收取多交部分的货物。如果买方收取多交部分货物的全部或一部分，他必须按合同价格付款。

（十）请求损害赔偿

根据《公约》第45条的规定，如果卖方违反合同，买方可以要求损害赔偿，而且买方要求损害赔偿的权利，不因其已采取其他补救方法而丧失。

此外，《公约》还允许卖方在交货日期以后，对任何不履行义务之处加以补救

《公约》第48条第1款和第2款规定，卖方即使在交货日期之后，仍可自付费用，对任何不履行义务做出补救，但这种补救不得造成不合理的迟延，也不得使买方遭受不合理的不便，或无法确定卖方是否将偿付买方预付的费用。但是，买方保留本公约所规定的要求损害赔偿的任何权利。如果卖方要求买方表明他是否接受卖方履行义务，而买方不在一段合理时间内对此一要求作出答复，则卖方可以按其要求中所指明的时间履行义务。买方不得在该段时间内采取与卖方履行义务相抵触的任何补救办法。

这里需要符合三点要求：第一，补救费用由卖方承担；第二，买方没有宣告合同无效；第三，不得给买方造成不合理的迟延和不便。

二、买方违约时卖方可采用的补救方法

买方违反合同的情形主要有以下几种：不付款；延迟付款；不收取货物；延迟收取货物。根据《公约》第三章第三节的规定，如果买方不履行他在合同和该公约中的任何义务，卖方可以采取下列救济方法：

（一）要求买方实际履行合同义务

《公约》第62条规定，卖方可以要求买方支付价款、收取货物或履行他的其他义务，除非卖方已采取与此要求相抵触的某种补救办法。

（二）规定一段合理的额外时间让买方履行合同义务

《公约》第63条规定，（1）卖方可以规定一段合理时限的额外时间，让买方履行义务。（2）除非卖方收到买方的通知，声称他将不在所规定的时间内履行义务，卖方不得在这段时间内对违反合同采取任何补救办法。但是，卖方并不因此丧失他对迟延履行义务可能享有的要求损害赔偿的任何权利。

（三）宣告合同无效

《公约》第64条规定，（1）卖方在以下情况下可以宣告合同无效：（a）买方不履行其在合同或本公约中的任何义务，等于根本违反合同；或（b）买方不在卖方按照第63条第1款规定的额外时间内履行支付价款的义务或收取货物，或买方声明他将不在所规定的时间内这样做。（2）但是，如果买方已支付价款，卖方就丧失宣告合同无效的权利，除非：（a）对于买方迟延履行义务，他在知道买方履行义务前这样做；或者（b）对于买方迟延履行义务以外的任何违反合同事情：① 他在已知道或理应知道这种违反合同后一段合理时间内这样做；或② 他在卖方按照第63条第1款规定的任何额外时间满期后或在买方声明他将不在这一额外时间内履行义务后一段合理时间内这样做。

（四）自行确定货物的品质规格

《公约》第65条规定，（1）如果买方应根据合同规定订明货物的形状、大小或其他特征，而他在议定的日期或在收到卖方的要求后一段合理时间内没有订明这些规格，

则卖方在不损害其可能享有的任何其他权利的情况下，可以依照他所知的买方的要求，自己订明规格。（2）如果卖方自己订明规格，他必须把订明规格的细节通知买方，而且必须规定一段合理时间，让买方可以在该段时间内订出不同的规格。如果买方在收到这种通知后没有在该段时间内这样做，卖方所订的规格就具有约束力。

（五）请求损害赔偿

根据《公约》第61条的规定，如果买方违反合同，卖方可以要求损害赔偿，而且卖方要求损害赔偿的权利，不因其已采取其他补救方法而丧失。

（六）请求支付利息

《公约》第78条规定，如果一方当事人没有支付价款或任何其他拖欠金额，另一方当事人有权对这些款额收取利息，但不妨碍要求按照第74条规定可以取得的损害赔偿。

三、买卖双方都可采用的补救方法

《公约》规定的买卖双方都可以采取的补救方法主要有损害赔偿、预期违约的补救方法以及分批交货合同违约的补救方法等。

（一）损害赔偿

根据《公约》的规定，损害赔偿是一种主要的救济方法。当卖方或买方违反合同时，对方都有权利要求赔偿损失，而且损害赔偿权利的行使不影响采取其他补救措施的权利。

《公约》第74条至第77条对损害赔偿的责任范围和计算方法等作出了规定。

（1）损害赔偿的责任范围

《公约》第74条规定，一方当事人违反合同应负的损害赔偿额，应与另一方当事人因他违反合同而遭受的包括利润在内的损失额相等。这种损害赔偿不得超过违反合同一方在订立合同时，依照他当时已知道或理应知道的事实和情况，对违反合同预料到或理应预料到的可能损失。

（2）损害赔偿的计算方法

《公约》第75条规定，如果合同被宣告无效，而在宣告无效后一段合理时间内，买方已以合理方式购买替代货物，或者卖方已以合理方式把货物转卖，则要求损害赔偿的一方可以取得合同价格和替代货物交易价格之间的差额以及按照第74条规定可以取得的任何其他损害赔偿。

《公约》第76条规定，（1）如果合同被宣告无效，而货物又有时价，要求损害赔偿的一方，如果没有根据第75条规定进行购买或转卖，则可以取得合同规定的价格和宣告合同无效时的时价之间的差额以及按照第74条规定可以取得的任何其他损害赔偿。但是，如果要求损害赔偿的一方在接收货物之后宣告合同无效，则应适用接收货物时的时价，而不适用宣告合同无效时的时价。（2）为上一款的目的，时价指原应交付货物地点的现行价格，如果该地点没有时价，则指另一合理替代地点的价格，但应适当地考虑货物运费的差额。

（3）违约方有义务采取措施防止损失的扩大

《公约》第 77 条规定，声称另一方违反合同的一方，必须按情况采取合理措施，减轻由于该另一方违反合同而引起的损失，包括利润方面的损失。如果他不采取这种措施，违反合同一方可以要求从损害赔偿中扣除原可以减轻的损失数额。

（二）预期违约的补救方法

《公约》根据违约事实是否发生将违约分为实际违约和预期违约。实际违约是指当事人的违约事实已经发生，在合同的履行期内当事人全部或部分地不履行合同规定的义务而构成违约。预期违约是指当事人的违约事实尚未发生，在合同规定的履行期前，由于当事人履行义务的能力或他的信用有严重缺陷或他在准备履行合同或履行合同中的行为等原因表明他将不能履行其大部分重要义务，从而构成违约。

《公约》针对预期违约主要规定了中止履行义务和宣告合同无效的补救方法。

（1）中止履行义务

《公约》第 71 条规定，（1）如果订立合同后，另一方当事人由于下列原因显然将不履行其大部分重要义务，一方当事人可以中止履行义务：（a）他履行义务的能力或他的信用有严重缺陷；或（b）他在准备履行合同或履行合同中的行为。（2）如果卖方在上一款所述的理由明显化以前已将货物发运，他可以阻止将货物交给买方，即使买方持有其有权获得货物的单据。本款规定只与买方和卖方间对货物的权利有关。（3）中止履行义务的一方当事人不论是在货物发运前还是发运后，都必须立即通知另一方当事人，如经另一方当事人对履行义务提供充分保证，则他必须继续履行义务。

（2）宣告合同无效

《公约》第 72 条规定，（1）如果在履行合同日期之前，明显看出一方当事人将根本违反合同，另一方当事人可以宣告合同无效。（2）如果时间许可，打算宣告合同无效的一方当事人必须向另一方当事人发出合理的通知，使他可以对履行义务提供充分保证。（3）如果另一方当事人已声明他将不履行其义务，则上一款的规定不适用。

（三）分批交货合同违约的补救方法

分批交货合同主要指同一合同项下的货物分为若干批交货的合同。由于可能出现其中一批或几批货物不符合同规定的情况，因此公约将分批交货合同分为三种情况分别规定了不同的补救方法。

《公约》第 73 条规定，（1）对于分批交付货物的合同，如果一方当事人不履行对任何一批货物的义务，便对该批货物构成根本违反合同，则另一方当事人可以宣告合同对该批货物无效。（2）如果一方当事人不履行对任何一批货物的义务，使另一方当事人有充分理由断定对今后各批货物将会发生根本违反合同，该另一方当事人可以在一段合理时间内宣告合同今后无效。（3）买方宣告合同对任何一批货物的交付为无效时，可以同时宣告合同对已交付的或今后交付的各批货物均为无效，如果各批货物是互相依存的，不能单独用于双方当事人在订立合同时所设想的目的。

课堂案例讨论

法国某公司与美国某公司签订了一份汽车买卖合同，合同规定法国某公司应当按照汽车制造的进度支付货款。在合同履行过程中，法国某公司发现美国某公司生产的汽车的质量存在问题，故通知美国某公司，称："你公司所制造汽车质量存在问题，故我方暂时中止履行支付货款的义务。"美国某公司在收到法国某公司的通知后，立即表示可以保证所生产汽车的质量符合合同规定，并取得了美国某银行的担保。但法国某公司仍然坚持中止履行义务。

讨论：法国公司的做法是否合理？

第五节　货物所有权与风险的转移

案　例

出口商甲向进口商乙出售小麦1 000公吨，CFR价格条件。但在装运港装船的小麦都是混装的，共3 000公吨，卖方准备当货物运抵目的港后再分拨1 000吨给买方。但小麦在途中因高温天气发生变质，共损失1 200公吨，其余1 800吨得以安全运抵目的港。卖方向买方声明其出售的1 000吨小麦已在途中全部损失，且认为根据CFR合同，风险从货物越过船舷时已转移给买方，故卖方对以上损失不应承担任何法律责任。买方则要求卖方继续履行合同。双方遂提起仲裁。仲裁庭认为，卖方应承担货物在途中灭失的一切风险，其不能推卸责任，应向买方交付1 000吨小麦。

风险的转移问题在国际货物买卖中同样十分重要，它涉及买卖双方的基本权利和义务，关系到由何方承担风险和损失。但《联合国国际货物销售合同公约》并不涉及货物所有权的转移问题，实践中一般由受理国际货物买卖争议的法院或仲裁庭依据有关国际惯例或以国际私法冲突规范指引的国内法来解决货物所有权的转移问题。

货物所有权既不在订立合同时移转，也不在交货时移转，而是在卖方把代表货物所有权的单据交付给买方时移转。《联合国国际货物销售合同公约》把货物的所有权转移与风险的转移区分开来，原则上以交货时间来确定风险转移的时间。本案涉及风险转移的一种特殊原则，即在货物未划拨到合同项下之前，风险也不发生转移。

本案使用的是CFR价格条件，按照国际惯例的规定，此条件下当事人的风险划分是以装运港船舷为界。该案中货物在运输途中遭受风险损失，货物损失看似应由买方承担，但实际上卖方在装船时是将3 000公吨小麦混装的，在货物抵运目的港后，再将其中1 000公吨分拨给买方。根据以上理论分析中所阐述的有关"划拨"情况下风险转移的一种特殊原则，在货物海运途中，合同项下属于买方的1 000公吨货物尚未从卖方的其他货物中划拨出来，因此不具备风险转移的前提条件，即使货物在装运港越过船舷仍不发生风险的转移，有关风险损失仍应由卖方承担。本案因卖方未对合同项下的货物进行划拨，因此不具备风险转移的前提。

一、货物所有权的转移

所有权是指货主依法对其财产享有占有、使用、收益和处分的权利。货物所有权的转移主要是指货物所有权从卖方转移给买方。在国际货物买卖中，货物所有权从何时起由卖方转移于买方，是关系到买卖双方切身利益的一个重大问题。

公约对货物所有权的转移时间、地点、条件等问题都没有作具体规定，各国法律在这个问题上的差异也比较大。

（一）英国法的规定

《英国货物买卖法》对货物所有权转移，主要是区别特定物的买卖与非特定物的买卖。

《英国货物买卖法》第17条至第19条规定，对于特定物的买卖，货物所有权的转移时间取决于缔约双方的意图。凡无保留条件的特定物的买卖，在该特定物处于可交付状态时，货物所有权在缔约时即转移给买方。对于非特定物的买卖，货物在未特定化以前，所有权不转移给买方。

（二）美国法的规定

《美国统一商法典》第2401条规定，除合同双方当事人另有约定外，货物的所有权在卖方完成其交货义务时转移于买方，而无论卖方是否通过保留货物所有权的凭证来保留其对货物的权利。卖方保留货物所有权的凭证，一般只起到担保权益的作用，并不影响货物所有权按照法典的规定进行转移。

（三）法国法的规定

《法国民法典》第1583条规定，当事人双方就标的物及其价金相互同意时，即使标的物尚未交付，价金尚未支付，买卖即告成立，而标的物的所有权亦在此时发生转移。根据这一规定，特定物的买卖，合同一经成立所有权就随之转移。但根据该法典第1585条规定，种类物的买卖，则必须特定化后才可转移所有权。该法典第1587条和第1588条还规定，附条件的买卖，须于条件成就时，所有权才转移于买方。

（四）德国法的规定

德国法将合同分为债权合同和物权合同。买卖合同属于债权合同，基于双方合意，即可成立。而所有权的转移属于物权法的范畴，依照德国法的规定，所有权的转移必须符合下列要求：如为动产，须以交付标的物为必要条件。在卖方有义务交付物权凭证的场合，卖方可以通过交付物权凭证而把货物所有权转移于买方。如属于不动产，其所有权的转移须以向主管机关登记为条件。

（五）中国法的规定

中国有关货物所有权转移的规定原则上是以交货时发生转移的。

中国《合同法》第133条规定，标的物的所有权自标的物交付时起转移，但法律另有规定或者当事人另有约定的除外。当事人可以在买卖合同中约定买受人未履行支付价款或者其他义务的，标的物的所有权属于出卖人。

（六）国际公约的规定

《公约》第4条规定，本公约只适用于销售合同的订立和卖方和买方因此种合同而产生的权利和义务。特别是，本公约除非另有明文规定，与以下事项无关：（1）合同的效力，或其任何条款的效力，或任何惯例的效力；（2）合同对所售货物所有权可能产生的影响。

《公约》除原则性地规定卖方有义务把货物所有权转移于买方，并保证他所交付的货物必须是第三方不能提出任何权利或请求权的货物之外，对所有权转移给买方的时间、地点和条件，以及买卖合同对第三方货物所有权所产生的影响等问题都没有作出具体的规定。

二、货物风险的转移

在国际货物买卖中，风险是指货物可能遭受的各种意外损失。风险转移是买卖法中的一个重要问题，关系到货物在交付过程中的意外损失由卖方还是买方承担的问题。《联合国国际货物销售合同公约》第4章第66条至第70条对货物风险转移问题作了详细的规定。

（一）风险转移的法律意义

《公约》第66条规定，货物在风险移转到买方承担后遗失或损坏，买方支付价款的义务并不因此解除，除非这种遗失或损坏是由于卖方的行为或不行为所造成。

例如，在一项购买大米的买卖合同中，卖方租用了一艘曾经装运过有毒物质的船舶来装运大米，致使大米受到污染，失去食用价值。在这种情况下，即使这批大米的风险在卖方把大米交付给承运人时已经转移给买方，但这种损失是由于卖方的行为所造成的，买方可以不支付货款。

（二）当买卖合同涉及货物的运输时风险何时转移

《公约》第67条规定，（1）如果销售合同涉及货物的运输，但卖方没有义务在某一特定地点交付货物，自货物按照销售合同交付给第一承运人以转交给买方时起，风险就移转到买方承担。如果卖方有义务在某一特定地点把货物交付给承运人，在货物于该地点交付给承运人以前，风险不移转到买方承担。卖方受权保留控制货物处置权的单据，并不影响风险的移转。（2）但是，在货物以货物上加标记、或以装运单据、或向买方发出通知或其他方式清楚地注明有关合同以前，风险不移转到买方承担。

（三）当货物在运输途中出售时风险何时转移

《公约》第68条规定，对于在运输途中销售的货物，从订立合同时起，风险就移转到买方承担。但是，如果情况表明有此需要，从货物交付给签发载有运输合同单据的承运人时起，风险就由买方承担。尽管如此，如果卖方在订立合同时已知道或理应知道货物已经遗失或损坏，而他又不将这一事实告知买方，则这种遗失或损坏应由卖方负责。

（四）在其他情况下风险何时转移

《公约》第69条规定，（1）在不属于第67条和第68条规定的情况下，从买方接收货物时起，或如果买方不在适当时间内这样做，则从货物交给他处置但他不收取货物从而违反合同时起，风险移转到买方承担。（2）但是，如果买方有义务在卖方营业地以外的某一地点接收货物，当交货时间已到而买方知道货物已在该地点交给他处置时，风险方始移转。(3）如果合同指的是当时未加识别的货物，则这些货物在未清楚注明有关合同以前，不得视为已交给买方处置。

（五）根本违反合同对风险转移的影响

《公约》第70条规定，如果卖方已根本违反合同，第67条、第68条和第69条的规定，不损害买方因此种违反合同而可以采取的各种补救办法。

课堂案例讨论

2011年6月10日，我国某公司向德国某公司出售一批机床。7月1日，在机床的运输途中，德国某公司又与英国某公司签订了合同，将该批机床转卖给英国某公司。

讨论：该批机床的风险何时转移给英国某公司？

关键术语

货物买卖　　贸易惯例　　合同成立　　违约　　补救　　货物所有权　　义务　　风险　　转移

本章小结

国际货物买卖法是国际商法的重要组成部分，统一国际货物买卖法对促进国际贸易的发展、减少各个国家和地区的贸易冲突有着非常重要的作用。本章主要以《联合国国际货物销售合同公约》的规定为主要介绍内容，对国际货物买卖合同的订立、买卖双方的义务、违反合同的补救方法以及风险转移等进行了详细的阐述，并对国际货物买卖过程中各国法律规定存在较多分歧的问题进行了探讨。此外，当事人的意思自治原则在国际货物买卖中是历来受到充分尊重的，本章虽然介绍了有关货物买卖的各种法律规定，但是首先是以当事人之间的约定优先适用的，在没有约定的情况下才适用各种法律的规定。

自　测　题

一、判断题

1. 在贸易术语EXW中，卖方的责任最小，适用于各种方式的运输。　（　　）
2. 要约是向一个或一个以上特定的人提出的订立合同的建议。　（　　）
3. 要约在生效前的收回称为撤回。　（　　）

4. 承诺是受要约人对要约表示无条件接受的意思表示。（ ）

5. 象征性交货是指以卖方把代表货物所有权的证书（提单、发票等）交给买方，作为完成交货义务的交货方式，买方付款以卖方交单为条件。（ ）

二、单项选择题

1.《2010年国际贸易术语解释通则》对（ ）种贸易术语进行了解释。

A. 9 B. 13 C. 15 D. 11

2. 为邀请对方向自己订货而发出的商品目录单、报价单以及一般的商业广告，是（ ）。

A. 要约 B. 反要约 C. 要约邀请 D. 新要约

3. 国际货物买卖合同公约规定，要约于（ ）时生效。

A. 发出

B. 传达到受要约人营业地或其惯常住所

C. 传达到受要人并且受要约人理解

D. 交邮局发出

4. 在国际货物买卖交易磋商中，有条件的接受（ ）。

A. 视对要约所作修改的性质及要约人的态度而决定其是否构成有效承诺

B. 构成承诺

C. 构成新要约

D. 构成要约邀请

5.《联合国国际货物买卖合同公约》在风险转移方面采取（ ）原则。

A. 以合同订立时间确定风险转移

B. 以交货时间确定风险转移

C. 以所有权转移时间确定风险转移

D. 以买方实际控制货物时间确定风险转移

三、多项选择题

1. 国际贸易术语是以不同的交货地点为标准，用简短的概念或英文缩写字母表示的术语。它可以明确表示（ ）。

A. 商品的价格构成 B. 货物风险的划分

C. 卖方在交易中的权利义务 D. 买方在交易中的权利义务

2. 根据《联合国国际货物买卖合同公约》的规定，卖方必须承担（ ）义务。

A. 货物质量担保 B. 所有权担保

C. 提交货物 D. 支付货款

3. 注意在F组贸易术语中，风险和费用的正确划分是（ ）。

A. FAS是以指定装运港买方指定装货地点的指定船边作为界限

B. FOB是以装运港货物越过船舷作为界线

C. 在FCA中则是以货交承运人的时间和地点作为界线

D. FAS是以装运港货物越过船舷作为界线

4. 国际货物买卖合同是合同的一种，适用合同法的一般原则，合同成立需要满足以下条件（ ）。

A. 当事人具备法定行为能力 B. 买卖双方意思表示一致

C. 合同内容合法 D. 具备法定形式

5. 在国际贸易实践中，卖方违约的补救方法有（ ）。

A. 卖方实际履行 B. 减少价金 C. 解除合同 D. 损害赔偿

6. 在国际贸易实践中，买方违约的补救方法有（ ）。

A. 实际履行 B. 损害赔偿 C. 解除合同 D. 继续履行

7. 在国际贸易实践中，发生下列情况时，卖方可以宣布合同无效（ ）。

A. 买方不履行其在合同或公约中的义务造成根本违反合同

B. 买方不在卖方给予的宽限期内履行合同

C. 买方声明不履行合同

D. 已经履行

8. 国际上对货物所有权转移有以下几种原则和做法（ ）。

A. 合同订立时间为所有权转移时间

B. 货物特定化后在交货时所有权发生转移

C. 货物特定化后，以双方当事人的意图决定所有权转移

D. 交货前所有权转移

四、简答题

1. 具备什么样的条件要约才有效?

2. 具备什么样的条件承诺才有效?

3. 国际货物买卖合同不可抗力条款内容及其构成条件是什么?

4. 国际上对货物所有权转移的原则和做法有哪些?

5.《联合国国际货物买卖合同公约》风险转移的原则是什么?

五、案例分析题

1. 有一份 CFR 合同，甲公司出口卡车 500 辆，该批货物装于舱面。500 辆卡车中有 40 辆是卖给某国乙公司。货物运抵目的港后，由承运人负责分配。航行途中遇到恶劣气候，有 50 辆卡车冲进海中。事后，甲公司宣布出售给乙公司的 40 辆卡车中已经全部损失，并且因为货物已经越过船舷，甲公司未完成交货任务，双方要求赔偿。

问题：谁对谁错？为什么？

2. 英国 A 商于 8 月 5 日向德国 B 商发出一项发盘，出售某商品一批，B 商于收到该发盘的次日，即 8 月 8 日上午答复 A 商，表示完全同意发盘的内容。但 A 商在发出发盘后发现该商品行情趋涨，遂于 8 月 9 日下午致电 B 商，要求撤销其发盘。A 商收到 B 商接受通知的时间是 8 月 10 日上午。

问题：根据《联合国国际货物销售合同公约》的规定，A、B 双方是否存在合同关系？说明理由。

3. 有一产地交货合同，出售新鲜荔枝 10 吨，总值 150 000 美元。合同规定买方必须在 5 月 25 日至 31 日之间派冷藏集装箱车到产地接运货物。卖方虽多方催促对方派车，但直至 6 月 7 日均未见对方派车接受货物。于是卖方不得不在 6 月 8 日把这批货物

卖给另一新买主，得价只有 100 000 美元。

问题：在上述情况下，卖方可以有何种权利？为什么？

4. 美国某公司从外国某公司进口一批冻火鸡，供应圣诞节市场。合同规定卖方应当在 9 月底以前装船。但是卖方违反合同，推迟至 10 月 7 日才装船，因此美国公司拒收货物，并主张撤销合同。

问题：在上述情况下，美国公司有无拒收货物和撤销合同的权利？为什么？

5. 日本某公司出售一批电视机给香港某公司，香港某公司又把这批电视机转售给泰国某公司。在日本货物到达香港时，香港某公司虽然发现货物的质量问题，但仍将原货转船直接运往泰国。泰国某公司收到货物后，经检验发现货物有严重缺陷，因此要求退货。于是香港某公司又转向日本某公司提出索赔，但遭到日本某公司的拒绝。

问题：日本公司有无权利拒赔？为什么？

6. 有一份出售茶叶的合同，按卖方仓库交货条件买卖，数量为 1 000 公斤，总价值 6 500 美元。合同规定买方应于 10 月份提取货物，卖方于 10 月 1 日已将提货单交给买方，买方也付清了货款。但是，买方直到 10 月 31 日尚未提走货物，于是卖方将货物搬移至另一备用仓库存放。由于茶叶与牛皮放在同一仓库，当买方于 11 月 15 日提货时，发现有 10% 的茶叶已与牛皮串味而失去商销价值。双方因此发生争议。

问题：在上述情况下，该争议应如何处理？为什么？

第五章

产品责任法

学习目标

◉ **知识要点：**

1. 掌握产品、产品责任、产品责任法的概念和特征
2. 掌握美国产品责任法的起诉和抗辩理由
3. 熟悉产品责任的国际立法
4. 了解中国产品质量法的有关规定

◉ **技能目标：**

通过本章的学习了解产品责任法的基本概念，熟悉和掌握美国、欧洲国家、中国的产品责任法的相关内容，并能在实践中加以灵活应用。

导读案例

◉ **案例 1：**

我国某玩具进出口公司向美国某玩具公司出口塑料弹弓。出口后不久，就被反映存在质量问题。据称美国儿童在使用弹弓时弓柄断裂，并已发生多起伤害事故，甚至有的眼睛致残。经法院审理，美方提出证据表明，我国出口的弹弓所使用的材料不安全，仅承受9磅拉力弓柄就断裂，而香港同类弹弓弓柄能承受60磅拉力。

问题：出口的弹弓是否是缺陷产品？我国的出口商是否承担责任？

◉ **案情分析：**

出口弹弓是缺陷产品，我国出口商应当承担产品责任。

根据国际产品责任法的有关规则，产品责任的构成必须具备三个要件：产品确实存在缺陷、有损害事实的存在、产品缺陷与产品损害之间有因果关系。缺陷是指产品具有不合理的危险性。当产品的危险在正常使用范围内是应该避免且能够避免的，就属于不合理的危险性。

本案中，我方出口的弹弓在使用中发生了多起伤害事故，且美方法院提出证据表明，这些弹弓所使用的材料不安全，仅承受9磅拉力弓柄就断裂，而香港同类弹弓弓柄能承受60磅拉力。这说明这些弹弓具有不合理的危险，属缺陷产品。而伤害案件均是由不能满足使用要求引起的，即这些损害与弹弓缺陷之间有因果关系，满足产品责任的

构成要件，所以，弹弓的生产者或进口商，应该对受害的消费者负责。

◉ **案例分析：**

能否得到支持，在本案中关键的问题就是三菱是不是该肇事车辆的制造者。依照法律规定，产品的生产者和销售者对于因其制造或销售有缺陷的产品，致使该产品的购买者、使用者及第三人遭受人身伤害或财产损失，应当依法承担民事赔偿责任。它是一种由产品缺陷引起的损害赔偿责任，是一种侵权责任。只要能从法律角度举证肇事车是三菱公司生产的，三菱公司便要承担相关法律责任。但是，如果证明不了该车是三菱公司生产制造的，三菱公司就可以不承担责任。由于该车是一辆走私进口又经别人非法组装的车，陆惠不能提供该车整车或主要部件合法进口入关、走私罚没的相关证据，仅有来源和出处不明的VIN码（车辆车架号），最终法院没有支持她的主张。

第一节　产品责任法概论

一、产品责任法的概念

产品责任法是调整产品的生产者、销售者和消费者、使用者或第三人之间的因产品缺陷而造成的人身伤害和财产损失所引起的赔偿关系的法律规范的总称。

它是随着现代工业生产的发展，许多新产品投入市场，造成消费者受到伤害的案件不断增多而形成和发展起来的，要确定产品的生产者和销售者对生产和销售的产品应当承担的责任。如果他们提供的产品有缺陷，并对消费者或使用者造成损害，该生产者和销售者就要承担相应的赔偿责任。从这个意义上讲，产品责任法是一种保护消费者的法律。它在加强生产者和销售者的责任，维护消费者的合法权益，促进建设良好的社会经济秩序方面发挥了非常重要的作用。

二、产品责任法的法律特征

1. 调整的范围是由缺陷产品造成的损害所引起的赔偿关系

产品责任法调整的范围是缺陷产品造成的人身伤害或除缺陷产品以外的其他财产损失所引起的赔偿关系。单纯由产品本身发生的损失应当由合同法调整。例如，电视机因存在缺陷而爆炸，给消费者造成的人身伤害和家庭财产损失，属于产品责任法调整的赔偿范围；而对于电视机本身的损失则依据合同法调整。

2. 调整对象是完全的侵权行为责任

产品责任法不仅解决卖方实施侵权行为时应承担的责任问题，而且更重要的是调整没有任何合同关系的当事人之间因缺陷产品的侵权行为所引起的赔偿关系。例如，电视机在商场里陈列时爆炸，给周围顾客造成损害，即可依据侵权关系适用产品责任法。当然，对于存在合同关系的当事人遭受损害也可以适用产品责任法，也可以根据合同法或买卖法得到救济。

3. 调整的手段是强制性的，一般采用严格责任原则

产品责任法体现了国家对处于弱势的消费者群体的保护意识。产品责任的产生不以

约定为先决，也不得以无约定而排除。当事人以合同或单方面声明等方式予以排除的行为无效。例如，产品生产者或销售者在出售商品时，在店堂告示中声称出现任何问题概不负责，即使消费者以默示表示同意，该声明也是无效的。

4. 法律性质上具有公法和私法的双重性质

产品责任法规定生产经营者对于产品质量的责任和义务具有公法性质，具有强制性责任的属性。但从根本上来讲，产品责任法是调整平等商事主体之间权利和义务关系的法律。因缺陷产品而遭受损害的消费者或使用者提起的损害赔偿之诉则属于私法范畴，是否要求生产经营者赔偿，要求赔偿的具体数额，以及是否同意与销售者和解解决等都由其自由决定。因此，产品责任法在性质上是属于具有较强公法色彩的私法范畴。

三、产品责任法的相关概念

综合各国产品责任法和有关产品责任的国际公约，产品责任主要涉及以下几个重要概念：

（一）产品

一般而言，产品是指由生产者生产并已进入流通领域可供使用的有形物品。但各国法律的规定不尽相同。在美国产品责任法中，产品一词的概念相当广泛，是指任何经过工业处理、用于销售的物品，包括各种可移动的有形物及天然产品。凡是涉及任何可销售、可移动、可使用的制成品，无论是工业的还是农业的，也不论是整件的还是部件、原材料等，只要由于使用它造成了伤害，都可视为发生责任的产品。基于这一概念，作为产品责任法中的产品必须具备三个条件：（1）必须是经过人类劳动而获得的产品；（2）必须是已经投入流通领域的产品；（3）必须是可供使用的产品。

1977 年欧洲理事会制定的《斯特拉斯堡公约》把产品定义为："一切可移动的物品"，不论是否加工过的、天然的还是工业的，甚至组合到另一可移动或不可移动的物体中的物品。1985 年欧共体（现为欧盟）的《产品责任指令》认为产品是除初级农产品和狩猎品之外的所有工业生产的、可移动的物品。1979 年《海牙公约》中规定，产品包括天然产品和工业产品，无论是加工的，还是未加工的，无论是动产还是不动产。相比欧共体的《指令》，其产品的概念更加广泛。从中可以看出，各国产品责任法对于产品的理解存在一定的差异，主要分歧在于产品是否应包括初级农产品、天然产品和不动产。但纵观各国的产品责任法及其司法领域的实践，存在对产品概念泛化解释的倾向，特别在美国，任何物品都有可能被法院视为产品责任法上的产品。

案　例

温特诉帕特南父子公司案

◉ 案情介绍：

原告温特因为按照帕特南父子公司出版发行的《蘑菇百科全书》的内容错误地采集和食用了蘑菇，并因此染上重病。原告以被告违反担保，虚假陈述、产品责任等起诉被告，要求损害赔偿。被告辩称，书籍不属于产品责任中的“产品”。

问题：书籍是不是“产品”？

◉ 案情分析：

法院最终支持了被告。法院认为书包含两部分：一是材料和书本的印刷，二是这本书中所体现的思想和感情。出于避免妨碍言论自由的公共政策的考虑，通常认为书籍不属于产品责任法中的产品。

◇想一想

电脑软件、电力、人体组织、器官、血液组成成分是不是产品？

（二）产品缺陷

1. 产品缺陷的定义

各国产品责任法都要求受到伤害的产品使用者证明某项致人伤害或引起财产损失的产品有缺陷，否则就不能得到赔偿。缺陷是任何权利要求的基础，无缺陷就无责任。

关于缺陷的界定，各国法律的规定不尽相同。如美国《侵权法重述》中规定，产品缺陷指产品对消费者、使用者或其财产具有不合理的危险。对于那些在正常使用范围内不可避免的危险，属于合理的危险，并不构成产品的缺陷，如雷管、炸药、药品等。只有当产品的危险是应当避免且能够避免但未避免的危险，才被认为是不合理的危险。《斯特拉斯堡公约》认为缺陷是指产品不具备消费者有权期待的安全性。《产品责任指令》第4条规定，若产品未给人们和财产提供一个有权期待的安全，则该产品有缺陷。中国的《产品质量法》规定，缺陷是产品存在危及人身、他人、财产安全的不合理的危险；产品有保障人身、财产安全的国家标准或行业标准的，是指不符合该项标准的。

各国法律对“缺陷”都规定的比较笼统、抽象。一般而言，产品缺陷是指产品未提供使用者有权期待的安全或具有不合理的危险性，缺陷必须在产品离开生产者或销售者控制以前，即投入流通以前就已经存在。通常可以从以下几个方面来理解“缺陷”的含义：

（1）产品违反有关法律规定的商业销售标准。各国法律都对投放市场的产品规定了一定的标准，如果产品不符合这些销售品质的规定，即视为缺陷产品。

（2）产品具有不合理的危险，即人们所期待使用的产品是不安全的。凡产品具有在交易上出售而可能对消费者产生不当危险或者不能适当保护消费者时，该产品即为危险产品。

（3）产品存在隐蔽瑕疵，即产品有潜在的缺陷。通常从外观上看缺陷不明显，或者不经过特殊的检验就不能发现缺陷的产品称之为有隐蔽瑕疵的产品。隐蔽瑕疵的缺陷可能产生于产品设计、原材料使用、构造装配等环节。

（4）不真实的广告或没有提醒消费者注意。制造者或销售者对其产品做夸大的、虚假的广告宣传，或者应该在产品的说明书中提醒消费者注意有关事项而忽视提醒，这种产品可视为有缺陷的产品。

案 例

◉ **案情介绍：**

2011 年 1 月 5 日，原告冷某之妻李某服用被告杨文水制药有限公司生产的坤舒牌“桂枝茯苓丸”一颗后，出现呼吸困难，经抢救无效，于次日凌晨死亡。经鉴定，其“咽喉异物”正是坤舒牌“桂枝茯苓丸”。

原告认为，李某死亡是被告的药品违法和缺陷直接造成的。根据中国《产品质量法》的规定，经营者在提供可能危及人身、财产安全的商品和服务时，应当向消费者作出真实说明和明确警示，但被告生产的药丸其药品说明书和标签上无任何警示语，载明的用法用量仅为“口服，一次一丸”字样，其注意事项仅为“孕妇慎用”。被告山西杨文水制药有限公司则认为，被告药品说明书是根据国家有关法律法规规定的格式内容印制，并通过了国家药监部门批准，药品说明书既是合法也是合格的，不存在原告所说的“违法”、“缺陷”的问题。

问题：该药丸是否存在缺陷？

◉ **案情分析：**

法院判决认为，本案因人身损害产生的损失由原告自行承担 80% 责任，被告山西杨文水制药有限公司承担 20% 的赔偿责任。该产品的说明书存在一定的缺陷。

2. 产品缺陷的分类

根据造成缺陷的不同原因，产品缺陷一般可分为设计缺陷、制造缺陷、警示缺陷三大类。

（1）设计缺陷。设计缺陷是指产品设计的不合理而造成的实际产品的危险性。它往往是导致整批产品存在潜在危险的根本原因。在产品设计时，对产品的可靠性和安全性考虑不周，往往引发产品责任事故。当按照卖方合理预见的方式使用时，一件产品不能提供普通消费者所期待的安全性，该产品就具有缺陷。设计缺陷一般是由配方、处方的错误、原理的错误、结构设计错误等方面造成。相比较而言，产品设计缺陷造成的危害比制造缺陷更加严重，可能导致系列产品有缺陷和较大范围内的损害。

案 例

马修诉朗丽特公司案

在马修诉朗丽特公司一案中，原告马修在看铝制椅子，在试坐旋转时，椅子的回旋部分将原告手指切断。法官认为，切断原告手指的机构设置部分是椅子构造的必要部分，被告应在其危险部分装上保护装置，否则应负设计缺陷的责任。

（2）制造缺陷

制造缺陷，也叫生产缺陷，是指产品在制造过程中形成的缺陷，包括在生产环节因工艺操作、质量管理不善等原因产生的不合理的危险性。制造缺陷的产生有其必然性，但一般只出现在少量产品中，一般分为原材料、零部件方面的缺陷和装配方面的缺陷。原材料方面的缺陷如制药企业采用不纯原料使药物含有不应有的对人体有害的物质，煤气炉零部件漏装存在漏气伤人的隐患等；装配方面的缺陷如斧头和斧柄连接不牢，电动玩具实用的涂料含铅量过高等。

例如，1973 年“布兰登伯格诉丰田汽车销售美国分公司及丰田总公司”案中，美国法官对于在高速公路上高速行驶的丰田汽车因翻车而导致车顶破裂，乘客被抛出车外造成死亡的事件，认为是汽车车顶的构造有缺陷，判决制造商和销售商负赔偿责任。

（3）警示缺陷

警示缺陷是指由于产品提供者对产品使用过程中的危险没有作必要的说明或警告，或者说明或警告不当对消费者构成不合理的危险。许多产品的设计和制造不存在问题，但由于某些产品具有特殊的性质及使用方法、使用条件等，如果产品提供者没有对其作出必要的说明或警告，就可能危及使用者的身体健康、生命和财产安全。一般认为，产品的制造者和销售者必须在产品投入流通领域时，针对可合理预见的产品使用者，对产品的性能、用途、使用方法、注意事项等任何可能产生的危害，尽可能详尽地予以说明或警告。

案　例

美国瓦克维尔工程有限公司诉 BDH 化学制品有限公司案

被告向原告提供了一种装在玻璃安瓶里的瓶上标有“有害蒸汽”的化学药剂。供应商并不知道该化学药剂遇水后会产生强烈反应。原告的一位科学家在做实验时，意外地将安瓶掉在水池里引起爆炸，导致该科学家死亡，并给原告的工厂造成巨大损失。法院判决制造商负有过失责任，因为他未能提供该化学药剂的危险性的充分的警告，而上述危险性已在相关的科学杂志上指出，因而是理应知悉的。法院追究了制造商侵权和违反合同两种责任。即使该化学药剂的危险性尚属不可知晓，根据严格责任的规定，被告仍应负责。

但是，如果产品的危险是明显的或众所周知的，产品提供者可以免责。警示缺陷与生产经营者的告知义务有关，一般出现在产品的广告、说明书、标签等上。

◇ 小资料

发展缺陷

除了上述三种缺陷之外，还有一种缺陷被称为发展缺陷，它是指在产品投入流通使用时，以当时的科学技术水平尚无法发现后又被证实确实存在的缺陷，因此，发展缺陷又被称为科技上尚不能发现的缺陷。对于此类产品缺陷，生产者是否要承担责任，各国法律存在很大分歧，欧盟各国的立法倾向于生产经营者不对发展风险导致的损害承担责任。美国法倾向于生产者要承担责任。

（三）产品责任

1. 产品责任的概念

产品责任是指产品的生产者和销售者对于因其制造或销售有缺陷的产品，致使该产品的购买者、使用者及第三人遭受人身伤害或财产损失，而应当依法承担的民事赔偿责任。它是一种由产品缺陷引起的损害赔偿责任，是一种侵权责任。

产品责任不同于产品质量的违约责任。产品质量的违约责任是指在买卖关系中，卖方违反对其产品质量所作的承诺、保证，提供的产品存在瑕疵，而承担的降价、修理、退货和损害赔偿的责任。

例如，电冰箱因为存在缺陷而爆炸，给消费者造成人身和财产损失，属于产品责任的范畴；而如果是电冰箱本身不制冷或噪音过大，则电冰箱的生产者和销售者应承担产品质量的违约责任。

2. 产品责任的构成要件

产品责任的构成必须具备三个要件：

（1）产品确实存在缺陷

产品有缺陷是构成产品责任的首要条件。产品的缺陷是在生产经营过程中由生产经营者造成的，是产品投入市场以前就存在的，而不是由使用者造成的。如果产品不存在缺陷，产品生产者和销售者就不需要承担责任。

（2）有损害事实的存在

产品造成了消费者、使用者或其他第三人人身或财产方面的损害。这种损害可以是人身的伤害，也可以是除缺陷产品以外的财产损失。如果产品有缺陷，但没有给人造成损害，或仅造成缺陷产品本身的损失，均不构成产品责任。产品损害主要包括人身损害、财产损失和精神损害。人身损害是缺陷产品对消费者健康权、生命权的侵害，造成伤残甚至死亡；财产损失是缺陷产品对财产权的侵害；精神损害是缺陷产品导致受害人在精神上、心理上所遭受的痛苦。

小提示：产品责任中的财产损失不包括缺陷产品本身的损失，仅指缺陷产品以外的其他财产损失。

（3）产品缺陷与产品损害之间有因果关系

消费者或其他第三人所遭受的损害必须与产品的缺陷之间存在直接的因果关系，即产品缺陷直接造成了人身和财产方面的损失。如果损害是由于消费者或其他第三人的过错造成的，就不存在产品责任的问题。

案 例

杜根诉西尔斯百货公司

原告斯蒂夫·杜根，是一个未成年人，当他的邻居菲维亚在使用电力割草机割草时，他坐在附近。割草机吸入一小块塑料，并以很快的速度弹射出去，使杜根右眼受伤失明。该电力割草机是由制绳者公司制造，西尔斯百货公司销售的。他父亲作为诉讼代理人，以严格责任为由起诉该电力割草机的制造者和销售者，要求损害赔偿。

邻居菲维亚证明她确实已经阅读过使用说明书，包括书中的警告："割草时，不要允许任何人在割草范围内。要注意宠物、孩子和过往的人，当他们在割草机附近时，要停止使用。……"

法院最终判决，菲维亚购买了商品却无视生产商说明书中的特别警告并最终引起伤害，她的行为是造成杜根的受伤的唯一的法律原因，因此，该电力割草机的制造者和销售者不需要承担责任。

（四）产品责任的主体

一方面，产品责任的承担者主要是产品的生产者和销售者。产品在到达消费者之前的众多环节中，制造、行销的参与者都应当对其制造或销售的缺陷产品承担责任。生产者的涵义比较广泛，包括制成品的设计者、制造商、加工者、装配者、建造者、修理者、运输者或任何将其名称、商标或其他标识标记于产品的人。销售者一般包括出口商、进口商、批发商和零售商等任何经销产品的人。

另一方面，产品责任保护的是任何可预见因产品缺陷而遭受损害的人，并不局限于合同的双方当事人，所有遭到缺陷产品侵害的购买者、使用者、消费者或其他第三者（旁观者、过路者等）都可以称为产品责任法保护的对象。

四、产品责任法发展概况

从传统上看，产品责任法是根据民法上的两个法律原则——合同法（契约法）的原则和侵权法中的侵权责任的原则而发展起来的。早期处理产品责任事故依据的是合同法的原则，即依据当事人之间任意的约定来处理产品责任事故，追究卖方提供有缺陷的产品带来的损害。下面这个案例可以让我们了解早期产品责任法中确立的"契约当事人原则"或"无合同无责任原则"，这一原则在英美法国家奉行了近百年。

案　例

温特博特姆诉赖特

这是1842年英国法院审理的一个案件。原告温特博特姆是受雇于驿站长的一名赶车夫，被告赖特曾与驿站长签订合同，为驿站长提供合格和安全的邮车来运送邮件，原告在驾驶马车时，马车的一个轮子崩垮致使原告受到伤害，为此原告向被告提出索赔之诉。被告提出抗辩，理由是原告与他没有直接的合同关系，其保证马车处于良好状况的责任是向另一合同方——驿站长承担的合同责任，因此对原告不负赔偿责任。法院支持了被告的观点，认为合同责任仅存在于合同当事人之间，对于非合同当事人的损害，商品制造商没有注意的义务。据此判决原告败诉。

但依据合同法起诉有两个缺陷：一是要求原告与被告之间有合同关系，但在实际产品责任事故中，受害人很可能与被告没有合同关系；二是被告仅是零售商，很难使受害人得到应有的赔偿费。如，作为被告的零售商是夫妻店，则会因财力有限而赔付不起。

为避免上述情况的发生，各国法律引进了侵权责任来突破合同法的局限性。根据侵权法，处理产品责任事故可以：（1）不要求原告与被告之间存在合同关系；（2）起诉的对象可以追索到零售商、生产商、制造商、批发商等。但前提是要求原告有举证责任，即证明被告有疏忽或过错。

案　例

多诺格诉史蒂文森案

原告多诺格是一名女士，1928年8月26日与朋友在一家咖啡店喝啤酒时，发现酒内有腐烂的蜗牛躯体，受惊吓而昏厥过去，而且还得了严重的胃肠炎。此后，她便向啤酒生产商史蒂文森起诉，要求赔偿损失。法院判决认为，如果某一产品的制造商以其出售的方式表明，该产品将不经过合理的检验环节到达消费者手中，并意识到如果该产品的制造缺乏合理的注意将造成消费者人身和财产损失。就应当对消费者承担合理注意的义务。作为被告的生产者和销售者违反了他们应注意的法律义务，并由此导致消费者蒙受损失，因此，即使原告与被告之间没有合同关系，被告仍然要承担赔偿责任。

但是，在现代化工业生产中，一般消费者要证明这一点很难，于是产品责任法发展到第三个阶段，即严格责任原则阶段。严格责任原则减轻了消费者举证责任，只要求产品责任诉讼的原告证明：（1）产品有缺陷，造成消费者的人身伤害和财产损失，其本身就是疏忽的证明；（2）实行举证责任倒置，即要求制造商、销售者，被告自己证明自己无疏忽、无过错。这就是严格责任原则。

可见，产品责任法的发展从平衡消费者和生产者的利益，逐步转向保护消费者和社会公共利益。随着经济的发展和技术的进步，对消费者的保护也越来越强。

第二节 ·美国产品责任法

美国的科技发展水平最高，与世界各国的联系最多，对产品质量的要求最高，所以美国的产品责任法是世界上发展最早、内容最完备、最具代表性的产品责任法，在发达国家中起着示范导向作用。美国的产品责任法目前主要是州法，它是一种以严格责任为主要归责原则的特殊的侵权行为法。

一、原告可以起诉的理由

原告由于使用有缺陷的产品遭受损害而向法院起诉要求赔偿损失时，必须援引产品责任法的相关法学理论，作为要求该产品的生产者或销售者承担责任的依据。美国的产品责任法在发展过程中，主要存在以下几种理论：

（一）疏忽责任原则

1. 概念

所谓疏忽责任，也称为过失责任，是指生产者或销售者没有尽到合理的注意义务，致使产品存在缺陷，并因这种缺陷导致消费者的人身和财产受到损害，对此生产者和销售者应对其疏忽承担侵权赔偿责任。这种责任不是基于合同，而是基于法律。

2. 产生和发展

美国最早发展了这个原则。美国早期的产品责任法主要是采取契约原则，即产品制造者就其产品所发生的损害，对合同关系外的第三人不承担赔偿责任。1916 年以前，美国一直奉行这一传统的私法原则，即对于合同关系之外的任何人，生产者和销售者即使有疏忽，也不负赔偿责任。然而，1916 年美国纽约上诉法院在“麦克费尔森诉别克汽车公司案”中推翻了这一原则，将产品责任法纳入了侵权责任的范畴。这是一个突破传统契约原则确立过失责任原则的著名案例。

案　例

麦克费尔森诉别克汽车公司案

被告别克汽车公司，其制造汽车使用的车轮是从另一家制造商处购得。被告将其制造的汽车卖给零售商，原告从零售商处购买了别克汽车公司制造的汽车。当原告驾车行驶时，汽车轮胎爆炸破裂，突然翻车，将车主抛出窗外，受到伤害和损失。经查汽车轮胎有缺陷。被告声称它和原告之间没有任何合同关系，同时声称汽车轮胎不是它的产品，是在别人那里购置的。英国古老的判例认为，向邮政部门出售设备残缺的公共马车的人，对马车夫蒙受的损害，概不负责。公司辩护人以此为依据提出：因买车合同是与车商订立的，所以厂家不负责任。

但审判此案的卡多佐法官认为：“上述判例是以公共马车旅行的时代援引的，它不符合今天的旅行条件。危险在所难免的原则固然没有变化，但适用这项原则的事物已经变化了。这是因为文明社会生活需要而非这样做不行的。”且“任何商品，依其本质如足以危害人的生命健康和安全的，均属危险产品；在制造人可能知悉的买受人以外的第三人会不经试验就使用该产品时，则不论当事人之间有无合同关系，制造者对该产品均负有注意的义务。”并进而指出，要求有直接合同关系是不公平的，因为在大部分情况下，制造者与他们的产品消费者没有合同关系。因而判决被告承担疏忽责任，给予原告赔偿。卡多佐勇敢地否决了不适合商业发展的旧传统，为国家修改法律打开了通道。他的原则一提出，就成为当时美国法院确定产品责任的主要依据。

3. 疏忽责任原则涉及的范围

疏忽责任是一种侵权责任，在以疏忽为理由提起诉讼，原告和被告之间不需要有合同关系，因为这不是依据合同提起的诉讼。所以，作为原告的一方就不限于买方，可以扩及其他人，只要他们受到该缺陷产品的侵害，都可以提起疏忽责任之诉。但是，原告在以疏忽为理由起诉时，须负有举证责任。被告也从产品制造者扩展到部件生产者、修理者以及以自己的商标或名义推销商品的人。

4. 原告的举证责任

原告在以疏忽为理由向法院起诉要求被告赔偿损失时，须负有举证责任。原告必须提供证据证明如下方面：

（1）被告存在疏忽，即被告没有做到“合理的注意”

根据《美国侵权行为法重述》的规定，原告可以从这几个方面举证被告没有做到“合理的注意”：第一，被告对已经预见或可以预见的产品缺陷未给以必要的提醒或警示；第二，被告没有认真充分地检查产品的缺陷和质量，导致产品缺陷的存在；第三，被告的生产和设计不合理或有明显的危险，或达不到工业产品通常的标准；第四，被告在生产或销售产品时违反了联邦或州的有关产品质量、检验、广告或推销方面的规章、法令，而违反这种规章法令本身就是一种疏忽行为。

（2）由于被告这种疏忽直接造成了原告的损失

即证明损害与使用缺陷产品之间有因果关系。被告应当承担不得使他人陷于不合理的危险之中，如果行为人没有尽到合理注意的义务，导致对他人产生损害的后果，上述行为和后果之间有因果关系的话，被告就必须承担赔偿责任。如果原告自己的疏忽造成损失，不能要求被告赔偿损失。

案　例

扎恩诉福特汽车公司案

原告扎恩在乘坐被告福特公司生产的汽车时，因为驾驶员避免事故猛踩刹车，巨大的惯性将原告甩向了汽车前方的仪表盘安置的一个烟灰缸上，该烟灰缸边角向外凸起，而且很锋利，致使原告眼睛受到伤害。正常的烟灰缸边缘应该是圆形的，据此，原告主张该烟灰缸有缺陷。被告则认为，其在检测汽车部件时已经尽到了合理注意，对该缺陷所能预见的损害也许是“划破手指”或“撕破衣服”，其引发的危险是最小的，对于不常发生的本事件，被告是无法预见的，所以不承担责任。法院没有支持被告的主张，而是认为在这样一个汽车飞速行驶的年代，这种缺陷的风险是完全应当被预见到的，因此被告有注意的义务。根据相关证据，被告在检测时，仅仅是对烟灰缸实行抽样检查，该烟灰缸如果经过检查，就一定会被发现。被告没有尽到注意义务，因而有过失，必须承担责任。

5. 原告运用疏忽责任原则起诉遇到的难题

由于现代科技的发展使产品的生产和销售日益复杂，要证明产品有缺陷是很困难的，甚至是不可能的。因为产品从设计到制造始终控制在生产者和销售者手中，如果对生产的过程不了解就无法举证。同时，许多产品在事故中被损毁，无法找寻，也造成了受害者举证困难。这是原告遇到的一大难题。现在，很多美国法院都是以“事实本身说明”（存在疏忽）来减轻原告的举证责任，或在某些特殊案例中适用“举证责任倒置”，让被告来证明自己没有疏忽。这样就可以从衡平救济的角度来克服疏忽责任制度本身的缺陷。

案 例

埃斯卡勒诉可口可乐瓶装公司

原告埃斯卡勒是一名餐厅服务员，在她将雇主从可口可乐瓶装公司处购买的可乐瓶从包装箱拿出至冰箱时，由于可乐瓶突然爆炸而受伤。原告以过失为由起诉被告，要求其承担赔偿责任。但是原告无法证明被告的过失行为。法院认为，从证据可以推断出，本案中的可乐瓶，经被告运送到餐厅后，并没有因遭受其他外力而损坏，因此，可乐瓶在离开被告控制时是存在某种缺陷的。因为当其被小心运送时，坚固完好的碳酸饮料的可乐瓶是不会爆炸的。并且，被告对于可乐瓶的装料和检查处于绝对的控制地位，因此，原告依据事实自证原则推断被告有过失所需的条件得到了满足，原告胜诉。

（二）担保责任原则

1. 概念

担保责任就是指产品有缺陷（即产品不符合合理安全的标准），是由于生产者和销售者违反了对产品的明示的或默示的担保，从而给消费者、使用者造成了人身损害或财产损失，生产者和销售者对此应当承担的责任。担保责任是合同法上的责任，根据《美国统一商法典》的规定，卖方对其交付的货物的品质负有保证符合合同条款要求的义务。

2. 内容

担保义务分为两种，即明示担保和默示担保。

（1）明示担保，是指产品的生产者和销售者对其生产或出售的产品的品质、用途和性能以口头、书面或其他方式所做的明确的、直接的保证性的声明或陈述。通常表现为合同记载事项、或产品标签所载明的成分或日期、广告所宣传的特殊功能或效用、或使用说明书所列的事项等等。

案 例

莱恩诉 C. A. 斯旺逊父子公司

◉ **案情介绍：**

原告莱恩从被告 C. A. 斯旺逊父子公司处购买了一盒鸡肉罐头，在吃罐头的过程中，一根鸡骨头卡住了他的喉咙。罐头标签上有“剔骨鸡肉”的粗体字样，而斯旺逊品牌则字体很小。另外，被告在当地的报纸上做了一整版的“剔骨鸡肉”的附图广告，图片旁边描述：“斯旺逊剔骨鸡肉——最棒的鸡肉，均为优美可口的鸡脯肉和鸡腿肉制成，无骨，无浪费。……”原告在购买之前，看了被告的广告，认为“剔骨肌肉”就是标签、广告中所称的无骨鸡肉。原告以被告违反了关于该罐头为无骨鸡肉罐头的明示担保为由提起诉讼。被告声称，所谓“剔骨”，仅仅是对产品的配制和包装方式的一种描写手法，并不能算是产品中绝对不含骨头碎渣的一种明示担保。

问题：你认为被告的标签和广告构不构成明示担保？

◉ 案情分析：

构成明示担保。明示担保，是指产品的生产者和销售者对其生产或出售的产品的品质、用途和性能以口头、书面或其他方式所做的明确的、直接的保证性的声明或陈述。在本案中，斯旺逊父子公司在其产品标签上注明，还有广告中明确表示“无骨”。原告正是基于这些保证而购买的被告的产品。与此同时，制造商违背了自己的担保。如果说对标签中“剔骨鸡肉”还存在疑问的话，那么广告中“无骨”的陈述打消了这一疑问，所以，构成明示担保。

◇ 小知识

明示担保与吹嘘

明示担保与吹嘘是两个不同的概念。明示担保是对事实所作的肯定性陈述。吹嘘又称为“夸张”，是销售者个人的表达，不是事实性陈述。如果卖方在产品标签上写明“100% 纯棉”，这是对一项货物质地事实的确认，是一项明示担保。但如果仅仅对货物提出意见或作出评价，如“这衣服很显档次，物超所值”“这件商品是同类中最好的”等，这并不构成担保，是吹嘘。

(2) 默示担保，是指不是基于生产者和销售者的意思表示，而依据法律、交易习惯、惯例而产生的一种法定担保义务。它分为两类，一类是商销性默示担保，即投放市场的产品应符合该产品之所以制造和销售的一般目的，具有合理的安全性；另一类是适合特定用途的默示担保，即卖方知道买方的特定用途，并且买方是信赖卖方的技能和判断来挑选货物的。

案　例

梅班科诉克雷斯吉公司案

原告梅班科花了 0.88 美元从被告克雷斯吉贸易中心购得一台“西利温内”牌子的立体闪光灯，在使用时，该灯爆炸，使原告的脸和眼睛受伤。该灯的包装盒上有关于损坏的灯管容易破碎的警示。没有证据表明此立体闪光灯在使用前就已经损坏。原告起诉被告，要求被告承担责任。被告辩称，产品上已经有相应的警示标示，产品只要符合一般标准就可以了。法院认为，该灯的包装上含有易碎的警示，但并不意味着包装中含有可能爆炸的闪光灯，这是一个对结果不充分的警示。一个易碎的闪光灯可以具有商销性，但是一个易爆炸的闪光灯，具有不合理的危险，绝对不具有商销性。显然，本案中被告所提供的产品不具有合理的安全，被告作为出售商，应当承担违反默示担保的责任，而且，原告不需要证明被告有过失。

3. 发展演变

违反担保之诉是根据买卖合同提起的诉讼。在普通法中，担保具有合同法的性质，所以，以违反担保提起诉讼，主要有以下不足：（1）原告与被告必须有合同关系。依据合同法的原则，具体到买卖合同，只有买方和卖方才有合同关系，所以，如果卖方违反担保义务，只有买方才有权利对卖方提起诉讼，买方之外的任何人都不能对卖方主张权利；而且，买方只能向卖方主张权利，不能向卖方之外的制造商或供应商起诉。这一原则对于买卖合同所引起的一般性的货物品质、规格、数量等问题的诉讼无疑是适宜的，但是对于涉及产品责任的诉讼就不合适了。因为产品责任法的目的是保护消费者，一种有缺陷的产品，例如，购买了含有有害成分的食品，不仅会使直接购买这种食品的买方身受其害，买方的家属、亲友乃至客人都有可能因食用这种食品而受害。（2）缩小了承担责任的范围，赔偿额度有限。出售产品的卖方一般是零售商，如果只要求零售商对有缺陷的产品承担责任而不追究生产者的责任，那显然是不合理的。再者，零售商财力有限，往往无力承担赔偿受害者损失的责任。所以在产品责任诉讼中，如果固守双方当事人必须有合同关系的话，就不能达到保护消费者的目的。

有鉴于此，美国法院在审判实践中，放弃和取消了这一要求，使担保既具有合同法的性质，又具有侵权行为法的性质。最著名的案例是"巴克斯特诉福特汽车公司案"和"麦克白诉哥特杂货公司案"。

案　例

巴克斯特诉福特汽车公司案

1932年，福特汽车公司通过销售汽车的手册中宣传其产品的质量，表示其生产的双层挡风玻璃不易破碎。原告巴克斯特（Baxter）相信了被告广告中所作的对玻璃品质的保证，向汽车零售商购买了被告福特汽车公司制造的一辆福特牌汽车。但是，原告驾车外出时，一辆与其并行的汽车弹起一颗小石子击中了原告的挡风玻璃，挡风玻璃破裂造成原告双目失明。原告据此向和他没有合同关系的制造商福特汽车公司提起违反担保之诉，结果法院受理并最终判决原告胜诉。法院认为，

尽管双方无合同关系，但鉴于制造商福特公司借广告向消费者大众作了广泛的陈述，被告能够预见到对其产品的明示担保范围涉及买受人和使用者，如果被告的产品不具有原告相信的广告说明书中的功能而使消费者受损，则基于公共政策和诚信原则，制造商应当承担违反明示担保的赔偿责任。

案　例

麦克白诉哥特杂货公司案

1953年，原告麦克白从被告哥特杂货公司购买了一套咖啡具。当原告根据使用说

明煮咖啡时，咖啡沸腾后喷到原告脸上，造成烫伤。检查咖啡具的结果证明咖啡具的滤器槽口不适合排放水开后产生的压力。法院判决，依据默示担保原则，被告应负赔偿责任。此案属于违反默示担保，即卖方所出售的产品应默示担保消费者使用该产品时是安全可靠的，不会伤害消费者。

目前，担保责任的概念已经扩展到产品责任法中。担保既是合同法的基本概念，又具有侵权行为法的特性。由于担保的双重性质，违反担保除承担合同责任外，又可依据情节轻重构成侵权责任。美国法院逐步在纵横两个方面放宽和取消了双方当事人必须具有合同关系的要求。

从纵的方面来看，原告不仅可以对卖方起诉，而且可以对生产或销售这种有缺陷产品的各有关责任方起诉，其中包括零售商、批发商、进口商、出口商，一直到制造厂商。从横的方面来看，有权提起产品责任诉讼的人不仅包括买方，而且包括一切因使用有缺陷产品而蒙受损失的人，如买方的家属、亲友、客人，甚至包括被伤害的过路行人等。但必须注意的是，在这个问题上，美国各州的判例和法律并不完全一致。比如，在有权起诉的人这方面，有的州放得比较宽，有的州还有所保留。

依据违反担保提起诉讼时，对原告而言，有利的方面在于：由于确定了产品的制造人有明示担保和默示担保责任，因而可排除原告必须举证产品制造者的过失义务，即他无需证明被告有疏忽。如果以违反明示担保为由要求赔偿，他只需要证明：（1）被告作出的说明；（2）受害人相信该说明；（3）伤害是由于产品不符合被告所作的说明引起的。如果因违反默示担保要求赔偿，原告只需证明：（1）产品在出厂时就有缺陷；（2）缺陷与损害之间存在因果关系。这样原告就可以要求被告承担责任。

（三）严格责任原则

1. 定义

严格责任原则又称无过失责任原则，是指一件产品只要有缺陷，对消费者或使用者有不合理的危险性，因而造成其人身伤害或财产损失，该产品的生产者和销售者就要承担赔偿责任。严格责任原则是产品责任法的一个新原则，目的是为了更好地保护消费者的利益。依此原则，消费者或使用者在正常状态下使用产品时，只要产品有缺陷，或具有不合理的危险，不管对于此种缺陷消费者或使用者是否给予了合理的注意，只要该产品造成了人身伤害或财产损失，所有参与该产品生产和销售的各个环节的人均应负赔偿责任，且消费者无须证明生产者有过失或疏忽。

2. 严格责任在美国的产生

在20世纪50年代末和60年代初，美国越来越多的法学家开始在产品责任方面创立一种全新的归责理论——严格责任。这一理论能使产品的卖方或制造者对产品造成的损害承担责任，且无须证明疏忽的要件和烦琐的担保责任。这一原则的首次应用是在1963年美国加利福尼亚法院审理的“格林曼诉尤巴电器公司案”中，这个案例确立了“格林曼原则”，即严格责任原则。

案　例

格林曼诉尤巴电器公司案

原告的妻子格林曼夫人购买了尤巴电器公司生产的一种多用削木机床作为送给丈夫的圣诞节礼物。格林曼在按照说明书使用该机床时，一块木头从机器中飞出来，撞击到格林曼的头部，造成原告重伤。经检查，该机床属于有缺陷的产品，它与事故有直接关系。原告以违反担保为由提起诉讼。加州最高法院认为，尽管原告认为该机床有缺陷，但原告无法证明机床制造上有疏忽，也不属于违反担保责任的范围，但法院仍然判决原告胜诉。理由是此案适用侵权法上的严格责任原则。加州最高法院的特雷诺法官在判决书中表示："为使生产者承担严格责任，原告一方无需证明明示担保的存在，一旦制造者将其产品投入市场，而明知使用者对产品不经检查就使用，只要能证明该产品的缺陷对人造成伤害，生产者即负赔偿责任。"也就是说，制造商应承担侵权法上的严格责任。特雷诺法官进一步指出，即使没有疏忽，只要公众准则认为哪一方负责后能减少市场上有缺陷的产品对人的生命和健康的潜在威胁，那就应由哪一方负责。

严格责任原则被美国法学会在1965年出版的《侵权行为重述》中加以确认。《侵权行为重述》第402条对此作了规定：凡出售任何有缺陷的产品，给使用者或消费者的人身伤害或财产损失应承担责任：（1）销售者是从事经营出售此种产品的人；（2）当产品到达使用者或消费者手中时，与其在出售时的条件并没有重大的改变。尽管出售者在准备或出售其产品时已经尽一切可能予以注意，而且使用者或消费者并没有从出售者手中购买该产品，即同出售者之间没有任何的合同关系，上述原则仍适用，出售者仍须承担责任。

3. 严格责任原则的特点及对消费者的有利之处

严格责任有如下特点：（1）从产品制造者来说，不论它有无过失均应负责，故称无过失责任；（2）产品制造者和受害者之间不存在直接的合同关系，故是一种严格责任。

严格责任原则比较有效地保护了消费者的利益，并将疏忽责任和担保责任有机结合起来，首先，严格责任是一种侵权行为之诉，它不同于以合同为基础的违反担保之诉，不要求双方当事人之间有直接的合同关系；其次，在以严格责任为理由起诉时，原告无须承担被告有疏忽的举证责任，只需要证明：（1）产品确实存在缺陷或有不合理的危险性；（2）这些缺陷在进入市场时就已经存在；（3）正是由于这些缺陷造成了消费者的人身伤害和财产损失。只要原告能证明以上三点，被告就要承担赔偿损失的责任。但是如果消费者或使用者在拿到产品之后，因擅自改变了产品的性能而造成人身伤害和财产损失，他就不能要求制造者或销售者承担责任。

4. 严格责任原则和疏忽责任原则的区别

疏忽责任原则是以卖方有无疏忽，即以卖方是否尽到"适当注意"的义务作为确定其是否应对原告的损失承担责任的依据。而严格责任则不必考虑卖方是否尽到"适当注意”的义务，即使卖方在制造或销售产品时已经做到了一切可能做到的注意，但如果产品有缺陷并使原告受到损失，卖方仍须对此负责。这里所说的卖方不仅包括同买方直接签订合同的卖方，还包括生产者、批发商、经销商、零售商以及为制造该项产品提供零部件的供应商等。买方不仅限于直接买主，还包括买主的家属、客人甚至过路行人。所以，严格责任对消费者的保护是最充分的。

◇小资料

严格责任理论的新发展

严格责任的广泛适用和严格化给生产者造成了沉重的负担，同时作为成本转嫁给了消费者，它同样给“责任公平”和“保护消费者”的立法意图提出了质疑。

从现有的产品责任制度来看，严格责任已经成为对受害者最为有利的责任制度。但这势必以对权利保护对象的对立当事人苛以重责为先决和必然结果，最终会导致产品责任制度的公平性受到挑战。因此，美国开始考虑在原有的严格责任基础上进行调整。严格责任在美国的发展是沿着两个方向：一方面，继续以更好地为受害人提供补救为目的进行严格责任的完善，如共同责任理论、行业责任理论、市场份额理论等，实现使产品责任主体不断扩大，责任得以分摊，举证责任均衡等公平的价值取向；另一方面则是适当限制严格责任的适用，减轻制造商或销售商的责任，以鼓励他们积极研发新产品。新版《侵权行为法重述》就体现了这样一种倾向，即要求原告在起诉制造商有设计缺陷的产品时，须出示一种本可以防止伤害的替代设计。该法律文件还规定，对于产品的制造缺陷，即使“进了一切可能的注意”，也要承担严格责任；而对于设计缺陷和警示缺陷，则将“不可预见的风险”排除在外；在决定产品是否有缺陷时，传统的“消费者预期标准”被明确放弃，只适用“成本—效益标准”。美国通过对产品责任的反思，希望通过立法及司法实践全面变革产品责任法，在消费者权益与生产者利益、个人利益与社会发展、效率与正义之间寻找一个动态的平衡与契合，使对消费者权益保护由“理想主义”进入到“理性主义”的新时代。

综上所述，疏忽责任、担保责任和严格责任这三个原则构成了美国各州独立的产品责任法的基本体系。它们各自独立、同时并存，受害人可以选择他认为最为有利的责任基础进行索赔，同时也意味着他愿意使自己处于相应的举证地位，承担举证责任。美国产品责任法的发展过程记录了现代产品责任的发展轨迹，反映了产品责任法逐渐向更有效地保护消费者权益的方向发展。美国各州的产品责任法各有差异，又彼此重叠相互影响，但其总的原则是一致的。从近年的司法实践和发展趋势来看，严格责任原则已被大多数州所接受，成为产品责任法中适用最广泛的制度。

二、被告可以抗辩的理由

根据美国的产品责任法，在产品责任诉讼中，被告可以提出某些抗辩以对抗受害人的损害赔偿要求，从而减轻或免除自己的责任。根据不同的产品责任原则，被告可以提出的抗辩事由有所不同。

（一）对疏忽责任的抗辩

根据疏忽责任原则，被告得通过证明自己尽了“合理注意”的义务仍不能发现产品的缺陷来证明自己无疏忽，从而不承担赔偿责任。但是，被告同样可以通过证明原告的损失是由原告自己的过失造成的，从而可以免责。

1. 原告自己有过失

原告在使用被告提供的有缺陷的产品时也有疏忽之处，未能发现产品的缺陷，或对缺陷可能引起的损害未加以适当的预防，自己应该承担一部分责任。也就是说，原告自己负有保护自己安全的义务，如果因为自己疏忽大意没有发现或阻止本能避免的危害，原告就应承担一部分责任。按照早期的司法实践，一旦确认原告有“疏忽”，原告就不能向被告要求任何损害赔偿。为了避免原告一旦有过失就完全丧失取得赔偿的权利的不公平后果，美国许多州已经通过立法或判例放弃了原告“承担疏忽”原则，而采用“相对疏忽”原则，即原告虽然有一定的疏忽，但法院只是按照原告的疏忽在引起损害中所占的比重，相应减少其索赔的数额，而不是不能要求任何赔偿。也就是采用双方过错原则，双方均有过失的话，各承担相应的责任。例如，原告原可以得到的赔偿是 10 万元，但由于原告自己的过失在损害中占有 30% 的责任，原告就只能获得 7 万元的赔偿。

案　例

特尔克拉诉麦克伍斯案

1977 年的一天，原告特尔克拉，一名印刷工人，在操作一台印刷机时，没使用安全保护装置而导致手被卷进机器，严重受伤。原告起诉被告麦克伍斯要求赔偿。法院经过审理认为，原告在操作时未使用安全保护装置，本身证明他自己存在过失，因此判决原告败诉。

案　例

戴利诉通用汽车公司案

一位名叫戴利的 36 岁的律师驾驶被告通用公司的汽车，撞到高速路上的防护栏上，50 英呎的防护栏被撞坏，在这种冲击力的影响下，汽车逆时针旋转起来，车门突然打开，戴利被甩了出去，当场死亡。他的亲属以设计缺陷的严格责任为由起诉通用汽车公司。被告抗辩是死者自己的行为造成了死亡，依据是戴利是在酒后驾车，而且他没有使用车里的安全带或锁上车门，任何一种措施都可以保护他不被甩出车外，但他一个也没用，还有，通用公司早就在汽车使用说明书中警告过车主，当车在运行时，安全带必须系牢，门必须锁上，以保证行车安全。法院最终认为，原告自己在这个过程中存有重大过失，比较与被告过失的大小，按比例分摊他们的责任和确定最终的赔偿结果。

2. 自冒风险

原告明知产品有缺陷或带有危险性，仍甘愿将自己置于这种危险或风险的境地，自主或故意加以使用而使自己受到损害，责任应当由原告自己来承担。根据美国《侵权行为法重述》402A 的注释，如果使用者或消费者已经发现产品有缺陷，并且知道有危险，但他仍然不合理地使用该产品，并因此使自己受到伤害，他就不能要求被告承担赔偿责任。但是现在有些州已经不再把自冒风险作为完全阻止原告索取任何赔偿的抗辩，而只是把原告的疏忽作为减少其索赔金额的依据。

案 例

莫兰诉雷蒙德公司案

原告莫兰在工作中因操作雷蒙德公司生产的铲车而受伤。过程大致是这样：莫兰已经用这辆车工作了3月，清楚地知道在操纵机械时存在的实质性危害。在这次事故中，莫兰爬到操作室外面去将一个盘状物送到平台上，当他站在平台回头用手来操作控制仪时，铲车的叉子掉下来，砸在莫兰的右臂上，右臂严重受伤。被告雷蒙德公司主张原告自冒风险。法院最终认为，莫兰站在操作室外，所在的位置是挖掘铲降落的必经之路，虽然他认为很危险，但是他认为自己可以在铲子碰到他之前将手抽回来。原告能够理解并判断这个风险，但是认为自己能够侥幸避免，自愿承担了风险，构成自担风险。

3. 非正常使用产品

在产品责任诉讼中，如果原告将产品使用于其原有用途之外的用途，非正常使用产品或误用滥用产品，使自己受到伤害，被告可以此理由抗辩要求免责。但是，当被告提出此项抗辩时，法院往往对此加以某种限制，即要求被告证明原告对产品的误用或滥用已经超出了合理的范围，而这种误用或滥用在被告的合理预见范围之内，被告就必须采取措施加以防范，否则就不能免责。

案 例

埃尔斯沃斯诉舍妮内衣公司案

原告埃尔斯沃斯反穿睡衣，把茶壶放在煤气炉上，并开到最大火，并准备从炉子上方的壁橱里拿咖啡壶，结果睡衣口袋的突出部分在与炉子接触时被点燃，原告遭受严重的烧伤。睡衣是由舍妮内衣公司设计并制造的，科恩·米尔斯，一家棉织物制造商，为舍妮内衣公司提供棉法兰绒原料。原告把舍妮和科恩都告上法庭，理由是被告没有使棉织物不易燃和没有对火灾风险给予警告。被告以原告滥用睡衣为抗辩理由。法院最终认为，衣服，比如说睡衣和长袍，会被穿反，这是很确定的，一个宽松合适的睡衣穿在有火源的环境里，尤其是厨房或炉子附近，这是可以预见到的。原告穿睡衣的方式，是一时粗心或不小心，可能会构成原告过失，但在本案的环境下，并不是滥用产品。

（二）对担保责任的抗辩

担保责任是一种契约责任。因此在产品责任诉讼中，如果原告以被告“违反担保”为理由提起诉讼，被告可能提出的抗辩有：（1）原告与被告之间没有合同关系；（2）损害发生后，原告没有在合理的时间之内通知被告；（3）有关的文字和内容仅作为商业宣传，不构成对消费者信赖的担保；（4）原告并没有信赖被告所作出的说明；（5）在合同中排除了各种明示或默示担保，被告就可以担保已经排除作为抗辩。此外，这种抗辩只能针对“违反担保”之诉，不能用来对抗以“疏忽”为理由的起诉，因为后者属于侵权之诉，不受合同中关于排除明示或默示担保义务的限制。

（三）对严格责任的抗辩

严格责任对消费者提供了最有利的保护，被告可以提出的抗辩理由相当少，但是，这并不意味着依照严格责任提起的诉讼，被告就没有免责的可能。根据美国法律，作为被普遍使用的被告抗辩的理由同样也适用于依严格责任提起的诉讼。这些免责或部分免责的理由是：（1）被告未将产品投入流通领域；（2）产品投入市场时缺陷并不存在；（3）一般人很容易发现缺陷的存在；（4）被告对缺陷产品作了充分的说明和提示；（5）原告自行改变了产品的结构和用途，即如果原告对产品或其中部分零部件擅自加以变动或改装，从而改变了该产品的状态或条件，因而使自己受到损害；（6）原告明知有危险而使用缺陷产品，即自冒风险。

此外，还有一种抗辩理由，即带有不可避免的不安全因素的产品。如果某种产品即使正常使用也难以保证安全，而且权衡利弊，该产品对社会公众是有益的，是利大于弊，则制造或销售这种产品的被告可以要求免除责任。其中最典型的是药物。因药物不可避免地含有对人体有害的副作用，但它又能治疗某种疾病，在这种情况下，制造或销售这种产品的卖方若能证明，该产品是适当加工和销售的，且他已经提醒使用者注意该产品的危险性，他就可以要求免责，即使在严格责任之诉中，也可以提出这一抗辩。

三、产品诉讼中原告可以要求的损害赔偿的范围

美国产品责任法对产品损害赔偿范围限定很少，产品造成的任何损害，几乎都可以依据产品责任法得到赔偿。在产品责任诉讼中，产品损害赔偿的一般原则是补偿缺陷产品造成的可预见的人身伤害损失或财产损害损失，同时，对特殊的案件可能兼有惩罚性赔偿。

（一）对人身伤害的赔偿

产品责任法中的人身伤害一般是指产品缺陷对他人生命、身体和健康造成的损害。根据美国法律的规定，关于人身伤害的赔偿不仅涉及受害人可预见的医疗性支出，还对受害人因伤残、生病所遭受的痛苦、疼痛等予以补偿。具体包括：（1）受害人过去和将来必要合理的医疗费用；（2）受害人收入上的损失及失去劳动能力的补偿；（3）受害人肉体和精神痛苦的补偿等。如果因缺陷产品致人死亡，根据有关法律的规定，可以由死者的遗产执行人或继承人或受益人向产品提供者主张权利。在司法实践中，美国法院对受害人人身损害赔偿判定的数额较大，往往大于实际支出的医疗费用及其他的实际

开支，并且肉体和精神遭受的痛苦的赔偿占到很大比重，这是美国产品责任法的重要特点。下面是一个美国法院处理人身损害赔偿金额方面的一个典型案例。

案 例

布列顿诉西尔斯百货公司案

1970年4月23号，布列顿的家被一场大火完全烧毁了，火灾是由于从西尔斯百货公司购买的一台有缺陷的电暖气引起的。未成年的海伦布列顿被严重烧伤，随后，其父母以海伦布列顿财产管理人的名义，起诉了西尔斯百货公司和电暖气的制造者，要求损害赔偿。

陪审团认为海伦过去的身体和精神痛苦可以赔偿600 000美元；未来的身体和精神痛苦可以赔偿750 000美元；未来的医疗费用250 000美元；收入能力的损失大概是330 000美元；永久性的残疾和外形缺陷可以获得1 100 000美元，最终，法院依照“最大限度赔偿额规则”，裁定被告向海伦布列顿支付赔偿金2 000 000美元。

（二）财产损失赔偿

产品责任法中的财产损失通常是指除缺陷产品之外的其他财产的损失，而对于产品本身则可依据买卖合同获得赔偿。财产损害的赔偿不仅限于受到损害的财产的直接经济损失，而且，合理可预见的间接损失也为多数法院的判决所支持，如因机器被损坏，不能投入生产所带来的营业损失等。

（三）商业上的损失

商业上的损失通常是指有缺陷的产品的价值和完好的、合格的产品价值（或合同价金）之间的差价损失。除产品毁灭外，一般包括产品本身价值的减少、不能使用、必须修缮或丧失营业利益等。美国各州对产品本身的损害是否能得到赔偿，态度不一，需要具体案件具体分析。

（四）惩罚性的赔偿

惩罚性的赔偿是指侵权行为人恶意实施某种行为，或对行为有重大过失时，以对行为人实施惩罚和追求一般抑制效果为目的，法院在判令行为人在支付通常的赔偿金的同时，还可判令行为人支付高于受害人实际损失的赔偿金。惩罚性赔偿制度是美国产品责任法中的一项重要制度。《统一产品责任示范法》第120条规定：“原告通过明显的令人信服的证据证明，由于销售者对产品使用者、消费者或可能受到产品损害的其他人员的安全采取轻率漠视的态度，致使原告受到损害，原告就可以得到惩罚性的损害赔偿。”这种赔偿金额一般很高，目的就是对有过错的一方恶意的、不负责任的行为施加惩罚，遏制其他人重犯类似的错误。惩罚性损害赔偿在美国得到广泛应用，但是否判处惩罚性的赔偿以及惩罚性赔偿的具体数额由陪审团来酌情决定。

案 例

李贝克诉麦当劳案

该案发生在美国。李贝克女士（79岁）乘坐由其孙子驾驶的汽车经过一家麦当劳汽车餐厅。在车上，李贝克女士购买了一杯麦当劳的热咖啡，然后将咖啡放置在膝盖上。因为要加糖和奶，当她揭开杯盖时，咖啡倾倒，烫伤了李贝克女士的大腿，造成三度烧伤。为此，李贝克女士花去了相当的医药费。由于就赔偿问题与麦当劳公司达不成协议，李贝克女士向法院起诉要求麦当劳公司承担产品责任。据查，当时这杯麦当劳餐厅出售的咖啡温度在82~88摄氏度之间，而人们日常饮用的咖啡在60摄氏度左右。

该案原告花费的医疗费约为2万美元，一审陪审团确定的实际损失为20万美元，陪审团裁定的惩罚性的赔偿金为270万美元，原因是被告在诉讼前10年间就咖啡的温度问题收到过700多份消费者投诉。该案双方最终通过私下和解的方式解决。

四、美国产品责任诉讼的管辖权和法律适用

美国的产品责任法虽然是国内法，但它在某些情况下也可适用于涉及产品责任的国际贸易纠纷中。当外国的产品输入到美国时，如果产品有缺陷致使美国的消费者或用户受到损害时，美国的消费者或用户可以依据美国的产品责任法对美国的进口商、经销商和零售商起诉要求赔偿损失。在美国法院认为有管辖权的情况下，蒙受损失的美国消费者或用户还可以对外国的出口商和该产品的制造商在美国法院提起诉讼，要求他们承担赔偿责任。另一方面，美国的产品出口到国外，如果由于产品缺陷致使国外的用户遭到损害，外国消费者或用户也可以援引产品责任法要求美国的出口商和生产者承担责任。

（一）美国产品责任诉讼中的管辖权

确定产品责任管辖权是受理产品责任案件时首先要解决的问题。当美国消费者或用户对外国的出口商和该产品的制造商在美国法院提起产品责任诉讼时，美国法院首先要确定它是否对该案有管辖权。一般说来，美国各州法院只对本州的居民有管辖权。但近年来，美国法院有一种扩大管辖权的倾向，采用“伸长司法管辖”或“长臂管辖”，使美国法院对不居住在美国或本州的被告取得了对人的管辖权。1955年，美国伊利诺伊州首开先河，根据最高法院第五次修正案制定的延伸管辖权的法律，制订了“长臂管辖法令”，使美国法院扩大了司法管辖权，并于1962年制订了《统一的州际和国际诉讼法》概括了长臂管辖的法规，即法院可以对不住在本州的非居民取得对人的管辖权，这使得州法院控告他国或他州的侵权行为成为可能，但各州的标准并不完全一致。一般说来，各州都要求，凡是非居民的被告都必须与本州有某种“最低限度的接触”，该州的法院才对被告享有对人的管辖权。所谓“最低限度的接触”是指被告经常直接或通过代理人在本州境内从事商业活动，或因其行为或不行为在本州境内造成了损害。只要符合这一标准，法院就可以取得对该被告的管辖权，它有权按照法定程序传唤国外的被告出庭，并有权依法作出有效的判决。而且美国法院的判决可以向被告所在地的法院要

求承认和执行。

案 例

国际鞋业公司诉华盛顿州法院

这是1945年美国联邦最高法院审理的一个案件。国际鞋业公司，本案的上诉人，是设立于密苏里州的一家公司，其在华盛顿州雇佣了十多个推销员为该公司展览样品，接受订单，并将订单寄回公司。华盛顿州要求该公司纳税，但遭到公司拒绝。华盛顿州法院判决公司败诉。公司不服，上诉至联邦最高法院。最高法院认为该公司在华盛顿州有业务活动，涉及本案的纳税义务直接产生于这些活动，故该公司与华盛顿州有足够的联系，按照公平正义原则，该州要求该公司纳税是公平合理的。同时，最高法院还判决，如果被告人与一个州有“最低限度的接触”时，该州将有管辖权。

（二）美国产品责任法中法律适用

法院在确定了管辖权之后，就带来了一个法律适用的问题，即法律冲突。法律冲突是指涉外民事关系中应适用何种法律法规来确定当事人的责任问题。在经济全球化的背景之下，产品的国际性流动与各国调整产品责任的法律法规之不同产生了产品责任的法律冲突。在解决法律冲突时，首先要考虑的时保护本国的消费者不受外国产品的侵害；同时，也希望通过本国法律的适用达到保护本国在国外的产品提供者的权益的目的。美国法律还存在州际法律冲突的问题。

在涉外的产品责任诉讼中，按照美国的冲突法规则，通常是适用损害发生地法来确定当事人的责任，即产品在什么地方对消费者或用户造成了损害，就适用那个地方的法律来确定产品的生产者和销售者的责任。但近20年来，这项原则受到了批评，因为这种原则有时对受害者的保护不够。特别是在涉及汽车事故的产品责任案中，由于汽车到处行驶，经常跨州越国，如完全按照出事地点的法律来确定汽车的生产者或销售者的产品责任，有的可能对消费者不利。现在，美国多数州已经不再坚持采用这一原则，而转为适用对原告最有利的地方的法律，即由原告在与本案有关的因素中，选择对自己最有利的法律。这些与案件有联系的因素包括：加害地、受害地、产品购买地、原告或被告的营业地或居所地、法院地，等等。

案 例

◉ **案情介绍：**

美国加利福尼亚州某当事人A从美国纽约州B商店购买了由外国C公司生产的一辆“飞牌”自行车，并随后改装了自行车的踏脚。在一次骑车旅行时，因自行车踏脚板打滑而遭受伤害，并因此向加利福尼亚州的联邦地区法院提起产品责任之诉。

问题：

1. 根据美国产品责任法的有关规定，法院在选择适用哪个州的法律时，应遵循什么原则？

2. 谁可以成为本案的被告？

3. 原告能否打赢这场官司？为什么？

◉ **案情分析：**

1. 由于20世纪下半叶美国一些有影响的州如加利福尼亚州和纽约州已不再坚持适用损害发生地原则，而转为适用对原告最有利的地方的法律，以保护美国原告的利益。因此，法院应适用对原告最有利的州的法律。

2. 根据美国的“长臂管辖”的法规，美国法院可以对不住在本州的非居民被告取得对人的管辖权，由此它使得美国州法院控告其他州或他国的加害者的侵权行为成为可能。因此，在本案中，纽约州的B商店和国外的C公司均可成为被告。

3. 原告不能胜诉。根据“擅自改动产品”理论，如果原告对产品或其中部分零部件加以变动或改装，从而改变了该产品的状态或条件，因而使自己受到伤害，被告可以原告擅自改动产品的状态或条件为理由提出抗辩，并要求免责。

第三节　欧洲国家的产品责任法

在统一的产品责任法没有形成以前，目前国际上已经有三个区域性的产品责任公约，全部集中在欧洲：《关于造成人身伤害和死亡产品责任欧洲公约》（简称《斯特拉斯堡公约》）、《关于产品责任的法律适用公约》、《关于对有缺陷产品责任的指令》。

一、《斯特拉斯堡公约》

《关于造成人身伤害和死亡产品责任欧洲公约》，是由欧洲理事会花了3年时间拟订出来的。1977年1月27日，该公约缔结于法国的斯特拉斯堡，并供开放签字参加。奥地利、比利时、法国和卢森堡等国家签署了该公约。

该公约由正文与附件组成，其中正文共有17条。其主要内容是：

（1）公约抛弃了传统的过失责任原则，采取严格责任原则。凡是产品缺陷造成的损害，生产者应当负责。

（2）对产品及其“瑕疵”作出了规定。产品是指所有动产，包括天然动产或工业动产，无论是未加工的还是加工过的，即使是组装在另外的动产内或不动产内。产品缺陷是指考虑包括产品说明在内的所有情况，如果一件产品没有向有权期待安全的人提供安全，该产品就有缺陷。

（3）公约对生产商作出了明确的规定。生产者包括：制造者、产品进口商、或将他的名字、商标等标志在商品上的人，在产品没有标明任何生产者的身份时，则每个供应商都应视为公约所指的生产者。

（4）免责事由。它主要包括：生产者未将产品投入市场；投入流通时，缺陷尚不存在；受害人本身的过失等。

（5）关于赔偿限额。对每一死者或遭受人身损害的人的赔偿限额不得少于相当于7万特别提款权的国内货币，同类产品的相同缺陷造成的全部赔偿额不得少于相当于

1 000 万特别提款权的国内货币。

(6) 公约对因产品责任事件而发生的诉讼规定了两个时效。一个是受损害的当事人提起诉讼的时效是 3 年，从受害人发现或应当发现损害之日起算；另一个是生产者为其产品所造成的损害承担责任的时效是 10 年，从产品投放市场时起算。这两种时效以先过者为准。

(7) 公约对“产品”与“责任主体”规定的范围比较小，各国可以对农产品提供者的准生产者责任（Quasi – producer's Liability）提出保留。

二、《关于产品责任的法律适用公约》

国际产品责任诉讼中，各国的产品责任法不尽相同，法院采用的法律冲突规则也不同，导致案件的处理结果有相当大的不确定性。为了统一各国关于产品责任的法律冲突，第十二次海牙国际私法会议于 1972 年 10 月制定该公约，于 1973 年 10 月 2 日签订，1979 年 10 月 1 日起生效。批准该公约的国家包括法国、荷兰、挪威、南斯拉夫、比利时、意大利、卢森堡、葡萄牙与奥地利等。

(一) 公约对产品、损害及责任主体的规定

公约规定产品包括天然产品和工业产品，无论是未加工的还是经过加工的，也无论是动产还是不动产。这里产品的概念比《关于对有缺陷的产品的责任的指令》中的产品的概念要更为广泛。

公约对损害也作了广义的解释。公约规定，损害是指对人身的侵害或对财产的损害及经济损失；但是产品本身的损害及由此引起的经济损失不包括在内。

公约规定，产品责任的主体应当包括：成品或零部件的制造商；天然产品供应生产者；产品供应者；在产品准备或销售等整个商业环节中的有关人员包括修理人、各仓库管理员。以上人员的代理人或雇员的责任亦应适用该公约。

(二) 公约对产品责任的法律适用规则的规定

公约在产品责任法律适用方面，规定有四个相关地点，只有同时满足两个或以上的地点的法律才是适用的，这四个地点是：侵害发生地、受害人的惯常居所地、产品生产者的主营业地、受害人购买产品地。

1. 以损害地国家的国内法为基本适用法律。

如果侵害地国家同时又是：(1) 以直接受损害人的惯常居住地；(2) 或被请求承担责任人员的主要营业地；(3) 或直接受损害人员取得产品地的地方，则应适用侵害地的法律；

2. 以直接受损害人的惯常居住地的国内法为基本的适用法律。

尽管有上述规定，但是，如果直接受损害人的惯常居所地国家同时又是：(1) 被请求承担责任人员的主要营业地；(2) 或直接受损害人员取得产品的地方，则适用直接受损害人的惯常居住地的国内法。

3. 在其他情况下，则可以适用该产品的制造商或供应商主营业地国的法律，或者如果原告愿意的话，也可以适用损害发生地的法律。

案　例

◉ **案情介绍：**

H 国的公民张某听说日本的食品很贵，便在被派去日本出差前在国内购买了很多本国生产的方便面。由于该方便面存在质量问题，张某在日本食用时中毒，为此花去了数万日元的治疗费。

问题：根据《海牙公约》，张某应根据哪国法律的要求方便面的生产者对其损失承担责任？

◉ **案情分析：**

本案中，侵害地在日本，受害人的惯常居所地是 H 国，产品的生产者的主营业地在 H 国，受害人购买产品地是在 H 国。由于侵害发生地与受害人惯常居所地、产品的生产者的主营业地、受害人购买产品地均不相同，所以，侵害地国家的法律不适用。但是，受害人惯常居所地国家与产品的生产者的主营业地，受害人购买产品地都是 H 国，符合《海牙公约》中法律适用的原则，因此，应适用受害人惯常居所地国家的法律，即 H 国的法律。

三、《关于对有缺陷的产品的责任的指令》

欧盟理事会 1985 年 7 月通过了《关于对有缺陷产品责任的指令》，简称《指令》，共有 22 条，其主要内容包括：

（1）采取无过失责任原则（Liability Without Fault），出发点是为了更好地保护消费者。

（2）关于生产者的范围：包括产品的制造者；任何原材料的生产者；零部件的制造者；任何将其名称、商标或其他标识列于产品上的准制造者；任何进口某种产品在共同体内销售、出租、租赁，或在共同体内以任何形式经销该产品的人；不能确认生产者时，供应该产品的供应商即被视为生产者。

（3）关于产品的定义：是指可以移动的物品，但不包括初级农产品和捕猎物。各成员国可以通过国内立法来将上述两种产品包括在产品定义之内。至于经过加工的农产品则包括在产品之内。

（4）关于产品“缺陷”，采用客观标准。按照这种标准，如果产品不能提供一般消费者有权期望得到的安全，该产品就被认为是缺陷产品。

（5）关于损害赔偿，可要求损害赔偿的范围，主要是人身伤害和死亡。缺陷产品本身的损失，一般不予考虑。不超过 500 欧洲货币单位的损害亦不予考虑，以免提起过多的小金额的诉讼。对同类产品的同一缺陷造成的人身伤害或死亡的赔偿额，不得高于 7 000 万欧洲货币单位。指令认为“痛苦”是非物质性损害赔偿，应按照有关国家的国内法来处理，这一点不同于美国责任法。

第四节 我国的产品责任法

一、我国产品责任法的历史发展

改革开放以后，经济长足发展，保护消费者权益成为广泛关注的社会问题。我国的产品责任法律主要有《民法通则》、《产品质量法》、《消费者权益保护法》等。

《民法通则》是我国最早的完整意义上有关产品责任方面的法律。但是，它对产品责任的规定过于原则性和简单化，缺乏可操作性。1993 年制定的《产品质量法》，标志着我国的产品责任立法达到了全新的水平。该法对产品责任作了详尽的规定，加大了对消费者保护的力度，是我国在产品责任诉讼中主要适用的法律。

广义的产品责任法是指一切调整产品质量关系的法律规范的总称，狭义上的产品质量法是指以产品质量法命名的专门调整产品质量关系的单行法律。我国的产品责任法是按照产品质量法的一般提法来叙述的。

二、产品质量法的主要内容

（一）相关概念

1. 产品

《产品质量法》规定的产品范围相对较小。该法第 2 条规定："本法所称产品是指经过加工、制作，用于销售的产品。建设工程不适用本法规定；但是，建设工程使用的建筑材料、建筑构配件和设备，属于前款规定的产品范围的，适用本法规定。"根据这一规定，产品包含三层含义：（1）必须是经过加工、制作等人工处理过的工业品，不包括自然物品；（2）必须是用于销售的物品；（3）必须是可移动的物品，不包括土地、房屋等不动产。

2. 缺陷

《产品质量法》第 46 条规定："本法所称缺陷，是指产品存在危及人身、他人财产安全的不合理的危险；产品有保障人体健康和人身、财产安全的国家标准、行业标准的，是指不符合该标准。"

可见，确定产品是否有缺陷有两项标准：（1）具有不合理的危险性，这一规定与美国侵权行为法的标准相同；（2）不符合法定的安全标准——国家标准或行业标准。

（二）违反产品质量义务的法律责任

1. 产品质量法的归责原则

由于产品质量侵权责任的法律规定直接关系着消费者权益的保护，而保护的强弱主要取决于法律以何种归责原则来确定生产者和销售者的侵权责任。在此方面，多数西方国家以及某些国际组织采取严格责任原则，即无过错责任原则，只要产品有缺陷并造成他人的人身和财产损失，不论生产者销售者是否有过错，都要承担赔偿责任。我国的产品质量法做了针对生产者和销售者作了不同的规定：

（1）对生产者实行无过错责任原则，即承担严格责任。只要产品有缺陷并造成他人的人身和财产损失，不论生产者是否有过错，都要承担赔偿责任。除非生产者证明有下列情形之一的，可以免责：未将产品投入流通的；产品投入流通时缺陷并不存在；产品投入流通时的科技水平尚不能发现产品有缺陷。这是实行无过错责任原则的前提下生产者的法定免责条件。

案 例

◉ **案情介绍：**

2006 年的一天，段某点燃了刚从单位拿回的卡式炉，正打算给来宾露一手。谁知，“轰”的一声，卡式炉爆炸。段某的手被炸伤，事后，段某找到有关部门，有关部门对此进行调查。原来该型卡式炉是某市一家电器公司的新产品，出事前几天送到段某单位（电子产品检验所）请求测试，段某认为该电器公司产品质量一直不错，于是就顺手拿回了一台，准备来人用，谁想竟生故障。

问题：若段某起诉卡式炉制造公司（即某市电器公司），能否胜诉？为什么？

◉ **案情分析：**

段某不能胜诉。因为卡式炉的生产者并没有将其投入流通，还处在试验检测阶段，不需要承担责任。

（2）对销售者实行过失责任原则，即由于销售者的过错使产品存在缺陷，造成他人人身和财产损失的，销售者应当承担责任。在销售者不能指明缺陷产品的生产者，也不能指明缺陷产品的供货者时，即销售者不能证明自己无过错时，即推定其有过错而应承担责任，实际上是过错推定原则。

（3）生产者和销售者承担连带责任。因产品存在缺陷造成人身、他人财产损害的，受害人可以向产品的生产者要求赔偿，也可以向产品的销售者要求赔偿，即生产者和销售者承担连带责任。属于产品的生产者的责任，产品的销售者赔偿的，产品的销售者有权向产品的生产者追偿。属于产品的销售者的责任，产品的生产者赔偿的，产品的生产者有权向产品的销售者追偿。

案 例

◉ **案情介绍：**

甲公司制造了一缺陷产品，但主观上不知情，连同其他产品一并销售给乙公司。某日小偷丙将该产品窃回家中，在使用中该产品爆炸，造成丙右眼失明，丙向法院起诉甲公司，要求甲赔偿，后法院将乙公司追加为第三人参加起诉。在诉讼中甲公司认为，公司在制造产品中已尽了足够的注意，主观上无过错，不应承担责任。乙公司称丙为非法占有他人财产，不受法律保护。

问题：

1. 甲的主张能否成立，说明理由。
2. 乙的主张是否正确，说明理由。

◉ **案情分析：**

1. 不成立。甲公司制造了一缺陷产品，就是说也有质量好的产品，所以产品投入流通时的科学技术水平应该能发现缺陷的存在的。不符合产品责任法上生产者不承担责任的要求。依照法律的规定，生产者能够证明有下列情形之一的，不承担赔偿责任：(一) 未将产品投入流通的；(二) 产品投入流通时，引起损害的缺陷尚不存在的；(三) 将产品投入流通时的科学技术水平尚不能发现缺陷的存在的。

2. 正确。产品质量法保护的是消费者的合法权益，丙不是消费者。

2. 损害赔偿的范围

因产品存在缺陷造成受害人人身伤害的，侵害人应当赔偿医疗费、治疗期间的护理费、因误工减少的收入等费用；造成残疾的，还应当支付残疾者生活自助具费、生活补助费、残疾赔偿金以及由其扶养的人所必需的生活费等费用；造成受害人死亡的，并应当支付丧葬费、死亡赔偿金以及由死者生前扶养的人所必需的生活费等费用。

因产品存在缺陷造成受害人财产损失的，侵害人应当恢复原状或者折价赔偿。受害人因此遭受其他重大损失的，侵害人应当赔偿损失。

可见，产品质量法不仅规定了人身伤害的赔偿和财产损失的赔偿，还规定了精神损害赔偿。

3. 请求赔偿的时效限制

因产品存在缺陷造成损害要求赔偿的诉讼时效期间为二年，自当事人知道或者应当知道其权益受到损害时起计算。因产品存在缺陷造成损害要求赔偿的请求权，在造成损害的缺陷产品交付最初消费者满十年丧失；但是，尚未超过明示的安全使用期的除外。

可见，产品责任的诉讼时效是两年，排除时效为十年。

关键术语

产品责任法　产品　缺陷　设计缺陷　生产缺陷　警示缺陷　疏忽原则　违反担保原则　严格责任原则　《海牙公约》

本章小结

1. 产品责任是指产品的生产者和销售者对于因其制造或销售有缺陷的产品，致使该产品的购买者、使用者及第三人遭受人身伤害或财产损失，应当依法承担的侵权赔偿责任。

2. 产品的缺陷是指产品含有不合理的危险，不具备消费者期待的安全。它主要分为设计缺陷、生产缺陷、警示缺陷三种类型。

3. 美国的产品责任理论在世界上最具代表性，具体包括疏忽责任理论、担保责任理论和严格责任理论。

4. 欧盟《产品责任指令》对于欧盟各国的产品责任立法的统一有着重要的意义。《产品责任法律适用公约》的制定，对于解决各国之间法律冲突发挥着重要影响。

5. 中国的产品责任法主要是《产品质量法》。生产者承担的是严格责任，销售者承担的是过错责任。

自 测 题

一、判断题

1. 在以疏忽为理由提起诉讼时，原告与被告之间需要有直接的合同关系。（ ）
2. 严格责任是在产品责任诉讼中对保护原告最有利的原则。（ ）
3. 中国的产品责任法中销售者承担无过错责任。（ ）
4. 违反担保之诉是根据买卖合同提出的诉讼。（ ）
5.《关于产品责任的法律适用公约》规定产品包括天然产品和工业产品，无论是未加工的还是经过加工的，也无论是动产还是不动产。（ ）
6. 根据《关于产品责任的法律适用公约》规定，一在中国境内居住的中国公民因购买并使用一美国公司在中国境内销售的商品而受到伤害，该美国公司的主营业地虽在中国境内，但该中国公民与该美国公司的诉讼应适用美国法。（ ）

二、单项选择题

1. 下列各种学说中，不属于美国产品责任法的法学理论依据的是（ ）。

A. 疏忽说 B. 违反担保说 C. 违反条件说 D. 严格责任说

2. 欧盟《产品责任指令》对于产品缺陷的定义采用的标准是（ ）。

A. 主观标准 B. 客观标准
C. 主观为主，客观为辅的标准 D. 客观为主，主观为辅的标准

3. 依照中国产品质量法的规定，对销售者的产品责任采取的原则是（ ）。

A. 严格责任原则 B. 无过失责任原则
C. 公平责任原则 D. 过错推定原则

4. 根据美国产品责任法规定，以疏忽提起诉讼时，它是一种（ ）。

A. 违约之诉 B. 侵权之诉 C. 确认之诉 D. 合同之诉

5. 根据《关于产品责任的法律适用公约》规定，在产品责任诉讼的法律适用中，如果侵害地国家同时又是直接受害人的惯常居住地时，则应适用（ ）。

A. 被请求承担责任人的主营业地国家的法律
B. 直接受害人的惯常居住地国家的法律
C. 侵害地国家的国内法
D. 有关国际公约的规定

6. 在涉外产品责任诉讼中，按美国的冲突法规则，通常适用的法律是（ ）。

A. 损害发生地法 B. 对原告最为有利的地方的法律
C. 购买产品地法 D. 原告国籍国法

7. 就产品责任的归责原则而言，美国、欧盟以及我国产品质量法，都贯彻

了(　　)。

A. 过错责任原则
B. 无过错责任原则
C. 推定过错责任原则
D. 结果责任原则

三、多项选择题

1. 下列关于美国产品责任的诉讼依据的说法中，正确的是(　　)。

A. 以被告存在疏忽起诉不需要证明原被告之间存在合同关系

B. 原告以违反担保起诉必须证明与被告存在合同关系

C. 原告可以以违反条件而提起产品责任诉讼

D. 以严格责任提起诉讼是一种侵权行为之诉

E. 以严格责任起诉必须证明缺陷与损害之间有因果关系

2. 产品的缺陷包括(　　)。

A. 设计上的缺陷
B. 生产上的缺陷
C. 包装上的缺陷
D. 标签上的缺陷
E. 安全使用说明书的缺陷

3. 依照美国产品责任法的规定，以疏忽为理由提起诉讼时，原告可以举证()。

A. 被告没有对产品的危险性作出充分的说明

B. 被告没有尽到合理的注意义务

C. 被告在生产或销售该产品时违反了有关这种产品的广告、质量等法规

D. 产品设计有缺陷

E. 产品的缺陷不是原告造成的

4. 欧盟《产品责任指令》中产品不包括(　　)。

A. 初级农产品
B. 经过工业加工的产品
C. 狩猎品
D. 核产品
E. 机电产品

5. 欧盟《产品责任指令》中生产者包括(　　)。

A. 制成品的制造者

B. 任何原材料的生产者

C. 零部件的制造者

D. 任何将其名称、商标或其他标识列于产品上的准制造者

E. 任何进口某种产品在共同体内销售、出租、租赁，或在共同体内以任何形式经销该产品的人

6. 按照美国法院的判例，原告可以主张的损害主要包括(　　)。

A. 对人身伤害的损害赔偿
B. 财产损失的赔偿
C. 商业上的损失
D. 惩罚性的损害赔偿
E. 关于信誉的损害赔偿

7. 欧盟《产品责任指令》的主要内容有(　　)。

A. 采取无过失责任原则
B. 关于生产者的定义
C. 关于产品的定义
D. 关于缺陷的定义

E. 关于损害赔偿

8. 海牙公约规定对产品承担责任的主体包括（　　）。

A. 产品或部件的制造商

B. 天然产品的生产者

C. 产品的供应者

D. 在产品准备或销售等整个商业环节中的有关人员

E. 产品供应者的代理人

四、简答题

1. 什么是产品责任法?

2. 什么是产品缺陷？它有几种类型?

3. 美国产品责任法的严格责任原则的含义是什么?

4《关于产品责任的法律适用公约》对产品损害和责任主体是怎么规定的?

5. 我国产品责任法对生产者的产品责任是如何规定的?

五、案例分析题

自1942年至1984年去世，罗丝.西波伦太太每天抽1包至2包烟。1984年罗丝因患肺癌去世，其丈夫向联邦地区法院起诉利格特集团公司、罗瑞莱德公司和菲利普·莫里斯公司三家烟草行业的主要公司，要求他们就其妻子的死亡承担责任。西波伦先生主张的一个产品责任理论是违反了明示担保。有一个事实是无可争议的，那就是这三家烟草制造者都在多个媒体促销广告中保证、允诺或暗示抽烟是安全的。例如，Chesterfield牌的香烟广告就曾吹嘘医学专家证明在抽烟6个月后没有发现该香烟有害健康。同时Chesterfield牌香烟还通过广告宣称“由于制造商拥有奇特的电子技术使得该香烟对您有益且安全”。另一香烟品牌L & M则公然表示该香烟有神奇的过滤嘴，并声称是按照医嘱设计制造的。问题：

（1）本案中被告的广告宣传是否构成明示担保?

（2）西波伦太太是否信赖了被告的广告宣传?

第六章

代 理 法

学习目标

◉ **知识要点:**

1. 掌握代理的概念、代理权的产生、代理权的终止、无权代理
2. 掌握代理行为中三方当事人的关系，熟悉代理关系中三方当事人的义务
3. 了解承担特别责任的代理人
4. 了解我国的外贸代理制度

◉ **技能目标:**

本章主要讲述商事代理中的基本知识及我国法律的相关规定。通过学习，使学生初步掌握代理的基本概念和特征，代理权的产生与代理关系的终止，掌握代理中的三角关系，了解承担特别责任的代理人以及我国的外贸代理制度，以便在实践中能够趋利避害，熟练地加以运用。

导读案例

◉ **案例 1:**

2010 年香港 A 公司在巴西购买了 545 吨高压聚乙烯，同年 8 月运抵上海，委托上海的 B 公司代为提货并存放于保税区仓库中。2011 年 5 月 22 日至 6 月 2 日，A 公司先后通知 B 公司，其已经签发发货信给其客户 C 公司，如果该客户去提货，须付清货款或由 A 公司再次书面确认认可方可放货。6 月 6 日，该客户前来提货，在出示了保证付款的保函、进出口合同副本和要求提货的介绍信后，B 公司擅自放货。事后，该客户未付清货款，而货物的正本提单仍在 A 公司处。A 公司要求 B 公司偿付，遭到拒绝，遂向法院起诉。

问题:

1. A 公司和 B 公司之间是什么法律关系？在这种法律关系中，B 公司应该承担什么义务？

2. 你认为本案应该如何处理？

◉ **案情分析:**

1. A 公司委托上海的 B 公司代为提货并存放于保税区仓库中，并指示 B 公司要按照自己的指示放货，所以，A 公司和 B 公司之间是委托代理关系。在委托代理关系中，

B 公司应尽到服从和谨慎、忠实、报账、保密、亲自履行的义务等。

2. 在本案中，B 公司没有尽到服从和谨慎的义务。B 公司没有按 A 公司的指示，让客户付清货款或再次由 A 公司书面确认认可，就擅自做主放货，给 A 公司造成了损失，B 公司应当承担责任。B 公司承担责任后，可以向客户追讨。

◉ **案例 2：**

被告在利物浦经营一家珠宝店，由他的侄子负责打理，原告在伦敦经营。以前原告曾经送货物给被告的侄子，且这些货物都是经过被告授权购买的，因此，原告将货物算在被告的赊欠账目下，然后由被告支付货款。后来，被告的侄子逃匿来到伦敦，向原告要了一批货，声称是给被告购买的，而自己正好当天下午回利物浦，要求将货物顺便带回。于是原告就让被告的侄子将货物带走了。后来被告的侄子将货物据为己有。原告要求被告支付此批货物的货款，被告拒绝，原告起诉被告，要求被告承担支付货款的责任。

问题：法院是否应该判决被告支付原告的货款？为什么？

◉ **案情分析：**

被告应该支付这批货款。因为被告一直让其侄子打理利物浦的店铺，原告也一直是通过被告的侄子与被告打交道，被告的侄子以前曾经向原告订购货物，并要求送到利物浦，被告也曾经收到过这些货物，并支付了货款。这些足以构成被告的侄子是被告的代理人的证据，并且在被告侄子代理的权限之内，因此原告有充分的理由推断被告侄子是被告的代理人，被告也曾经安然享有其侄子的代理行为的成功并支付货款。被告以行为向原告声明其侄子是其代理人，被告就不得否认这种代理。因此，被告的侄子的行为属于表见代理，即不容否认的代理。

第一节　代理法概述

一、代理的概念和特征

（一）代理的概念

代理是指代理人按照本人的授权或法律规定，代表本人同第三人订立合同或为其他的法律行为，由此所产生的权利和义务直接对本人发生法律效力。

在代理制度中，涉及三方当事人：本人、代理人和第三人。本人即委托人，又称被代理人，是委托他人为自己从事某种民事行为的人；代理人就是受本人的委托代替本人实施民事行为的人；第三人又称相对人，泛指一切与代理人打交道的人。

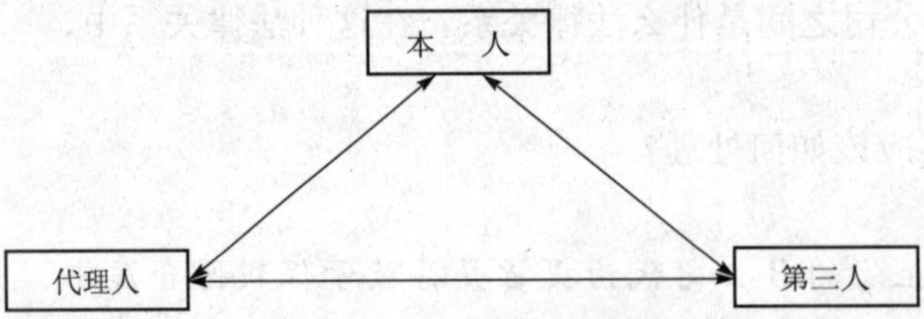

代理人在本人授权范围内行事，他的行为就对本人具有约束力，而代理人一般不对此承担个人责任。例如，代理人在其授权范围内同第三人签订合同之后，由此产生的法律后果由本人承担，本人和第三人履行合同；发生纠纷，也是由本人和第三人来解决。

案 例

◉ 案情介绍：

某家具厂生产了3 000把高档餐椅欲出售，该厂委托某外贸公司代其寻找客户并签订货物买卖合同。在家具厂和外贸公司签订的协议中约定：该餐椅的售价最低为120美元/把，按照合同标的额的10%向外贸公司支付报酬。后来，外贸公司代表家具厂与国外的一家餐馆签订了买卖餐椅的合同，每把餐椅的售价是135美元/把。

问题：家具厂和外贸公司之间是什么关系？买卖餐椅的合同当事人是谁？餐椅质量出现问题，谁来负责？

◉ 案情分析：

家具厂和外贸公司之间是委托代理关系。买卖餐椅的合同当事人应该是家具厂和国外的客户，家具厂是卖方，国外的客户是买方，外贸公司是代理人。外贸公司在选择客户，交易磋商中代表家具厂与国外客户签订完合同之后，由此产生的合同权利和义务应当由家具厂和国外客户来享有，代理人行使职权的所有后果都归属于被代理人，所以，如果餐椅质量有问题，应当由家具厂负责。

（二）代理的特征

1. 代理的根据是本人的授权或法律规定

在现代市场经济国家，商事代理绝大部分产生于本人的授权。同时，法律也赋予了某些人在特殊情况下可以不经本人的授权而获得代理人资格。例如：清算人对破产人的代理。

2. 代理人所实施的代理行为不得超越代理权限

本人利用代理人是为了增进自己的利益，代理人必须在代理权限内为本人的最大利益服务。如果代理人超越权限行事，就可能损害本人的利益。

3. 被代理人对代理人的代理行为承担民事责任

一般情况下，本人对代理人在代理权限内所做的代理行为承担所有的法律后果，即本人取得由此产生的权利，并承担由此产生的义务，而代理人不承担责任。

4. 代理行为在法律上具有可代理性

代理人的受托行为，在法律上应该是被允许代理的，是能形成法律上的权利和义务关系的行为。比如：签订合同、申请专利等。但对违法行为或法律禁止的行为不得代理。例如法律上规定某些具有严格人身性质的民事行为不得代理，本人需亲自为之，如婚姻登记、收养子女等。

第二节 代理权的产生与代理关系的终止

一、代理权的产生

代理权是代理关系的基础，是代理人以本人的名义与第三人进行交易的资格。代理权的产生原因，主要是本人的授权。对于代理权产生的原因，大陆法和英美法的规定各不相同，现分别介绍如下：

（一）大陆法

大陆法把代理权产生的原因分为两种：

1. 意定代理

意定代理又称委托代理，是由本人的意思表示产生的代理权。这种意思表示可以用口头方式，也可以用书面方式；可以向代理人表示，也可以向同代理人打交道的第三人表示。如《德国民法典》第 167 条规定："代理权的授予应向代理人或向代理人对其为代理行为的相对人的意思表示为之。"意定代理是代理关系中最常见、适用最广泛的一种代理方式。商事代理主要是意定代理。

2. 法定代理

法定代理是指直接按照法律规定而非由本人的意思表示而产生的代理权。具有这种代理权的人称为法定代理人。法定代理是大陆法系特有的类型，主要适用于无民事行为能力人或限制行为能力人。法定代理的产生主要有以下几种情况：

（1）根据法律的规定而享有代理权。如父母对未成年子女的代理权；

（2）根据法院的选任而取得代理权。如法院指定的法人清算人；

（3）因私人的选任而取得代理权。如亲属所选任的监护人及遗产管理人。

此外，公司法人本身是不能进行活动的，必须通过代理人来处理各种事务。公司法人的代理人就是公司的董事。公司董事是公司法人的第一位代理人，因为董事还有权指定另外的代理人。

（二）英美法

英美法认为，代理权可以经由下列原因而产生：

1. 明示授权

明示授权就是本人以口头或书面形式，明确地指定代理人及其代理权限的行为。代理的成立不需要特定的形式，口头或书面均可。即使代理人要用书面形式同第三人签订合同，本人仍然可以用口头形式授予代理权。这是英美法系国家商事代理产生最普遍、最基本的方式。

2. 默示授权

默示授权是指除明示授权外，本人使代理人有合理的根据相信自己有代理权的行为。本人以自己的言辞或行为使代理人有权以他的名义签订合同，本人就要受该合同约束，就像他明示地指定了代理人一样。

例如，某甲经常让某乙替他向某丙订购货物，并如数向丙支付货款。在这种情况下，乙便认为是具有默示授权。如果甲日后不让乙以他的名义订货，甲就必须通知乙，还必须通知丙，否则甲仍需向丙负责。

3. 不容否认的代理（表见代理）

不容否认的代理，又称表见代理，是指一个人以他的言词或行为使善意的第三人合理相信某人是其代理人，有权以他的名义签订合同，且该第三人已基于这种相信改变了自己的经济地位，他就要受该合同的约束，而不能事后否认某人是自己的代理人。这类似于大陆法系的表见代理。主要有三种情形：本人向第三人表示代理人有代理权，或代理人自己向第三人表示有代理权而本人没有反对；本人对代理人的权限有限制，但没有通知第三人；本人已撤回代理权或代理权限已经终止，但没有通知第三人。这一制度的主要目的是保护善意的第三人，维护市场交易安全。

案　例

◉ 案情介绍：

甲长期担任A公司的业务主管，在A公司有很大的代理权限。在甲的努力下，A公司生意兴隆，新老客户遍及世界。由于甲公司的董事长嫉妒甲的才能，无理解雇了甲。甲怀恨在心，于是在遭解雇一个月后，继续假冒A公司的名义从老客户B公司处骗得货物，逃之夭夭。B公司要求A公司付款，A公司则以甲假冒公司名义为由拒绝付款。B公司坚持认为在其与甲做生意期间，他并不知甲已被A公司解雇，并且也未收到关于A公司已解雇甲的任何通知，故B公司是不知情的善意第三人，A公司仍应对甲的无权代理行为负责。双方相持不下，对簿公堂。A公司要不要承担责任？

◉ 案情分析：

因为A公司（本人）已撤回甲的代理权，但没有通知B公司（第三人），B公司又是善意的，那么这就是不容否认的代理，A公司就要承担责任。

4. 客观必需的代理（Agency of Necessity）

客观必需的代理是在一个人受委托照管另一个人的财产，为了保护这种财产而必须采取某种行为时产生的。在这种情况下，虽然受托照管财产的人并没有得到此种行为的明示授权，但由于客观情况的需要必须视为具有此种授权。这种情况在国际贸易中时有发生。例如，承运人在紧急情况下，有权采取超出通常代理权限的行动来保护委托人的财产，比如，出售易于腐烂的货物，或有灭失可能的货物，有权抵押船舶以清偿为完成航次所必需的修理费用。

案　例

斯佩内格诉威斯特铁路公司案

原告斯佩内格委托被告威斯特铁路公司运送一批西红柿到A市，由于铁路工人罢工，西红柿被堵在半路上，眼看就要腐烂，铁路公司没有办法，只好就地卖掉。斯佩内格不满铁路公司未经自己同意就擅自处分自己财产的做法，向法院起诉了铁路公司。法院认为，这是客观必需的代理。西红柿如果不及时处理，会全部腐烂，为了保护托运人的利益，铁路公司必须这么做。

5. 追认的代理（Ratified Agency）

一般来说，代理人未经授权或超出代理权限，而以本人的名义同第三人订立合同，该合同对本人没有约束力，由代理人自己负责赔偿给第三人造成的损失。但是，本人如果愿意承担该法律行为的后果，在事后承认或批准这个合同，这种行为就叫做追认。追认的效果就是该合同对本人具有约束力，如同本人授权代理人替他签订了合同一样，即“追认等同于事前授权”。

案　例

◉ 案情介绍：

2011年7月，远达贸易公司将盖有本单位公章的空白合同书交给韩某，委托他购买建材。2011年8月10日，韩某用该空白合同书与佳丽服装厂签订了购买500套运动服的购销（买卖）合同，货款总额为26 500元，合同规定货到后15天内付款。韩某将签好的合同带回交给远达贸易公司经理，经理对此合同未置可否。2011年8月25日，佳丽服装厂将500套运动服如数运至远达贸易公司，远达贸易公司经验收后陆续出售。因付款期限已过，未见远达贸易公司付款，佳丽服装厂电话通知远达贸易公司支付货款，而该公司以韩某超越代理权限与佳丽服装厂签订合同为由拒付货款。佳丽服装厂因此诉至法院，要求远达贸易公司付款并承担违约责任。

问题：

1. 本案的责任方是谁？

2. 本案应如何处理？

◉ 案情分析：

1. 远达贸易公司应负违约责任。这是因为，韩某的代理行为本属于超越代理权限的行为，其与佳丽服装厂签订的合同应属于无效合同。但是，由于远达贸易公司在佳丽服装厂运到货物后，非但未予拒绝，反而验收后出售，实为追认了韩某的代理行为。由于越权代理经过被代理人追认，被代理人应承担民事责任，故远达贸易公司与佳丽服装厂的合同应为有效。远达贸易公司应认真履行合同，但是，远达易公司在货到后迟迟不交货款，构成违约，应承担违约责任。

2. 本案处理：远达贸易公司应付给佳丽服装厂货款26 500元以及逾期付款利息。

（三）中国法

中国法律依照代理权产生原因的不同将代理分为委托代理、法定代理和指定代理三种情况。

1. 委托代理是指依照被代理人的委托授权而产生的代理。

2. 法定代理是指依照法律的规定而产生的代理。

3. 指定代理是指由法院或相关单位指定代理人而产生的代理权。它实际上是法定代理的一种特殊形式。例如：某未成年人的父母死亡，其他法定代理人不愿担当代理职责，就可以由法院或该未成年人所在街道为其指定代理人。

二、无权代理

无权代理，是指欠缺代理权的人所作的代理行为。无权代理的产生主要有以下四种情况：

1. 未经授权的代理；
2. 授权行为无效的代理；
3. 越出授权范围行事的代理；
4. 代理权消灭后的代理。

根据各国法律的规定，无权代理所作的代理行为，例如，与第三人订立合同或处分财产等，非经本人的追认，对本人是没有约束力的。如果善意的第三人由于无权代理人的行为而遭受损失，则该无权代理人应对善意的第三人负责。这里所谓的“善意”，是指第三人不知道该代理人是无权代理而言的。如果第三人明知代理人没有代理权而与之订立合同，则属于咎由自取，法律不予以保护。

（一）大陆法的有关规定

关于无权代理的问题，大陆法各国基本上在民法典中作出规定。《德国民法典》与《日本民法典》都规定，无代理权人以他人名义订立合同者，非经本人追认不产生效力。《德国民法典》第177条与第178条规定，在发生无权代理的情况时，第三人可以催告本人表示是否追认，或者善意的第三人可以行使撤销权。如果本人加以追认，可以使无权代理转化为有权代理，发生与有权代理同样的法律后果。与本人享有追认权相对应，善意第三人在本人追认以前可以享有撤销权。第三人行使撤销权一旦向本人作出，本人不得再追认。

案　例

◉ 案情介绍：

古平机电公司聘用陈某采购BI型全自动洗衣机800台并颁发授权委托书。7月3日陈某以900元/台（总额72万元）与亚美商行签订购销合同。付款方式为合同签字后3天内亚美商行向古平机电公司预付20万元，古平机电收款后发货，余款在亚美验货后付清。7月6日，古平机电公司在收到亚美商行的20万元货款时表示陈某已无权代理该公司订立合同，此洗衣机购销合同对本公司无拘束力。由于古平机电对陈某的代理权不予追认，将收到的20万元退还给亚美商行，拒绝发货。

问题：这是不是无权代理？被代理人是否承担民事责任？

◉ 案情分析：

这不是无权代理，被代理人要承担民事责任。根据法律规定，公民、法人可以通过代理人实施民事法律行为。代理人在代理权限内，以被代理人的名义实施民事法律行为。被代理人对代理人的代理行为，承担民事责任。代理人是在代理没有终止的情况下签订的代理合同，所以是有效的代理行为，被代理人应当对代理行为承担民事责任。

关于无权代理人的责任，大陆法各国的法律规定并不完全相同。从原则上来说，无权代理人对第三人是否必须承担责任，主要取决于第三人是否知道该代理人有或者没有代理权。如果第三人不知道该代理人没有代理权而与之订立了合同，无权代理人就要对第三人承担责任；反之，如果第三人明知该代理人没有代理权而与之订立了合同，无权代理人就不负责任。

（二）英美法的规定

英美法把大陆法的无权代理称为：违反有代理授权的默示担保（Breach of Implied Warranty of Authority）。根据英美法的解释，当代理人与第三人订立合同时，代理人对第三人有一项默示的担保，即保证他是有代理权的。因此，当某人冒充是某人的代理人，但实际上并没有得到本人的授权，或者超出了他的授权范围行事，则与其订立合同的第三人就可以以其违反有代理权的默示担保对他提起诉讼。该冒牌的代理人或越权的代理人的行为不论是出于恶意还是出于善意，他都必须对第三人承担责任。

三、代理关系的终止

（一）代理关系的终止

代理关系的终止是指根据代理关系中双方当事人的协议，或行为表示以及某些法定事由的出现，致使代理权归于消灭。主要有两种情形：一种是根据当事人的行为；一种是根据法律。

1. 根据当事人的行为终止代理关系

代理关系可以根据当事人的行为而告终止。代理任务全面完成，代理关系消灭；如果双方当事人在代理合同中规定了期限，则代理关系于合同规定的期限届满时终止；如果代理合同中没有规定期限，当事人也可以通过双方的同意终止他们的代理关系。

至于本人是否可以单方面撤回代理权的问题，根据各国的法律规定，原则上允许本人在代理关系存续期间撤回代理权。

本人在终止代理关系时，必须事先给代理人以合理的时间的通知。如果本人在代理关系存续期间不适当地撤销代理关系，则本人必须赔偿代理人的损失，其中包括代理人的佣金损失或其他报酬。

（1）有些大陆法国家为了保护商业代理人的利益，在法律中规定，本人在终止代理合同时，必须在相当长的时间以前通知代理人。

（2）有些国家对本人单方面撤回代理权作出了一定的限制。根据英国和美国的判例，如果代理权的授予是与代理人的利益结合在一起时，本人就不能单方面撤回代理权。

例如：甲向乙借款若干，并指定乙为代理人替其收取房产租金，以清偿其欠款。在这种情况下，代理权的授予是同代理人的利益结合在一起，甲在其前款还清以前，不能单方面撤回乙的代理权。

2. 根据法律终止代理关系

根据各国的法律规定，在下列情况下，代理关系即告终止：

（1）本人死亡、破产或丧失行为能力。根据某些大陆法国家的规定，上述情况只适用于民事代理。商事代理不因本人的死亡或丧失行为能力而消灭。我国法律也规定，在本人死亡之后，代理人不知情而进行的代理，或在本人死亡之前已进行，而本人死亡后为了其继承人的利益继续完成的，代理行为仍然有效。

（2）本人取得或恢复民事行为能力。如果本人是无民事行为能力的未成年人或精神病人的，在其成年或精神恢复正常以后，即具备了民事行为能力，法定代理人或指定代理人的代理权终止。

（3）代理人的死亡、破产或丧失行为能力。根据各国法律规定，当代理人死亡、破产或丧失行为能力时，民事上的或商事上的代理均归于消灭。

（二）代理关系终止的后果

1. 当事人之间的后果

在代理关系终止之后，代理人就没有代理权，如果该代理人仍继续从事代理活动，即属于无权代理，本人与代理人之间的关系应根据前面介绍过的有关无权代理的法律规定办理。

有些大陆法国家为了保护商业代理人的利益，在商法中特别规定，在终止代理合同时，代理人对于他在代理期间为本人建立的商业信誉（商誉，Good Will），有权要求本人予以赔偿。因为在代理终止后，这种商业信誉为本人所享有。本人将从中得到好处，代理人将受到一定的损失，本人应给予补偿。

2. 对第三人的后果

当本人撤回代理权或终止代理合同时，对第三人是否有效，主要取决于第三人是否知情。根据各国的法律规定，当终止代理关系时，必须通知第三人才能对第三人发生效力。如果本人在终止代理合同时没有通知第三人，后者由于不知道这种情况而与代理人订立了合同，则该合同对本人仍具有约束力，本人对此仍然必须负责。但是本人有权要求代理人赔偿其损失。在这个问题上，大陆法系和英美法系的做法是一致的。

第三节 代理的法律关系

在代理关系中涉及三方当事人：本人、代理人和第三人。本人和代理人直接的关系称为代理的内部关系，本人和代理人对第三人的关系称为代理的外部关系。其中，内部关系是代理中基本的法律关系，是外部关系产生的前提和基础，而外部关系又是内部关系的目的和归属。如何正确处理这两种关系是一个非常重要的问题。

一、代理的内部关系

通常，代理人与被代理人之间的代理关系是通过订立代理合同或代理协议而产生的，并以此确定他们之间的权利和义务，以及代理人的权限和报酬。本人与代理人之间的关系，一般是合同关系，属于本人与代理人之间的内部关系。关于本人与代理人的权利与义务，在大陆法国家主要是在民商法典中规定的，在英美法国家则主要由判例法确定。但各国法律规定的基本内容是大致相同的。

（一）代理人的主要义务

1. 服从和谨慎的义务

代理人应服从本人的指示，在本人的授权范围内，竭尽全能来完成代理事务。代理人对本人委托的财产和事务有给予适当谨慎注意的义务，应勤勉地履行代理职责。如果代理人在替本人处理事务时有过失、疏忽，致使本人遭受损失，代理人应对本人的损失负责。

2. 亲自履行的义务

代理关系是一种信任关系，本人之所以委托特定代理人为自己服务，是基于对代理人的知识、技能和信用的信赖。因此在一般情况下，代理人必须亲自实施代理行为。除非经本人同意，或客观必需，代理人不得将代理实务委托给他人处理。

案 例

案情介绍：

2011年10月8日，原告某市画店请该市美术馆某画张家某为其作画。当时双方商定：被告在年内为原告作六幅国画，纸张、笔墨等由原告提供。第二天，原告将预付款3 000元及纸张笔墨等送交被告处。但由于被告正专心于超长山水画卷的创作，一直无暇为原告作画。2011年12月4日，被告应某国之邀出访。临行，将印章、纸墨等留给其一学生，要其代为作画六幅。该学生按老师的吩咐赶作国画六幅，于12月28日将画送到画店。但经该画店鉴定，发现这六幅国画不是被告所作。2012年1月4日，被告从国外归来后，画店经理来到被告处，与被告商量，要求重作，被告执意不肯，于是诉至法院。被告为原告作画的行为是否可以由其学生代理？

案情分析：

根据代理人对本人义务必须亲自履行、不得委托他人的规定，本案原、被告双方商定，由被告为原告画店作画，属于双方约定应当由被告本人实施的民事法律行为，这种民事法律行为的主体是特定的人，只能由行为人本人来实施，所以，被告为画店作画的行为不能由其学生代理。

3. 报账的义务

代理人有义务对一切代理交易保持正确的账目，并根据代理合同的规定或本人的要求向本人申报账目。代理人为本人收取的一切款项或其他财产全部移交给本人。

4. 保密的义务

代理人在代理协议有效期间或在代理协议终止以后，都不得把代理过程中得到的本人的个人秘密和商业秘密向第三者泄露，也不能利用这些秘密同本人进行不正当的业务竞争。但在代理合同终止后，除了双方同意的合理的贸易限制外，本人不得不合理地限制代理人使用代理期间获得的技术、经验和资料。

5. 忠实的义务

代理权的授予是本人对代理人的高度信任，因此，代理人在履行代理职责时，应当诚信忠实。这具体体现在以下几个方面：

（1）代理人必须向本人公开他所掌握的有关客户一切必要的情况，以便本人考虑是否同该客户订立合同。

（2）代理人不得以本人的名义同代理人自己签订合同，也不得同时兼为第三人的代理人从两边收取佣金，除非事先征得本人的同意。这种行为是对代理权的滥用。

（3）代理人不得受贿或密谋私利，或与第三人串通损害本人的利益。代理人不得谋取超出其本人除给他的佣金或报酬之外的任何私利。

（4）代理人应忠实地把代理过程中的一切真实重要的事实尽可能迅速地披露并通知本人，以便本人作出进一步的决策。

案　例

案情介绍：

甲委托乙代其出售他在原籍的三间房屋。乙接受委托，将上述房屋出卖给丙。丙与乙商谈的房价低于市场房价，丙明知价廉，乙也有意让丙占便宜。丙向乙表示：事成后愿赠他 1 000 元。由于甲不知当地售房的价格，又过于相信乙，同意出售，并委托乙代理签订房屋买卖合同。合同签订后，乙将丙所付售房价款汇给甲。丙买得该房后，将房屋拆除，准备翻建新房。房屋拆除后，甲从旁得知了丙与乙相互串通，故意压低房价，双方牟取非法利益的全部事实，便向人民法院提起诉讼，要求法院主持正义，制裁丙与乙的违法行为。他表示，房屋既已被拆除就算是卖了，但坚决要丙与乙赔偿他的损失。因丙将现金筹建了房屋，拿不出现款，乙较富裕，要求法院判令乙负责赔偿他的全部损失。

问题： 1. 乙代理甲出售房屋的行为是否有效？

2. 甲的损失应由谁赔偿？甲因丙拿不出现款，能否要求乙全部赔偿？

案情分析：

1. 甲委托乙代售三间房屋，乙接受委托，他们之间建立了委托代理关系。代理人在代理权限内实施民事法律行为，代替被代理人行使民事权利和承担民事义务，保护被代理人的合法民事权益。因此，代理人在行使代理权时，任何时候和任何情况下，都不允许利用代理权进行损害被代理人的活动。乙作为甲的代理人代其出售房屋时，违背代理制度的宗旨，竟与丙串通，故意压低房价，损害了被代理人的利益。因此，乙上述代理行为显然是无效民事行为。

2. 从本案情况看，房屋出售后已被丙拆除，不能恢复原状，在此情况下，甲经权衡后同意将乙代为售出的三间房屋仍出卖给丙，但这并不是说乙的代理行为有效，而是甲作为房屋所有权人对自己所有的房屋直接作出出售的意思表示。至于乙与丙在代理行为中恶意串通给甲造成的损失，甲要求乙和丙赔偿则是合法的，因为他们必须负连带责任。这里所说的代理关系中的连带责任，就是在代理关系的三方当事人中由其中的某两方当事人共同向另一方当事人承担民事责任，并且其中的任何一方当事人都负有承担全部责任的义务。在代理人和第三人串通的代理关系中，应由代理人与第三人共同向被代理人承担连带责任。本案代理人乙与第三人丙双方串通，故意压低房价，给被代理人甲造成损失，甲有权要求丙与乙共同赔偿。他们既然承担的是连带责任，甲以丙拿不出现款为由，只要求乙承担全部赔偿责任也是符合法律规定的。

（二）本人的义务

本人的义务有三项：支付佣金、偿还必要债务、让代理人核查账册。

1. 支付佣金

本人必须按照代理合同的约定付给代理人佣金或其他报酬，这是本人最主要的一项义务。在签订代理合同时，必须注意以下两点：

（1）本人不经代理人的介绍，直接从代理人代理的地区内收到订单，直接同第三人订立买卖合同时，是否仍须对代理人照付佣金；

（2）代理人所介绍的买主日后连续订货时，是否应须支付佣金。

2. 偿还代理人因履行代理义务而产生的债务

一般来说，除合同规定外，代理人履行代理职责所开支的费用是不能向本人要求偿还的，因为这是属于代理人的正常业务开支。但是，如果他因执行本人指示的任务而支出了费用或遭到损失，则有权要求本人偿付。例如，代理人按照本人的指示在当地法院对违约的客户进行诉讼所遭受的损失或支出的费用，本人必须予以偿付。

3. 有义务让代理人检查核对其账册

在代理关系中，代理人所获得的报酬往往是根据其代理行为所产生的效益来确定的，因此代理人有权要求查对本人的账目。这主要是大陆法系国家的规定。有些大陆法国家明确规定代理人有权查账以便核对本人支付的佣金是否准确无误。

二、代理的外部关系

代理的外部关系是指被代理人、代理人与第三人之间的关系。外部关系是一种三角关系，其中既有本人与第三人的关系，也有代理人与第三人的关系。按照代理法的一般原则，代理人代替本人同第三人签订合同或作其他法律行为的，合同一经订立，其权利义务归属于本人，应由本人直接对第三人负责，代理人不再承担个人责任。但实际情况远非如此简单，特别是本人和代理人与第三人的关系错综复杂。由于代理合同只是本人和代理人的内部约定，第三人不清楚其具体内容。如果本人对代理人的权限有限制，或者代理合同因某些原则无效或被撤销，代理人和第三人之间的合同是否有效？是否对本人有效？如果代理人没有代理权同第三人签订合同，究竟谁来对合同负责？这些都直接关系到第三人的利益。对第三人而言，最重要的是弄清楚他究竟是同本人还是代理人签订了合同。

（一）本人与第三人的关系

在确定第三人究竟是与代理人还是与本人订立了合同的问题时，大陆法系和英美法系的标准稍有不同。

1. 大陆法

大陆法所采取的标准是看代理人是以代表的身份与第三人订立合同，还是以他自己个人的身份与第三人订立合同。

基于上述标准，大陆法把代理分为两种：直接代理和间接代理。

（1）直接代理

直接代理是代理人在代理期间内，以本人的名义同第三人订立合同的代理行为。由直接代理达成的合同，合同的双方当事人是第三人与本人，合同的权利和义务直接归属于本人，由本人对第三人负责，而代理人对第三人不承担合同责任。在这种情况下，代理人必须指明本人的姓名，也可以不指出本人的姓名，而仅仅声明他是受人委托进行交易的。

（2）间接代理

间接代理是指代理人有代理权，而以自己的名义同第三人订立合同的代理。由间接代理达成的合同，合同的双方当事人是第三人与代理人，合同的权利和义务直接归属于代理人，由代理人对第三人负责，而本人不对第三人承担合同责任。在这种情况下，这个合同经代理人让与后，本人才取代代理人在合同中的地位，承担相应的权利和义务。

如果代理人无代理权，而以本人的名义同第三人订立合同，第三人不能要求本人负合同责任。

2. 英美法

英美法与大陆法不同，英美法没有直接代理与间接代理的概念。对于第三人究竟是与代理人还是本人订立合同的问题，英美法的标准是，对第三人而言，究竟是谁应当对该合同承担义务，即采取所谓义务标准。按照这个标准，区分三种不同的情况：

（1）显名代理

显名代理是指代理人在与第三人订约时具体指出本人的姓名或名称。在这种情况下，这个合同就是本人和第三人之间的合同，本人应对合同负责，代理人不承担个人责任。代理人在签订合同后，即退居合同之外，不再承担任何权利和义务。同大陆法系一样，如果代理人无代理权，而以本人的名义同第三人订立合同，本人不需要对该合同负责。

（2）隐名代理

隐名代理是指代理人为代理行为时，表明自己的代理身份，但不指出本人的姓名或名称。在这种情况下，本人的法律地位与显名代理中的情形完全相同。这两种代理相当于大陆法中的直接代理。

（3）未披露的代理

未披露的代理是指代理人事实上有代理权但他在订约时不披露代理关系的存在，既未指出本人的姓名或名称，也未表明自己的代理身份。在这种情况下，代理人应当对合同负责。因为他根本没有披露自己的代理身份，实际上就把自己置于本人的地位同第三人签订合同，所以代理人要承担责任。这相当于大陆法中的间接代理。但是与间接代理不同的是，英美法赋予本人介入权，同时赋予第三人选择权。本人可以直接向第三人要求其在合同中的当事人的地位，使自己对第三人承担责任；而第三人发现了本人之后，可以选择本人或代理人作为合同的当事人，但这种选择行为不能撤销。

案　例

◉ **案情介绍：**

和美公司在英国的购货代理人与英国的嘉义公司洽商，为和美公司购买一批化工原料。但该代理人未向嘉义公司表明自己的代理人身份，并且以自己的名义与嘉义公司签订了购货合同，后来，嘉义公司违约，不能提供该批货物。

问题：

1. 和美公司能否直接起诉嘉义公司？为什么？
2. 大陆法系的国家的代理法对此是怎么规定的？

◉ **案情分析：**

1. 可以。根据英美法系的代理法的规定，这属于未披露的代理。这种情况下，英美法赋予本人介入权。本人可以直接向第三人要求其在合同中的当事人的地位，使自己对第三人承担责任。

2. 这在大陆法系称之为间接代理。由间接代理达成的合同，合同的双方当事人是第三人与代理人，合同的权利和义务直接归属于代理人，由代理人对第三人负责，而本人不对第三人承担合同责任。在这种情况下，这个合同经代理人让与后，本人才取代代理人在合同中的地位，承担相应的权利和义务。

（二）代理人和第三人的关系

一般来讲，代理人依照本人的授权或法律规定从事代理行为，效力直接及于本人，代理人不对第三人承担责任。但在某些特殊情况下，代理人必须单独或与本人一起向第三人负责。在本人依照上述原则不负责任时，代理人必须单独向第三人承担责任。主要情形如下：

1. 代理人未获得授权或无法定代理权。

代理人在行使代理权时，对第三人负有两种默示担保义务：一是代理人有合法、真实的代理权；二是本人具有相应的民事能力和履行能力。在代理人未获得授权或无法定代理权的情况下，代理人如果以本人的名义同第三人签订合同，且第三人没有过错（不知情），则由冒名的代理人对第三人负责。如果第三人知道或理应知道代理人代理人未获得授权或无法定代理权而从事代理行为，代理人不承担责任。

2. 代理人以明示或暗示的方式同意对合同负责。

在和多国际商事活动中，具有合法代理权的代理人为得到客户的合约，常以明示或暗示的方式向第三人作出担保，同意其单独或同本人一起对合同负责。只要不存在误解、欺诈或胁迫等情形，代理人的这种意思表示就有约束力。

3. 被代理人是虚构的或无行为能力人。

4. 在合伙关系中，合伙人互为代理人，对第三人负连带责任。

5. 行业中存在代理人对合同负责的商业惯例或习惯。

如果代理人知道或理应知道该惯例或习惯存在，且在订立合同时又未明确排除这种责任，代理人就要承担责任。

第四节 承担特别责任的代理人

如上所述，在通常情况下，代理人在授权范围内与第三人订立合同之后，就退居合同之外，他对第三人不承担个人的责任，即使第三人不履行合同，代理人对被代理人也不承担个人的责任。这是各国代理制度的一般规定。但是，各国的法律或国际惯例也承认与规定，某些代理人在一定的条件下，必须对被代理人与第三人负责。这种代理人称为承担特别责任的代理人。这些代理人活跃在国际商事交易的各个领域，发挥着十分重要的作用。由于在国际商事交易中，本人与第三人分处两国，他们对彼此的资信能力和经营状况都不太了解，而对常有来往的代理人则比较熟悉。他们订立合同很大程度上是由于双方对代理人的信任，所以，他们有时会要求代理人对他们承担个人责任，以保障交易的安全。

这种承担特别责任的代理人一般具有专业、资信、商誉等方面的独特优势。承担特别责任的代理人分为两大类：第一类是对被代理人或本人承担特别责任的代理人，如信用担保代理人；第二类是对第三人承担特别责任的代理人，如保付代理人、运输代理人、保险经纪人和对商业跟单信用证加以保兑的保兑行等。

一、对被代理人或本人承担特别责任的代理人

1. 信用担保代理人

在西方，有一种对本人承担特别责任的代理人，称为信用担保代理人。信用担保代理人作为国内卖方（本人）的代理人，在他所介绍的国外买方（第三人）不付货款时，由他赔偿本人因此所遭受的损失。这种代理方式产生于中世纪的意大利，好处是可以避免因买方资信问题所带来的违约风险。由于委托人对国外市场情况了解不多，无法判断代理人所在地区的买方的资信是否可靠，而且由于竞争的激烈，往往要用赊销的方式销售货物，一旦买方破产或赖账，本人就会遭受重大损失。如果代理人愿意为国外的买方保付，本人就可以避免这种风险。同时，由于代理人承担了信用担保责任，他就不会因为贪图佣金而忽视对第三人的资信能力的审查。

这种代理人的责任仅限于，在他所介绍的买方，即第三人不付货款时，由他赔偿委托人即本人因此而遭受的损失。如果是因为本人没有如约履行，致使第三人拒付，则代理人不承担责任。

信用担保制度在西方国家的出口贸易中曾经起过一定的作用，但是现在已经被逐步淘汰。现在各国政府纷纷设立出口信贷保险机构，专门办理承担国外买方无清偿能力的保险业务。

2. 出口保理人

出口保理人是在信用担保代理人的基础上发展起来的，是一种向出口商（本人）提供一套包括卖方资信调查、全额的风险担保、催讨货款、财务管理及融通资金等综合

性的代理服务的代理人。

在国际保理业务中，出口商在与国外进口商订立合同前，必须先与保理人联系，将准备订约的进口商名称和地址告知保理人，在得到出口保理人认可并签订保理协议之后，方可在保理协议规定的限度内与进口商签订买卖合同。买卖合同签订后，出口商应按照合同的约定提交货物，并向保理人提交发票、汇票等凭证，再由保理人在进口地的分支机构向进口商催交货款。如果进口商不按时付款或拒付，保理人负责追偿和索赔，并按照保理协议向本人支付赔款。

二、对第三人承担特别责任的代理人

1. 运输代理人（Forwarding Agent）

运输代理人是按照货主的委托，以自己的名义向承运人办理货物运输的人。在国际贸易中，运输代理人起着重要的作用。他们精通海陆空运输知识，了解经常变化的国内外海关手续、运费、海港与机场的习惯及业务做法。

根据有些国家运输行业的惯例，如果运输代理人接受客户（本人）的委托，向轮船公司订舱位，那么，他们自己就必须向轮船公司（第三人）负责。如果客户届时未装运货物，使轮船空舱航行，代理人需支付空舱费，之后可要求客户赔偿。

2. 保险经纪人（Insurance Broker）

保险经纪人是指受投保人委托同保险人签订运输保险合同，办理投保手续，代交保险费或代为索赔等的代理人。

在国际贸易中，根据保险行业的惯例，进口人或出口人在投保货物运输保险时，一般不能直接与保险人（保险公司）订立保险合同，而必须委托保险经纪人代为办理。根据有些国家，例如，英国海上保险法规定，凡是海上保险合同由经纪人替被保险人（即本人）签订时，经纪人必须对保险人（第三人）与保险费直接负责。而保险人则对被保险人的保险金额直接负责。根据这一规定，如果被保险人不缴纳保险费，经纪人直接对保险人负责交纳保险费；如果保险标的物因承保范围内的风险发生损失，则由保险人直接赔付被保险人。但根据保险行业的惯例，经纪人的佣金是由保险人（第三人）支付的，而在其他行业中，经纪人的佣金是由委托人（本人）支付的。

3. 保付代理人（Confirming Agent）

保付代理人在一些发达的市场经济国家很常见，其业务是代表国外买方（本人）向本国的卖方（第三人）订货，并在国外买方的订单上加上保付代理人自己的保证，由他担保国外的买方将履行合同。如果国外的买方不履行合同或拒绝付款，保付代理人就负责向本国的卖方支付货款。在英国，这种代理人是由英国出口商协会的出口商担任的，所以又称为出口商行或保付商行。

保付代理人通常发生两方面的法律关系：一方面是与国外委托他购货的买方间的关系，这是本人和代理人的代理关系；另一方面是与本国的卖方间的关系，这是代理人和第三人的担保关系，即保付代理人以代理人的身份为国外的买方同国内卖方签订购货合同，同时加上代理人自己的保证，对本国的卖方（第三人）承担支付货款的责任。

保付商行的经济作用在于解脱本国卖方在国际贸易中可能遭遇的风险，使本国卖方不必顾虑国外买方的资信能力而接受订单。保付商行与信用担保代理人既有相同之处，也有不同之处。相同之处是，在两种情况下，都起着代理人和担保的作用；不同之处是，保付商行对第三人承担责任，而信用担保人则对本人承担责任。

4. 保兑银行（Confirming Bank）

保兑银行是应商业跟单信用证开证行的请求对其开出的不可撤销信用证再加保兑的银行。在国际贸易中普遍使用商业跟单信用证的方式支付货款。在采用这种支付方法时，卖方有时对外国某些开立信用证的中小银行不太放心，为了保证收款安全，往往通过买方要求开证银行对他开具的不可撤销的信用证（Irrevocable Letter of Credit）取得其他银行的保兑。信用证一经保兑，出口商便获得了开证行和保兑行的双重保证，大大增加了自己的收汇安全。具体做法是：由国外的买方通过进口地的银行（本人）向出口地的保兑银行（代理行）开出一份不可撤销的信用证，委托该出口地的代理行对其不可撤销的信用证加以保兑，即在其上加上“保兑”字样，并将该信用证通知卖方（第三人，银行称之为受益人）。卖方只要提交信用证所要求的单据，就可以向出口地的保兑银行要求支付货款。

在这种法律关系中，开证行是委托人（本人），保兑行是代理人，卖方是受益人（第三人）。由于作为代理人的保兑行在开证行的不可撤销的信用证上加上了自己的保证，这样，就必须对第三人承担责任。这种责任是第一位的，即第三人不必先向开证行要求付款，而先向保兑行要求付款；保兑行支付之后，即使开证行无理拒付或倒闭，都不能向第三人追偿。

上述各种承担特别责任的代理人的制度在国际商事交易中具有重要的意义。这是为了适应当代经济生活的需要，特别是为了适应国际贸易发展的需要而出现的一种新的代理概念。这种新的代理概念将会得到进一步发展，更加保护第三人的利益。

第五节 中国的代理法与外贸代理制

一、中国的代理法律制度

中国至今还没有代理法。有关代理的规定主要见之于《民法通则》第四章第二节，其中规定了代理的类型、代理的产生和消灭等，它确定了中国代理制度的基本原则和框架。

但是《民法通则》有关代理的规定基本上属于直接代理，不能完全适应于中国的外贸代理制。1993 年颁布的《中华人民共和国合同法》进一步完善了《民法通则》中的代理制度。《合同法》第 402 条和第 403 条针对中国外贸代理制的特殊情况作出了新的规定。

总体来说，中国法律对商事代理的立法还不够完善，在实践中很多复杂的代理情形还找不到充分的法律依据，还有待于立法的进一步完善。

二、中国的外贸代理制

推行外贸代理制是党的十三大提出的外贸体制改革的重要内容之一。所谓外贸代理制，就是由中国的外贸公司充当国内用户与供货部门的代理人，代表其签订进出口合同，收取一定的佣金或手续费的制度。

这项改革的好处主要是：它有利于国内供货部门了解国际市场对产品的要求，促使其提高出口产品的质量，增强其竞争能力与出口创汇能力，增强国内生产供货部门对履行出口合同的责任感；促使其改善经营管理，提高经济效益；同时还可以减轻外贸公司在收购出口货源方面的财务负担，并使外贸公司的经营方式更加灵活多样。

（一）外贸代理的基本做法

1. 代理出口

在出口方面，由外贸公司接受国内供货部门的委托，以外贸公司自己的名义作为卖方，与国外买主签订出口合同，收取约定的佣金。

在采用这种做法时，由于外贸公司不是以被代理人（国内供货部门）的名义，而是以外贸公司自身的名义对外签订出口合同，外贸公司作为出口合同的卖方，就必须对出口合同承担责任。因此，即使由于国内供货部门未能按时、按质、按量提供货源，致使外贸公司不能履行其对外签订的出口合同，但外贸公司作为出口合同的卖方仍然要对外承担责任。国外的买主也只能向外贸公司索赔，而不能越过外贸公司向国内供货商索赔，因为国内供货商并不是合同的另一方当事人，他们同国外买主没有直接的合同关系。至于外贸公司和国内供货商之间的关系，则只能通过他们之间签订的委托代理合同来解决。

2. 代理进口

在进口方面，由外贸公司接受国内用货部门的委托，以外贸公司自己的名义作为买方，与国外卖方签订进口合同，收取约定的佣金或手续费。

在采用这种做法时，由于外贸公司不是以被代理人（国内用货部门）的名义，而是以外贸公司自身的名义对外签订进口合同，外贸公司作为进口合同的买方，必须对进口合同承担责任。如果国外的卖方违约，只能由外贸公司作为合同的买方对外交涉索赔；如果国内购货部门违约，例如无理拒付或失去偿还能力，外贸公司作为进口买方，仍须根据进口合同的规定向国外卖方负责。至于外贸公司和国内购货商之间的关系，同样只能通过他们之间签订的委托代理合同来解决。

案　例

◉ 案情介绍：

中国某印刷纸盒厂委托某文体公司向美国某纸张总汇购买白纸，印刷纸盒厂按总货款的 40% 分两次向美方支付定金 391 万元。后货物进口到港口时，由于市场价高于合同价，美方将纸张出售。

文体公司解除了与美方的买卖合同，收回定金及利息 462 万元，并将此款全部退给了纸盒厂。后来纸盒厂以文体公司不履行合同，给该厂造成巨大经济损失为由将文体公司告上法庭，要求文体公司双倍返还定金及利息。

问：该案应如何处理？

◉ **案情分析：**

文体公司作为国际买卖合同的买方，必须对进口合同承担责任。当美方违约时，文体公司已经与其解除了合同，并将追回的损失交给了国内的纸盒厂。文体公司与国内纸盒厂的矛盾，可以通过双方签订的委托合同来处理。

（二）外贸公司的责任

上述两种情况都有一个共同之处，即外贸公司接受无外贸经营权的企业的委托，以外贸公司自己的名义，作为买卖合同的一方同外商签订进出口合同。外贸公司在合同中所处的地位就不是处于代理人的地位，而是合同当事人的地位。

案　例

◉ **案情介绍：**

2011 年，我国某一外贸公司接受国内一家服装的委托，以外贸公司自己的名义同国外某家公司签订进口合同。但由于国外公司未能按时提供货源，使该服装厂空出的生产线遭受损失，该服装厂要求外贸公司按合同赔偿，外贸公司以货物是国外公司提供为由拒不赔偿。外贸公司应不应该赔偿损失？

◉ **案情分析：**

外贸公司应该赔偿损失，但只能根据进口合同以买方的名义对外交涉索赔。因为外贸公司接受国内服装厂的委托，以外贸公司自己的名义作为买方，同国外卖方签订进口合同。在这种做法中，外贸公司不是以被代理人的名义，而是以外贸公司自身的名义对外签订进口合同，外贸公司作为进口合同的买方，必须对进口合同承担责任。

（三）合同法的有关规定

中国新合同法的实施从法律上对中国的外贸代理制作了完善与发展，解决了外贸代理制现存的许多难题，是对《民法通则》的重要补充，具有突出意义。

1. 关于行纪合同的规定

《合同法》第 22 章用 10 个条款专门对行纪合同作了规定。行纪合同是指“行纪人以自己的名义为委托人从事贸易活动，委托人支付报酬的合同”。行纪人要按照委托人的指示，妥善处理委托事务，并负有妥善保管、合理处分、转交财产以及报告委托事务处理情况的义务。行纪人有权收取费用，在一定条件下，提存委托物或对委托物行使留置权。对此，我国合同法有了比较全面的规定，无疑为积极采用这一独特的商业代理方式创造了有利条件。但是合同法对于如何解决因为委托人的原因造成行纪人对外承担赔偿责任的问题并未作出规定，因此，在国际贸易中使用行纪制度的外贸公司有时要承担较大的风险。

2. 关于“部分披露本人”代理制的规定

《合同法》第 402 条对此作了专门规定。该条规定：“受托人以自己的名义，在委托人的授权范围内与第三人订立的合同，第三人在订立合同时知道受托人与委托人之间的代理关系的，该合同直接约束委托人和第三人，但有确切证据证明该合同只约束受托人和第三人的除外。”

在实践中，这一条款对外贸公司有很大意义。国内的委托企业往往是先与外方当事人谈判合同的条件，然后找外贸公司，委托外贸公司对外签订进出口合同。在这种情况下，外贸公司只要：（1）在委托人授权范围内行事，即依据与委托人签订的协议行事；（2）订约时，向外商声明自己是代理人或说明与国内客户存在委托关系；（3）外贸公司以自己的名义与外商订立合同；（4）合同的权利和义务由国内客户和外方直接享有。满足上述条件的外贸代理合同，直接约束委托方和第三人，外贸公司不承担责任。外方当事人清楚地知道外贸公司只是国内企业的外贸代理人，当外贸公司完成委托事务后，如果双方当事人产生纠纷，根据《合同法》第402条的规定，委托人或第三人一般应直接进行协商或提起诉讼、仲裁，外贸公司可以此作为抗辩理由，不再承担合同责任。

案　例

◉ 案情介绍：

某外贸公司受国内用户委托，以本公司名义与国外一公司签订一项进口某种商品的合同，支付条件为“即期付款交单”。在履行合同时，卖方未经该公司同意，就直接将货物连同单据都交给了国内用户，但该国内用户在收到货物后由于财务困难，无力支付货款。在这种情况下，国外卖方认为，我外贸公司作为合同的买方，根据买卖合同的支付条款，要求我公司支付货款。

问题：外贸公司是否有义务支付货款？

◉ 案情分析：

外贸公司没有义务支付货款。外贸公司虽然以自己的名义与国外客户签订合同，但是国外客户清楚地知道外贸公司只是国内企业的外贸代理人，该合同直接约束委托人和第三人，也就是国内用户与国外卖方。外贸公司不再承担合同责任。

但是该条有一项例外规定，如果有确切证据证明该合同只约束受托人（外贸公司）和第三人（外商）时，则合同的权利和义务就不能约束委托方（国内客户）。这通常指外贸公司不愿意国内委托人出面，自愿表示合同只约束自己的情况。

3. 对未披露本人的代理的规定

根据《合同法》第403条规定，当受托人以自己的名义与第三人订立合同时，第三人不知道受托人与委托人之间的代理关系的时，后果分为以下几种情况：

（1）受托人因第三人的原因对委托人不履行义务，即受托人对于未能履行合同义务没有过错时，受托人应当向委托人披露第三人，委托人因此可以行使受托人对第三人的权利，即行使介入权，直接同第三人交涉，直至提起诉讼或仲裁，代理人可以从中退出；但第三人与受托人订立合同时如果知道该委托人就不会订立合同的话，则委托人不能直接对第三人行使权利。这是为了合理地保护第三人的利益，实际是给代理人规定的一项义务。

（2）受托人因委托人的原因对第三人不履行义务，受托人应当向第三人披露委托人。在这种情况下，第三人拥有选择权，可以选择受托人主张权利，或者选择委托人主张权利。但是，第三人一旦做出了选择，就不得变更选定的相对人。例如，一旦他选择受托人主张权利，那么即使他在对受托人的诉讼中败诉，他也不能重新对委托人提起诉讼。

根据此规定，构成未披露本人的代理应具备以下要件：(1) 被代理人与代理人之间存在委托关系，代理人按照委托人的指示处理委托事务；(2) 订约时代理人不披露自己的代理身份，即第三人不知道代理人与他人存在委托关系；(3) 一旦出现第三人违约，或者因为委托人的原因造成代理人对第三人违约，则代理人要立即向双方披露其身份；(4) 被代理人和第三人可行使介入权或选择权。

可以看出，我国《合同法》的这一规定在很大程度上借鉴了英美中有关未披露本人的代理的法律制度。

关键术语

法定代理　意定代理　追认代理　客观必需的代理　无权代理　承担特别责任的代理人　外贸代理制

本章小结

1. 代理制度时商品经济高度发展的产物。代理是指代理人按照被代理人的授权或法律规定，代表被代理人与第三人订立合同或为其他的法律行为，由此所产生的权利和义务直接对被代理人发生效力。

2. 代理权的产生的方式、无权代理、代理权终止的事由，大陆法系、英美法系从不同的角度加以规范。

3. 代理关系是一种三角关系。在代理关系中，包括三个方面的法律关系：本人于代理人之间的法律关系、代理人与第三人之间的法律关系、本人与第三人之间的法律关系。

4. 关于代理人和被代理人的义务，大陆法系和英美法系的规定基本上一致。

5. 在国际商事代理中，存在着承担特别责任的代理人。根据其服务对象不同，分为对本人承担特别责任的代理人和对第三人承担特别责任的代理人两类。

6. 中国《民法通则》第四章第二节对代理制度作了规定。但是《民法通则》有关代理的规定基本上属于直接代理，不能完全适应于中国的外贸代理制。《合同法》第402条和第403条针对中国外贸代理制的特殊情况作出了新的规定。

自测题

一、判断题

1. 本人与代理人之间的内部关系是代理关系中基本的法律关系。　(　)

2. 在英美法系中，第三人一经发现未被披露的本人，既能向本人要求承担义务，也能对代理人起诉。（ ）

3. 本人在终止代理关系时，必须事先通知第三人。（ ）

4. 代理人可以把他的代理权转委托给其他人代理。（ ）

5. 根据我国外贸代理制的有关规定，代理进出口业务的外贸公司，在代理业务中不得以外贸公司自己的名义与外商订立合同。（ ）

6. 在代理合同中，即使代理人接受了贿赂，本人有权向代理人索还，但无权不经事先通知而解除代理关系。（ ）

二、单项选择题

1. 英美法系把大陆法系上的无权代理称为（ ）。

A. 默示代理　B. 表见代理

C. 违反有担保权的默示担保　D. 隐名代理

2. 按照大陆法系对代理的分类，如果代理人以他自己的名义，但是是为了本人的利益与第三人签订合同，日后再将其权利和义务通过另一个合同转移给本人的，称为（ ）。

A. 直接代理　B. 间接代理　C. 信用代理　D. 居间代理

3. 下列代理人中，对第三人不承担特别责任的代理人是（ ）。

A. 运输代理人　B. 保险代理人　C. 信用担保代理人　D. 行纪代理人

4. 公司法人的各项业务活动必须通过代理人来处理，一般被认为是公司第一位代理人的是（ ）。

A. 董事　B. 股东　C. 总经理　D. 会计

5. 在国际贸易中，根据保险业的惯例，进口人或出口人在投保货物运输保险时，办理的程序是（ ）。

A. 委托运输合同的另一方当事人

B. 直接同保险公司签订

C. 必须委托保险经纪人代为办理

D. 不需要委托保险经纪人代为办理

6. 根据英美代理制度的规定，代理人在订立合同时已经指出本人的姓名时，那么该合同权利义务的承担人是（ ）。

A. 代理人　B. 本人

C. 代理人和第三人　D. 代理人和本人

7. 我国《民法通则》规定的代理种类是（ ）。

A. 直接代理　B. 间接代理　C. 明示的授权　D. 默示的授权

8. 大陆法的代理权产生的原因中，基于本人的意思表示而产生的是（ ）。

A. 意定代理　B. 法定代理　C. 明示的指定　D. 默示的授权

9. 按英国代理法代理权产生的原因规定，如果一个人以他的言辞或行为使另一个人有权以他的名义签订合同，他就受该合同的拘束，就像他明示地指定了代理人一样，这种代理称为（ ）。

A. 明示的指定　B. 默示的授权　C. 客观必需的代理　D. 追认的代理

三、多项选择题

1. 代理人对被代理人的义务有（　　）。

A. 严守商业秘密　B. 向本人及时申报账目

C. 随时听从被代理人的指示　D. 亲自完成委托事项，不得转委托

2. 英美法系认为代理产生的原因有（　　）。

A. 明示的指定　B. 默示的授权　C. 客观必需的代理

D. 国家授权　E. 追认的代理

3. 大陆法系把代理分为（　　）。

A. 直接代理　B. 意定代理　C. 法定代理

D. 追认代理　E. 间接代理

4. 我国外贸代理的基本做法是（　　）。

A. 代理风险　B. 代理出口　C. 意定代理

D. 代理进口　E. 客观必需的代理

5. 在国际贸易中，代理人有很多种，包括（　　）。

A. 普通代理人　B. 经纪人　C. 运输代理人

D. 保险代理人　E. 广告代理人

6. 大陆法系把代理权产生的原因分为（　　）。

A. 明示的代理　B. 默示的授权　C. 追认的代理

D. 意定代理　E. 法定代理

7. 英美法中对无权代理的追认必须遵守的原则是（　　）。

A. 无权代理人在订立合同时向第三人声明自己是代理人

B. 追认合同的人在代理人订立合同时必须具有缔约能力

C. 被代理人在追认合同时充分了解合同的主要内容

D. 无权代理人在订立合同时不必向第三人声明自己是代理人

E. 被代理人在追认合同时不必充分了解合同的主要内容

8. 下列属于无权代理产生的原因是（　　）。

A. 默示授权

B. 不具备默示授权条件的代理

C. 授权行为无效的代理

D. 越出授权范围行事的代理

E. 代理权消灭后的代理

四、简答题

1. 简述大陆法系法定代理权的产生情况。

2. 大陆法系中代理人忠实诚信的义务包括哪几个方面？

3. 简述无权代理所包括的情形。

4. 英美法系中本人的义务有哪些？

5. 什么是“没有披露的本人”？当代理人没有披露被代理人或本人的存在，而以自

己的名义订立合同时，英美法与大陆法对此有什么不同的规定？

6. 简要叙述中国代理制的特点、外贸代理制的内容及其存在的问题。

五、案例分析题

1. 张某雇用李某为其销售代理人，李某的代理业务包括收集订单、交货和收款。李某将所有的销售款存入自己的私人支票账户，每月月底又从该账户取出与销售额等额的现金交给张某，张某对李某的上述收钱和交钱程序一无所知。由于经济不景气，张某授权所有的销售代理人对订单打8折，李某却一直对客户打9折，并将另外的10%折扣私吞。尽管如此，由于李某积极活跃，其获得的订单仍最多。后经其他代理人披露，张某才得知真相，便向法院起诉，指控李某违背代理人义务获得了非法利益。

问题：张某能否胜诉？李某违反了代理人的何种义务？

2. 原告A是一名不动产经纪人，从事购买和持有土地再售的生意。被告B聘用A作为经纪人，为其180英亩的土地寻找一位买主。后来，A获悉该地的地价会迅速飚升，便决定自己买下该土地，B也同意以每亩800美元的价格卖给A，双方还签订了书面的转让协议。但是，在执行该协议前，B却以同样的价格将该土地卖给了第三人。与此同时，A以本人的身份寻找到一位同意以每亩1 250美元的价格购买该块土地的人。当原告A得知该情况后，便向法院起诉，要求被告B赔偿其90 000多美元的差价损失。

问题：你认为原告的要求能够得到法院的支持吗？

第七章

工业产权法

学习目标

◉ **知识要点：**

1. 工业产权的概念与特征
2. 专利法的主要内容，掌握专利权的主体、客体、期限和限制
3. 商标法的主要内容，掌握商标权的主体、客体、期限和限制

◉ **技能目标：**

能够在掌握工业产权的法律规定的基础上，将专利法和商标法的规定运用于实践操作之中。

导读案例

◉ **案情介绍：**

1991年1月，被告高某与被告天龙阁饭店签订合作协议，建立以经营天津正宗狗不理包子为主的餐馆，由天龙阁饭店提供经营场所、营业执照及全部流动资金，高某提供制作天津狗不理包子传统技术及正宗名称宣传。1991年3月，天龙阁饭店开业，在店门上方悬挂由高某制作的写有“正宗天津狗不理包子第四代传人高耀林、第五代传人高渊”字样牌匾一块。

天津狗不理饮食公司对此认为：本公司早在1980年就对“天津狗不理包子”进行了商标注册登记。天龙阁饭店与高某协议合作建立以天津正宗“狗不理包子”为主的餐馆，并在该店门上方悬挂“天津狗不理包子”牌匾，系侵害其商标专用权的行为。遂向哈尔滨市A区人民法院提起诉讼，要求两被告停止侵权行为，在报纸上公开道歉，赔偿经济损失。

法庭审理中天龙阁饭店辩称：该饭店与高某所签订的合作协议，是雇用高某为面案厨师。该店前悬挂的“正宗天津狗不理包子第四代传人高耀林、第五代传人高渊”牌匾，系高某制作，目的是宣传正宗传人的特殊身份，未侵害原告的商标专用权。

高某辩称：该牌匾系宣传其身份，牌匾上“狗不理”是其曾祖父的乳名、艺名，“包子”是其家传技艺，均非商标，未侵害原告的商标专用权。

◉ **案情分析：**

本案被告高渊虽系“天津狗不理包子”创始人的后代，但因天津狗不理饮食公司已经注册了“天津狗不理牌”商标，取得了该商标的专用权，未经其许可，不论任何人都无权使用“天津狗不理牌”这一注册商标。因此，天龙阁饭店与高某订立协议，制作并悬挂“天津狗不理包子”牌匾经营包子的行为，应认定为商标侵权行为，而不能仅认定是为了宣传“天津狗不理包子”传人的身份。因此法院判决：天龙阁饭店和高渊停止对天津狗不理饮食公司注册商标的侵权行为，自判决生效之日立即摘掉悬挂于天龙阁饭店门前的牌匾，并予以销毁；天龙阁饭店和高某于本判决生效之日起30日内，在哈尔滨市级以上报纸上刊登声明，向天津狗不理饮食公司公开赔礼道歉；天龙阁饭店和高渊赔偿天津狗不理饮食公司因商标专用权被侵害造成的经济损失44 800元，并相互承担连带赔偿责任。

第一节　工业产权法概述

一、工业产权的概念和法律特征

工业产权是知识产权的重要组成部分。所谓知识产权，是指人们对智力创造成果和工商业标记依法享有的权利。一般来说，知识产权包括工业产权和著作权（版权）。所谓工业产权是指人们对脑力劳动所创造的智力成果应用于商品生产和流通领域依法享有的权利，根据《保护工业产权巴黎公约》的规定，工业产权包括发明、实用新型、外观设计、商标、服务标记、厂商名称、货源标记、原产地名称以及制止不正当竞争的权利。在我国，工业产权主要指专利权和商标权。

工业产权作为法律所确认的智力成果的所有人的权利，具有以下的法律属性：

（1）专有性

工业产权是权利人对特定的客体的支配权，这个特定的客体就是智力活动的成果以及商业标记。智力成果及商业标记是无形的，其本身不是一种物体，但是它们可以固定化，与有形物质相结合，具有价值和使用价值。所以，智力成果以及工商业标记是一种无形财产。工业产权就是承认创造者或使用者对其智力成果或者工商业标记拥有类似于对有形财产享有的独占性支配权。

（2）地域性

工业产权的地域性是指，按照一国法律获得承认和保护的工业产权，只能在该国领域内发生法律效力，而不具有域外效力。尽管随着工业产权制度的国际化，在世界范围内形成一套国际工业产权的保护制度，一国确认的工业产权在一定情况下其他国家可能予以承认，但是，这并不否认工业产权的地域性，因为，国际化的必要途径最终有赖于各主权国家相互之间的立法认可。

案　例

◉ **案情介绍：**

1993 年 4 月 6 日，海信公司在中国注册了“海信”、“Hisense”商标，并开始正式作为商标使用。1999 年 1 月 5 日，“海信”被中国国家工商总局正式认定为驰名商标。但是，1999 年 1 月 11 日，博世－西门子（博西公司）却在德国申请“Hisense”商标注册，在获得注册后，博西公司又于当年申请马德里国际商标注册和欧共体商标注册。后来博西公司在德国科隆起诉海信公司，指控海信公司侵犯其商标权。

◉ **案情分析：**

商标权作为一种工业产权具有地域性，海信公司在中国注册了“Hisense”商标，那么只在中国受到保护，因此西门子公司在德国注册“Hisense”商标并不侵犯海信公司的商标权。相反，西门子公司注册“Hisense”商标后反过来可以禁止海信公司在德国注册并使用“Hisense”商标。后来在中德两国政府的斡旋下，西门子公司以 50 万欧元的价格将“Hisense”商标卖还给了海信公司。

（3）时间性

工业产权有一定的期限，它不能永远存续。在法律规定的有效期限内工业产权受到保护，超过法定期间，工业产权权利自行消失，相关的智力成果就不再是受保护的客体了，而成为社会的共同财富，为人们自由使用，工业产权在保护器线上的有限性，决定了工业产权立法的根本目的，对工业产权的法律保护，既要激励和保护劳动者创造性劳动的积极性，又要促进智力成果广为传播，推动科技、文化和经济的发展。

二、工业产权法的概念

工业产权法是调整因确认、保护和使用工业产权而发生的各种社会关系的法律规范的总称。其法律渊源主要有国内立法和国际条约。从国内立法来看，各国通常都制定了自己的工业产权法。

中国自 20 世纪 80 年代开始全面建设工业产权制度，中国工业产权法包括专利法和商标法。1982 年 8 月颁布了《中华人民共和国商标法》（以下简称《商标法》），1983 年 3 月颁布了《中华人民共和国商标法实施细则》，1984 年 3 月颁布了《中华人民共和国专利法》（以下简称《专利法》），1985 年 1 月颁布了《中华人民共和国专利法实施细则》。《专利法》分别在 1992 年、2000 和 2008 年进行了三次修正，《商标法》也在 1992 年和 2001 年进行了两次修正，相应地，《专利法实施细则》和《商标法实施细则》也作了修改。为了打击假冒商标等违法犯罪活动，维护社会经济秩序，1997 年修订的《刑法》中也有相应的对工业产权方面违法犯罪活动进行惩治的规定。这都标志着中国工业产权法律制度的发展和完善，它对于中国建设社会主义市场经济，进一步扩大对外开放，促进中国国际经济技术贸易活动的开展，起到了巨大的作用。

三、工业产权的国际保护

从19世纪末开始，随着资本主义经济和贸易交往的国际化，各国开始通过签订国际条约的途径来保护本国工业产权在国外的权利和利益。至今已先后签订了一系列国际条约，基本形成了工业产权的国际保护制度。

（一）《保护工业产权巴黎公约》（简称《巴黎公约》）

《保护工业产权巴黎公约》（Paris Convention on the Protection of Industrial Property）于1883年3月20日在巴黎签订，1884年7月7日生效。最初的成员国为11个，到2004年12月底，缔约方总数为168个国家，我国于1985年3月19日加入该公约。《巴黎公约》的签订，在一定意义上，奠定了现代工业产权制度的基础。

《巴黎公约》的规定涉及工业产权的保护范围、基本原则、最低保护标准等方面的内容，其中关于基本原则的规定，构成了公约最基本的，也是最重要的内容。

1. 国民待遇原则。在工业产权保护方面，公约各成员国必须在法律上给予公约其他成员国相同于其本国国民的待遇；即使是非成员国国民，只要他在公约某一成员国内有住所，或有真实有效的工商营业所，亦应给予相同于本国国民的待遇。

2. 优先权原则。《巴黎公约》规定凡在一个缔约国申请注册的商标，可以享受自初次申请之日起为期6个月的优先权，即在这6个月的优先权期限内，如申请人再向其他成员国提出同样的申请，其后来申请的日期可视同首次申请的日期。优先权的作用在于保护首次申请人，使他在向其他成员国提出同样的注册申请时，不致由于两次申请日期的差异而被第三者钻空子抢先申请注册。发明、实用新型和工业品外观设计的专利申请人从首次向成员国之一提出申请之日起，可以在一定期限内（发明和实用新型为12个月，工业品外观设计为6个月）以同一发明向其他成员国提出申请，而以第一次申请的日期为以后提出申请的日期。其条件是，申请人必须在成员国之一完成了第一次合格的申请，而且第一次申请的内容与日后向其他成员国所提出的专利申请的内容必须完全相同。

3. 独立性原则。申请和注册商标的条件，由每个成员国的本国法律决定，各自独立。对成员国国民所提出的商标注册申请，不能以申请人未在其本国申请、注册或续展为由而加以拒绝或使其注册失效。在一个成员国正式注册的商标与在其他成员国——包括申请人所在国——注册的商标无关。这就是说，商标在一成员国取得注册之后，就独立于原商标，即使原注册国已将该商标予以撤销，或因其未办理续展手续而无效，但都不影响它在其他成员国所受到的保护。同一发明在不同国家所获得的专利权彼此无关，即各成员国独立地按本国的法律规定给予或拒绝、或撤销、或终止某项发明专利权，不受其他成员国对该专利权处理的影响。这就是说，已经在一成员国取得专利权的发明，在另一成员国不一定能获得；反之，在一成员国遭到拒绝的专利申请，在另一成员国则不一定遭到拒绝。

（二）《专利合作条约》

《专利合作条约》于1970年在华盛顿缔结，英文简称PCT，从名称上可以看出，专利合作条约是专利领域的一项国际合作条约。自采用巴黎公约以来，它被认为是该领域进行国际合作最具有意义的进步标志。但是，它主要涉及专利申请的提交，检索及审查以及其中包括的技术信息的传播的合作性和合理性的一个条约。PCT 不对国际专利授权，授予专利的任务和责任仍然只能由寻求专利保护的各个国家的专利局或行使其职权的机构掌握。PCT 并非与巴黎公约竞争，事实上是其补充。它是在巴黎公约下只对巴黎公约成员国开放的一个特殊协议。

（三）《商标国际注册马德里协定》（简称《马德里协定》）

《商标国际注册马德里协定》（Madrid Agreement for International Registration of Trade Marks）简称《马德里协定》，是关于简化商标在其他国家内注册手续的国际协定。1891 年 4 月 14 日在马德里签订，1892 年 7 月生效。马德里协定自生效以来共修改过多次，和 1989 年签署的《商标国际注册马德里协定有关议定书》（简称《马德里议定书》）称为商标国际注册马德里体系。《马德里协定》的缔约方总数为 56 个国家；《马德里议定书》的缔约方总数为 66 个国家。1989 年 10 月 4 日中国成为该协定成员国。《马德里协定》是对《保护工业产权巴黎公约》关于商标注册部分的一个补充，根据协定规定，须先参加《保护工业产权巴黎公约》，才能参加《马德里协定》。

◇ **小资料**

国民待遇与最惠国待遇

国民待遇原则是指在民事权利方面一个国家给予在其国境内的外国公民和企业与其国内公民、企业同等待遇。

所谓最惠国待遇，是指缔约方一方现在和将来给予任何第三方的优惠和豁免，也都给予缔约方对方。享有最惠国待遇的国家称为受惠国。

第二节 专 利 法

一、专利和专利法的概念

（一）专利的概念

“专利”一词是从英语 Patent 翻译而来的，从不同的角度理解，可以有不同的含义。一般来说，专利即指专利权，它是国家专利行政机关依照法律规定的条件和程序，授予申请人在一定期限内对某项发明创造享有的独占权。有些时候，人们还将获得专利权的发明创造成果成为专利。

（二）专利法

专利法是调整申请、取得、利用和保护专利过程中发生的社会关系的法律规范的总称。对某些发明创造授予专利权，是国际通行的一种利用法律和经济手段推动科技进步的管理制度。我国专利法的基本任务，就是保护发明创造专利权，鼓励发明创造，推广发明创造应用，促进科学技术的发展，以适应社会主义现代化建设的需要。

二、专利权的主体和客体

（一）专利权的主体

专利权的主体即专利权人，是指有权提出专利申请并取得专利权的人。专利权的主体与专利申请权的主体不同。在美国，只有发明人本人才可以是专利申请人。而在其他国家，发明人或发明人单位、发明人的申请权受让人、发明人单位的申请权受让人，都可能成为有权申请专利的人。我国专利权的主体与大多数国家相同。根据我国专利法的规定，有权申请专利并获得专利权的单位和个人包括：

1. 发明人或设计人。发明人或设计人，是指对发明创造的实质性特点作出创造性贡献的自然人，可以是一个人，也可以是多个人。发明人以自己的创造性劳动作出了发明创造，就主观条件而言满足了专利权人的条件。但发明人是否能够申请并取得专利，还取决于其所作出的发明创造与其职务的关系。在客观方面，只有当发明人（设计人）在其职务以外，完全依靠自身能力和条件完成的发明创造，其权利才归属于发明人（设计人）。

2. 发明人的单位。单位涵盖了法人和非法人组织。现代社会中，一项发明创造往往因技术复杂程度、研究开发经费以及各种物质技术条件的限制，无法依靠个人力量完成，而往往由发明人在公职单位基于本职工作作出，这样的发明创造被称为职务发明。依我国《专利法》第6条规定，职务发明申请专利的权利属于单位；申请被批准后，该单位为专利权人。

根据我国《专利法》第6条第1款的规定，职务发明创造有两种情形：一种是执行本单位的任务所完成的发明创造；一种是主要利用本单位的物质技术条件所完成的发明创造。所谓执行本单位的任务所完成的发明创造是指：① 在本职工作中作出的发明创造；② 履行本单位交付的本职工作以外的任务所完成的发明创造；③ 退职、退休或者调离工作后一年内作出的，与其在原单位承担的本职工作或原单位分配的任务有关的发明创造。所谓本单位的物质技术条件是指本单位的资金、设备、零部件、原材料或不对外公开的技术资料。

对于第二种即“主要是利用本单位的物质技术条件所完成的发明创造”，第2次修订后的专利法并不是一概地认定为职务发明，而是引入合同制，允许单位与发明人订立合同，约定技术成果的权利的归属。如果单位和发明人没有对权属问题作出约定或约定不明，仍视为职务发明。

3. 合法受让人。合法受让人是指依转让、继承方式取得专利权的人。专利申请权和专利权可以转让，专利权中的财产权利可以继承。专利权经合法受让后，受让人就成为专利权的主体。两个以上单位或者个人合作完成的发明创造、一个单位或者个人接受其他单位或个人委托所完成的发明创造，当事人可以对发明创造成果的权利归属作出约定。按照约定享有专利申请权的单位或个人，申请被批准后即可成为专利权的主体。

4. 外国人。外国人包括外国自然人和外国法人。依照中国《专利法》和《巴黎公约》，只要具备以下四个条件的外国人，便可在中国申请专利。第一，其所属国为巴黎公约成员国；第二，其所属国与中国有专利保护的双边协议；第三，其所属国对中国国民的专利申请予以保护；第四，该外国人在中国有经常居所或营业所。除第四种情形意外的外国人在中国申请专利时，在程序方面须遵照《专利法》的特别规定，即应委托国务院专利行政部门指定的专利代理机构办理。

案 例

◉ 案情介绍：

李某在某印刷厂担任翻译工作。他在工作中发现一种用于印刷工艺的片剂，用这种片剂代替以往的水剂具有安全、无毒、携带方便等有点。于是李某主动提出搞该片剂的试验，并得到了印刷厂在人力、物力上的支持和帮助。该产品在2005年试制成功。次年李某辞职自己办厂，生产同类产品，同时李某以非职务发明向专利局申请了专利。印刷厂知晓后，认为该发明是李某在印刷厂搞出的，应属于印刷厂的职务发明，于是提出异议并要求李某停止该产品的生产。问：李某的发明属于职务发明还是非职务发明？

◉ 案情分析：

李某的本职工作为资料翻译，但正是由于他在从事自己的本职工作中，接触到了被人不易接触到的技术资料，并在发明过程中得到了印刷厂在人力和物力上的支持。因此，李某的发明属于《专利法》第6条所规定的职务发明的第二种情形。由于李某和印刷厂没有就该发明的权利归属作出约定，因此，应认定该发明为职务发明。专利权应属于印刷厂，而李某只能作为发明人。

（二）专利权的客体

专利权的客体是指专利法调整和保护的对象。专利权的客体主要是发明，多数国家还规定包括实用新型和外观设计。三种发明创造在获得专利权保护的情况下，分别称为：发明专利、实用新型专利、外观设计专利。

1. 发明。所谓发明，是指对产品、方法或者其改进所提出的新的技术方案。发明因其最终的物质表现形式不同分为产品发明和方法发明两大类。

2. 实用新型。所谓实用新型，是指对产品的形状、构造或者其结合所提出的适于实用的新的技术方案。实用新型在技术水平上的要求比发明低，故又称“小发明”。

3. 外观设计。所谓外观设计，是指对产品的形状、图案或者其结合以及色彩与形状、图案的结合所作出的富有美感并适于工业应用的新设计。

◇小资料

外观设计与实用新型的区别

外观设计和实用新型都设计产品形状的新样式、新设计，但二者之间有明显的区别：外观设计着眼于产品的外部审美价值，衡量的标准是能否引起人们美的感受；实用新型着眼于产品形状或构造设计所产生的技术效果，衡量的标准是能否产生实用价值。

4. 不授予专利权的对象。我国专利法第 5 条、第 25 条对专利权保护对象的范围作了排除性规定，并列举了几种无法取得专利权的对象：

（1）违反国家法律、社会公德或妨害公共利益的发明创造不授予专利权。

（2）不适合专利保护的对象，具体为科学发现；智力活动的规则和方法；疾病的诊断和治疗方法；动物和植物品种；用原子核变换方法获得的物质。

◇ 小资料

发明与发现的区别

发明不同于发现。发明是对前所未有的事物的创造，而发现是指对自然界已经存在但未被人们所认识的事物的揭示。因此科学发现依法不能授予专利，如居里夫人关于镭的发现。

案　例

案情介绍：

某生物研究所研制出一种新型玫瑰花种。该花种培育出的玫瑰花，每朵花上有七种颜色的花瓣，煞是好看。该研究所就此品种向专利局提出专利申请。问：专利局能否就该花种授予专利权？

案情分析：

专利局不能授予该花种专利权。因为该花种属于动植物的新品种，按照专利法的规定，不能授予专利权。

三、授予专利权的条件

授予专利权必须符合专利法规定的条件。这些条件包括实质要件和形式要件两个方面。形式要件是专利申请的书面文件要求及必经程序。实质条件是指发明创造本身应具备条件，包括新颖性、创造性和实用性三项条件。这三项条件也成为“三性”、“专利性”。

（一）授予专利的实质条件

1. 新颖性

新颖性是发明、实用新型、外观设计获得专利权的首要条件。按照我国专利法的规定，所谓新颖性是指该发明或者实用新型不属于现有技术；也没有任何单位或者个人就同样的发明或者实用新型在申请日以前向国务院专利行政部门提出过申请，并记载在申请日以后公布的专利申请文件或者公告的专利文件中。但是，申请专利的发明创造在申请日以前六个月内，有下列情形之一的，不丧失新颖性：第一，在中国政府主办或者承认的国际展览会上首次展出的；第二，在规定的学术会议或者技术会议上首次发表的；第三，他人未经申请人同意而泄露其内容的。

2. 创造性

创造性是取得专利权的必备条件之一。创造性，是指与现有技术相比，该发明或实用新型具有突出的实质性特点和显著的进步。

3. 实用性

实用性，是指该发明或者实用新型能够制造或者使用，并且能够产生积极效果。若申请专利的发明或实用新型是一种产品，则要求该产品必须能够在产业上制造；若申请专利的发明是一种方法，则该方法必须能够在产业上使用。

以上三个条件，发明或实用新型申请专利权必须同时具备，而外观设计要获得专利权，只要求具备新颖性即可。

案 例

案情介绍：

2008 年 8 月，飞龙公司向社会发出广告函，征选某产品的外观包装设计。同年 10 月，飞龙公司在《生活周刊》上刊登了获选作品的图片。同年 12 月，飞龙公司向专利局申请该种产品的外观设计专利。问：飞龙公司的申请能否获得批准？

案情分析：

不能。我国《专利法》对外观设计专利只要求具有新颖性就可以。在本案中，飞龙公司向专利局提出专利申请前，已在公开杂志《生活周刊》上以图片的形式发表过，因此已经丧失了新颖性。尽管是自己发表的，但是并不属于我国《专利法》第 24 条规定的例外情形。因此，该外观设计专利的申请不能获得批准。

（二）授予专利的形式条件

各国专利法都对专利的取得规定了书面文件要求及严格、完整的程序，通常要经过申请、审查、批准三个步骤。

1. 申请。申请专利要向政府主管部门提出，政府主管部门主要是指政府设立的专利局或专利商标局、工业产权局、国家发明或发现委员会等。如果有两个以上的申请人分别就同样的发明创造申请专利的，专利权授给最先申请的人。

专利申请应提交的文件，各国都有详尽的规定。主要的申请文件有以下几种：

一是申请书。它是申请人正式向专利机关提出就其某一发明创造取得专利的请求。

二是说明书。它是申请文件的关键部分，其要求对具体的发明创造作出清楚、完整的说明。有时附图加以说明。

三是权利要求书。它是以说明书为依据，说明要求保护范围的文件。

四是摘要。它是说明书、权利要求书即附图的要点加以总结归纳的文书。其作用是便于专利局分类审查和其他技术人员检索。

申请外观设计只需递交申请书及外观设计的图片，并写明使用该外观设计的产品所属类别。

2. 审查。专利申请人提出申请后，各国专利法都规定要对专利申请进行审查。各国对专利的审查制度主要有以下三种：

（1）形式审查，也叫呈报登记制度。其对专利申请进行手续上的审查，如申请手续是否齐全、文件是否齐备、是否属于授予专利的范围等。不要求专利是否具备实质条件（新颖性、创造性、实用性）进行审查。其优点是手续简便、省时省力。其缺点是被批准的专利水平不高，质量不稳定。目前只有少数国家采用此制度。

（2）实质审查制度。这种制度不仅要求对形式进行审查，而且还要进行实质性审查，即审查发明创造是否具备授予专利的条件。其优点是能保证专利的质量，缺点是费时，审查工作量大，易造成专利积压的现象。目前，美国、英国以及许多发展中国家采用此制度。

（3）延迟审查制度，也称请求审查制度或“早期公开”和“延迟审查”相结合的制度，它弥补了以上两者的缺点，具体做法是：在专利申请以后，经过一定期限（我国规定为 18 个月），国家在有关专利公报上向公众公开专利的内容即“早期公开”。公开后可给予临时保护，但不立即对发明进行实质审查，而在一定期限内（德国、荷兰为 7 年，澳大利亚为 5 年，中国为 3 年，比利时为 2 年），由申请人决定是否要进行实质审查，即“延迟审查”，逾期不提出审查要求的，被视为撤回申请。它可以早日公开发明内容，可防止第三人就同一发明重复研究，同时又减少了审查机关的工作量。该制度最早于 1967 年 1 月 1 日由荷兰提出和使用的。据统计，荷兰实行该制度后，只有 50% 的申请案要求实质审查。

3. 批准。无论采取以上哪种审查制度，一项发明创造经审查符合条件即授予专利权。专利期限起算的时间，大多数国家从专利申请人提出申请之日起计算，也有少数国家从专利批准之日起计算。

◇ *思一思*

发明专利申请与实用新型、外观设计申请的审批制度有何不同？

五、专利权人的权利和义务

（一）专利权人的权利

专利权是专利权人在专利有效期内对其发明创造享有的独占权，其具体内容为：

1. 专利独占实施权。这是专利权人最基本的权利，包括两个方面的内容：自己实施专利的权利，即自己制造、使用、销售专利产品和使用专利方法的权利；禁止权，即禁止他人在未经专利权人许可的情况下，为生产经营目的的制造、使用、销售其专利产品，或使用其专利方法已经使用、销售依照该专利方法直接获得的产品。

2. 转让权。转让权是指专利权人将其专利权移转给他人所有，原专利权人不再享有专利权，受让人成为新的专利权人。专利权转让的方式有出卖、赠与、投资入股等。转让专利权的，当事人应当订立书面合同，并向国务院专利行政部门登记，由国务院专利行政部门予以公告。专利权的转让自登记之日起生效。

3. 实施许可权。实施许可权是指专利权人将其专利通过签订书面实施许可合同许可他人使用的权利。专利权许可他人使用，专利权人并不丧失专利所有权。被许可使用人只是通过支付专利使用费而获得该专利的使用权。有关专利实施许可合同的订立、当事人的权利义务、合同的履行以及违法合同的法律责任等问题由合同法调整和规范。

4. 专利标记权及身份权。依专利法规定，专利权人有权在其专利产品或该产品的包装上标明专利标记和专利号，发明人或设计人有权在专利文件中写明自己是发明人或设计人。

（二）专利权人的义务

专利权人的主要义务是缴纳专利年费。专利年费是专利法规定的，由专利权人逐年向专利行政部门缴纳的费用。专利权人应当自被授予专利权的当年开始缴纳年费。专利权人不缴纳年费或者缴纳的数额不足的，可能导致专利权终止。

六、专利权的期限、终止和无效宣告

（一）专利权的期限

专利权的期限是专利权的时间效力，也是专利权受保护的期限。各国专利法一般都作出具体规定，但期限不同。对发明而言，绝大多数国家都规定在 10 年至 30 年之间，也有的国家规定为 5 年，这是由各国经济和科学技术发展水平的差异而决定的。中国《专利法》规定，发明专利权的期限是 20 年，实用新型和外观设计专利权的期限为 10 年，均自申请日起计算。

（二）专利权的终止

专利权的终止是指专利权因某种法律事实的发生而导致其效力消失的情形。导致专利权终止的法律事实有：（1）保护期届满；（2）在保护期届满前，因专利权人没有按照规定缴纳年费的；（3）保护期届满前，专利权人以书面形式放弃其专利权的。

（三）专利的无效宣告

专利的无效宣告是指自国务院专利行政部门公告授予专利权之日起，任何单位或个人认为该专利权的授予不符合专利法有关规定的，可以向专利复审委员会提出宣告该专利权无效的请求，专利复审委员会对这一请求进行审查，作出维持专利权或者宣告专利权无效的决定。请求人或专利权人对复审决定不服的，可以自收到通知之日起 3 月内以专利复审委员会为被告向人民法院起诉。

七、专利权的限制

专利权的限制，是指在法律规定的情况下，他人可以不经专利权人许可而实施专利权，且该实施不视为对专利权的侵犯。专利法对专利权所作的限制有两类：一是专利实施的强制许可，二是不视为侵犯专利的行为。

（一）专利实施的强制许可

强制许可是指国家专利主管机关，根据法定事实，不经专利权人许可，允许他人实施发明或者实用新型。被强制许可的专利只涉及发明和实用新型，而不包括外观设计。根据我国《专利法》和《专利法实施细则》，下面四种情形可以强制许可：

1. 专利权人自专利权被授予之日起满 3 年，且自提出专利申请之日起满 4 年，无正当理由未实施或者未充分实施其专利的；

2. 专利权人行使专利权的行为被依法认定为垄断行为，为消除或者减少该行为对竞争产生的不利影响的；

3. 在国家出现紧急状态或者非常情况时，或者为了公共利益的目的，国务院专利行政部门可以给予实施发明专利或者实用新型专利的强制许可；

4. 为了公共健康目的，对取得专利权的药品，国务院专利行政部门可以给予制造并将其出口到符合中华人民共和国参加的有关国际条约规定的国家或者地区的强制许可；

5. 一项取得专利权的发明或者实用新型比前已经取得专利权的发明或者实用新型具有显著经济意义的重大技术进步，其实施又有赖于前一发明或者实用新型的实施的，国务院专利行政部门根据后一专利权人的申请，可以给予实施前一发明或者实用新型的强制许可。

取得实施强制许可的单位或者个人不享有独占的实施权，并且无权允许他人实施。取得实施强制许可的单位或者个人应当付给专利权人合理的使用费，其数额由双方协商；双方不能达成协议的，由国务院专利行政部门裁决。

（二）不视为侵犯专利权的行为

1. 专利权用尽。专利权人自己或者许可他人制造、进口的专利产品售出后，任何人使用、销售该产品的，不再需要专利权人的许可，其行为不构成侵犯专利权。

2. 先用权人的实施。在专利申请日以前已经制造出相同产品、使用相同方法或者已经做好制造、使用的必要准备的，可以在原有范围内继续制造相同产品、使用相同方法。实施者的这种权利称为先用权。行使先用权的行为，不视为侵犯专利权。

3. 临时过境。外国运输工具临时通过中国领陆、领水或领空，为运输工具自身需要在装置或设备中使用有关的专利的，无须得到中国专利权人的许可，不构成专利侵权。

4. 专为科学研究而使用。专为科学研究和实验目的，使用专利产品或者专利方法的，不构成专利侵权。

八、专利权的保护

专利权的保护，是指国家通过行政与司法程序，采取有效措施，直至侵犯专利权，保障专利权人权利的法律行为。

（一）专利权的保护范围

专利权的保护范围，是指专利权的法律效力所及的范围。中国《专利法》第 56 条对专利权的保护范围作了明确的规定：“发明或者实用新型专利权的保护范围以其权利要求的内容为准，说明书及附图可以用于解释权利要求。外观设计专利权的保护范围以表示在图片或者照片中的该外观设计专利产品为准。”

（二）专利侵权行为

专利侵权行为是指在专利权的有效期限内，未经专利权人许可，以生产经营为目的实施专利的行为。根据我国《专利法》的规定，专利侵权行为主要有以下几种表现形式：

1. 制造专利产品。无论制造者是否知道是专利产品，也不论是用什么方法制造的，只要未经专利权人许可，为生产经营为目的而制造，均构成专利侵权行为。

2. 使用专利产品、使用专利方法以及使用该专利方法直接获得的产品。修订后的专利法对使用行为作了重要修改，一方面明确规定，只要出于生产经营目的而使用，未经专利权人许可，均构成侵犯专利权，即使使用人不知道是侵权产品而使用的，同样构成侵权行为。另一方面规定，使用人能证明其产品合法来源的，不承担赔偿责任。

3. 许诺销售和销售专利产品以及许诺销售和销售依专利方法直接获得的产品。所谓许诺销售是指以做广告、在商店橱窗中陈列或者在展览会上展出等方式作出的销售商品的许诺。许诺销售是实际销售侵权产品的必经阶段。未经专利权人许可，为生产经营目的许诺销售和销售专利产品的，不论是“不知”还是“明知”，均构成侵权。但是使用者或销售者能证明其产品合法来源的，可免除其赔偿责任。

4. 进口专利产品或进口依专利方法直接获得的产品。进口商未经许可，将专利权人已在中国取得专利的产品或者依其在中国已取得专利的方法生产的产品输入境内，这种进口行为即构成侵犯专利权的侵权行为。

5. 假冒他人专利。此种行为是指非专利权人未经专利权人许可，在产品或产品包装上标示专利权人的专利标志或者专利号，仿冒专利权人的专利产品。

第三节 商 标 法

一、商标与商标法概述

（一）商标的概念

商标是商品生产经营者或服务提供者在其商品上使用，由文字、图形或者文字、图形组合构成，具有显著特征，便于识别辨认的特定标记。简单而言，商标就是指能够将不同的经营者所提供的商品或者服务区别开来，并可为视觉所感知的标记。在商品生产和交换中，还有其他一些工商业标记，如商品的名称、包装、装潢、商号、地理标记等，它们也能够起到某种识别作用，但它们不同于商标，不受《商标法》保护，因为它们并非从识别功能出发，以“显著特征”为基本要求而涉及选用的，对这些商业标记的保护主要通过《反不正当竞争法》实现。

（二）商标的种类

中国商标按不同的标准可进行不同的分类。

1. 注册商标和非注册商标

按照商标的法律状态划分，可以将商标分为注册商标和非注册商标。注册商标是指由当事人申请，经国家商标主管机关审查核准，予以注册的商标。注册商标是商标法的保护对象，其所有人享有商标专用权。未注册商标是指其使用人未申请或者注册申请未被核准，未给予注册的商标。未注册商标可以自行在市场上使用，但其使用人不想有商标专用权，一般情况下，无权禁止他人使用相同的商标，也无权阻止他人就相同主题提出注册申请。相反，他人若将相同商标取得注册后，则有权禁止使用人继续使用该未注册商标。

「开米®」
注册商标

2. 平面商标和立体商标

平面商标指以文字、图形或者文字、图形组合而成的标志。文字商标是最为常见的商标类型。立体商标指以商品形状或者其容器、包装的形状构成的三维标志。

立体商标（咸亨酒店商标——孔乙己）

3. 商品商标和服务商标

按照商标的识别对象划分，有商品商标和服务商标。商品商标是生产经营者在生产、制造、加工、拣选或经销的有形商品上使用的标记。服务商标是提供服务的经营者在其向社会提供的服务项目上使用的标记，也称为服务标记。服务商标用以标示和区别无形商品即服务、劳务，它的使用者是从事宾馆、餐饮、旅游、运输、广告、娱乐、金融等服务的经营者。

中国工商银行

服务商标（工商银行）

4. 集体商标和证明商标

集体商标，是指以团体、协会或者其他组织名义注册，供该组织成员在商事活动中使用，以表明使用者在该组织中的成员资格的标志。证明商标，是指由对某种商品或者服务具有监督能力的组织所控制，而由该组织以外的单位或者个人使用于其商品或者服务，用以证明该商品或者服务的原产地、原料、制造方法、质量或者其他特定品质的标志。

集体商标（射阳大米）　　证明商标（绿色食品）

（三）商标法

商标法是调整商标的注册、使用和商标专用权的保护、转让过程中所发生的社会关系的法律规范的总称。

现代意义的商标，已不是一种单纯的商品或服务的标记，而成为可以转让、买卖、受到法律保护的无形财产。中国商标法的任务，就是加强商标管理，保护商标专用权，促使生产者保证商品和服务质量，维护信誉，以保障消费者利益，促进社会主义市场经济的发展。

二、商标注册制度

（一）取得商标权的途径

世界各国在商标权的授予问题上主要有两种作法，一是采用“注册原则”（即商标注册后才能取得商标权），一是采取“使用原则”（即商标权的获得取决于商标是否实际使用）。大多数国家采用注册原则，商标须向主管部门申请注册，经批准后才能获得商标权。中国《商标法》也作了同样的规定。中国《商标法》第 3 条规定：“经商标局核准注册的商标为注册商标，包括商品商标、服务商标和集体商标、证明商标；商标注册人享有商标专用权，受法律保护。”《商标法》第 4 条规定：“自然人、法人或者其他组织对其生产、制造、加工、拣选或者经销的商品，需要取得商标专用权的，应当向商标局申请商品商标注册。自然人、法人或者其他组织对其提供的服务项目，需要取得商标专用权的，应当向商标局申请服务商标注册。”

商标注册，是指商标使用人为取得商标权，将其使用的商标向国家商标主管机关申请，经主管机关审核予以登记备案。

（二）商标注册的原则

中国的商标注册主要遵循以下原则：

1. 申请在先原则

中国《商标法》第 29 条规定了申请在先原则。该条规定，两个或者两个以上的商标注册申请人，在同一种商品或者类似商品上，以相同或者近似的商标申请注册的，初步审定并公告申请在先的商标；同一天申请的，初步审定并公告使用在先的商标，驳回其他人的申请，不予公告。《商标法实施条例》第19条进一步规定了同日使用或者均未使用的，各申请人可以自收到商标局通知之日起30日内自行协商，并将书面协议报送商标局；不愿协商或者协商不成的，商标局通知各申请人以抽签的方式确定一个申请人，驳回其他人的注册申请。这些规定体现了我国商标注册以申请在先为原则，使用在先为补充。

2. 优先权原则

商标注册申请的优先权原则与专利申请的优先权原则基本相同。中国《商标法》第24条、25条分别规定了国际优先权和国内优先权。第24条规定，商标注册申请人自其商标在外国第一次提出商标注册申请之日起六个月内，又在中国就相同商品以同一商标提出商标注册申请的，依照该外国同中国签订的协议或者共同参加的国际条约，或者按照相互承认优先权的原则，可以享有优先权。第25条规定，商标在中国政府主办的或者承认的国际展览会展出的商品上首次使用的，自该商品展出之日起六个月内，该商标的注册申请人可以享有优先权。

3. 自愿注册原则

自愿注册原则是指，通常情况下，商标使用人可自行决定使用的商标是否申请注册。需要取得商标专用权的应将商标申请注册。但是不注册的商标可以使用，只是不享有专用权，也不得与他人的注册商标相冲突。根据自愿原则，对于绝大多数商品而言，使用的商标是否注册，完全听由企业自便。企业可以根据自身经营状况和市场需要决定是否将商标注册。

为了加强对极少数特殊商品的质量监督管理，维护消费者利益，中国《商标法》在极为有限的范围内保留了强制注册的办法。根据《商标法实施条例》的规定，烟草制品必须使用注册商标，否则不得在市场上销售。

4. 一项商标一份申请原则

申请人应根据国家工商局公布的《商标注册用商品和服务国际分类表》规定的类别，按照“一类商品，一个商标，一份申请”的原则提出申请。申请人在不同类别上使用同一商标，必须分别提出注册申请，应分别提交有关文件。

（三）商标注册的条件

1. 申请人的条件。商标注册申请人可以是自然人、法人或者其他组织。外国人或者外国企业在中国申请商标注册的，应当按其所属国和中国签订的协议或者共同参加的国际条约办理，或者按照对等原则办理，并应当委托国家认可的具有商标代理资格的组织办理。

2. 商标必须具备显著特征。商标应具有可识别性，商标的基本功能在于区别不同生产经营者的商品和服务，方便消费者辨认。因此，商标的设计要求立意新颖、独具特点，明显区别于装潢、商品的通用名称、图形等。同时，特征突出的商标会给消费者留下深刻的印象，便于扩大企业的影响。

3. 另外根据中国《商标法》的规定，下列标志不得作为商标注册：

（1）同中华人民共和国的国家名称、国旗、国徽、军旗、勋章相同或者近似的，以及同中央国家机关所在地特定地点的名称或者标志性建筑物的名称、图形相同的；

（2）同外国的国家名称、国旗、国徽、军旗相同或者近似的，但该国政府同意的除外；

（3）同政府间国际组织的名称、旗帜、徽记相同或者近似的，但经该组织同意或者不易误导公众的除外；

（4）与表明实施控制、予以保证的官方标志、检验印记相同或者近似的，但经授权的除外；

（5）同“红十字”、“红新月”的名称、标志相同或者近似的；

（6）带有民族歧视性的；

（7）夸大宣传并带有欺骗性的；

（8）有害于社会主义道德风尚或者有其他不良影响的。

县级以上行政区划的地名或者公众知晓的外国地名，不得作为商标。但是，地名具有其他含义或者作为集体商标、证明商标组成部分的除外；已经注册的使用地名的商标继续有效。如安徽省黄山市是地名，但“黄山”含有其他意义，因而可以作为商标使用；再如，为保护已经注册的商标所有人的利益，青岛啤酒厂生产的“青岛”牌啤酒可以继续使用其商标。

4. 根据我国《商标法》的规定，下列标志不得作为商标注册：

（1）仅有本商品的通用名称、图形、型号的；

（2）仅仅直接表示商品的质量、主要原料、功能、用途、重量、数量及其他特点的；

（3）缺乏显著特征的。

前款所列标志经过使用取得显著特征，并便于识别的，可以作为商标注册。

此外，以三维标志申请注册商标的，仅由商品自身的性质产生的形状、为获得技术效果而需有的商品形状或者使商品具有实质性价值的形状，不得注册。

◇想一想

下列哪些标志不得作为商标注册？哪些不得作为商标使用？

“天天鲜”牌牛肉、“铁牛”牌拖拉机、“黑鬼”牌牙膏、“包治百病”牌治疗仪、“五粮液”白酒、“洛杉矶”牌木板

（四）商标注册的申请

1. 根据商标法的规定，申请商标注册的，应当按规定的商品分类表填报使用商标的商标类别和商品名称。商品注册申请人在不同类别的商品上申请注册同一商标的，应当按商品分类提出注册申请。注册商标需要在同一类的其他商品上使用的，应当另行提出注册申请。

2. 商标注册的审查

商标局接到商标注册申请后，依法进行审查。符合中国《商标法》有关规定的，

由商标局初步审定，予以公告。如果不符合《商标法》有关规定的或者同他人在同一种商品或类似商品上已经注册或者初步审定的商标相同或者近似的，由商标局驳回申请，不予公告。对驳回申请，不予公告的商标，商标局应当书面通知商标注册申请人。申请人不服的，可以在收到通知书之日起15日内，向商标评审委员会申请复审，由商标评审委员会作出决定，并书面通知申请人。当事人对商标评审委员会的决定不服的，可以自收到通知之日起30日内向人民法院起诉。

3. 商标注册的异议与核准

对初步审定的商标，自公告之日起3个月内，任何人均可以提出异议。公告期满无异议的或异议不成立的，予以核准注册，发给商标注册证，并予以公告。自此，商标注册申请人便取得了商标专用权。经裁定异议成立的，不予核准注册。对初步审定、予以公告的商标提出异议的，商标局应当听取异议人和被异议人陈述事实和理由，经调查核实后，作出裁定。当事人不服的，可以在收到商标异议裁定通知后15日内向商标评审委员会申请再审，由商标评审委员会作出裁定，并书面通知异议人和被异议人。当事人对商标评审委员会的裁定不服的，可以自收到通知之日起30日内，向人民法院起诉。

三、注册商标的撤销

商标注册申请经过了审查、异议等法律程序，获得核准注册，申请人取得注册商标专用权。但由于某些原因，仍可能存在不应当注册，而实际取得注册的情形；还有一些商标因注册人原因致使注册不再符合法定条件。为了纠正不合理现象，维护正常的商标秩序，我国《商标法》第41条、42条、43条设置了注册商标撤销的制度。

（一）注册不当商标的撤销

所谓注册不当商标，是指已经注册的商标违反中国《商标法》第10条、第11条、第12条的规定，或者是以欺骗手段或者其他不正当手段取得注册的商标。根据《商标法》第41条的规定，注册不当商标的原因主要有以下两类情形：

1. 构成商标的标志是《商标法》禁止使用的标记；构成商标的标志是《商标法》规定的不得注册的标记、三维标志；商标注册是以欺骗手段或其他不正当手段取得的。这些商标注册不当通常不涉及第三人的利益。

2. 违法对驰名商标的保护的；代理人或者代表人未经授权以自已的名义将被代理人或者被代表人的商标注册，被代理人或者被代表人提出异议的；商标中有商品的地理标志，而该商品并非来源于该标志所标示的地区，误导公众的；申请商标注册损害他人现有的在先权利或者以不正当手段抢先注册他人已经使用并有一定影响的商标的。这些商标注册不当通常涉及第三方的利益并且通常损害了第三人的合法权利。

注册不当商标的撤销途径，第一种情形下有两种途径，一是由商标局依职权作出撤销决定，二是由其他单位或者个人请求商标评审委员会裁定撤销该注册商标。对于第二种情形，由商标所有人或者利害关系人请求商标评审委员会裁定撤销该注册商标。当事人如果对商标评审委员会的裁定不服的，可以自收到通知之日起30日内向人民法院起诉。

(二) 争议商标的撤销

注册商标的争议，是指后注册的商标与在先注册的商标相同或近似 。商标争议实际上是两商标之间的权利冲突，请求撤销争议商标是解决相同或近似商标的权属纠纷。根据中国《商标法》的规定，对已经注册的商标有争议的，应当自商标注册之日起5年内，向商标评审委员会申请裁定撤销该注册商标。对恶意注册的，驰名商标所有人不受5年的时间限制。同时《商标法》第42条又规定，对核准注册前已经提出异议并经裁定的商标，不得再以相同的事实和理由申请裁定。同样，当事人对商标评审委员会的裁定不服的，可以自收到通知之日起3个月内向人民法院起诉。

(三) 不使用或使用不当商标的撤销

因未履行商标使用义务或者使用商标不符合法律规定，是导致商标注册被撤销的一种原因。根据中国《商标法》规定，注册商标连续3年停止使用，或者自行改变注册商标、自行转让注册商标或使用注册商标粗制滥造欺骗消费者的，商标局可以撤销其注册商标。对商标局撤销注册商标的决定，当事人不服的，可以自收到通知之日起15日内向商标评审委员会申请复审。当事人对商标评审委员会的决定不服的，可以自收到通知之日起30日内向人民法院起诉。

四、商标专用权的内容

商标专用权即商标权，指注册商标所有人对注册商标进行支配的权利。商标专用权的内容包括使用权、禁止权、许可权和转让权。

(一) 使用权

使用权是指注册商标所有人在核定使用的商品上使用核准注册的商标的权利。使用权的效力范围，以核准注册的商标和核定使用的商品为限。在法律规定的这一范围内，注册商标所有人的使用权是独占的、专有的。

(二) 禁止权

禁止权指商标所有人禁止任何第三人未经其许可在相同或类似商品上使用与其注册商标相同或近似的商标的权利。禁止权的效力范围大于使用权的效力范围，它不仅包括核准注册的商标、核定使用的商品，还扩张到与注册商标相近似的商标与核定商品类似的商品。

(三) 许可权

许可权是注册商标所有人许可他人使用其注册商标的权利。许可他人使用其注册商标是商标所有人利用商标权的一种重要方式。《商标法》第40条规定，商标注册人可以通过签订商标使用许可合同，许可他人使用其注册商标。许可人应当监督被许可人使用其注册商标的商品质量。被许可人应当保证使用该注册商标的商品质量。经许可使用他人注册商标的，必须在使用该注册商标的商品上标明被许可人的名称和商品产地。商标使用许可合同应当报商标局备案。

(四) 转让权

转让权是指注册商标所有人将其注册的商标转移给他人所有的权利。转让导致商标权主体的变更，转让权是商标所有人对其商标权最重要的一种处分方式。转让注册商标的，转让人和受让人应当签订转让协议，并共同向商标局提出申请。转让注册商标经核准后，予以公告。受让人自公告之日起享有商标专用权。未经核准登记的，转让合同不具有法律效力。

五、商标专用权的法律保护

（一）商标专用权的期限和续展

注册商标只有在有效期限内才受法律保护。各国法律一般都对商标权的效力在时间上加以限制。各国对商标权有效期的规定从10年到20年不等。最长为20年，如美国、瑞士、菲律宾、意大利等；加拿大、叙利亚等国为15年；日本、法国、德国、奥地利、希腊、瑞典、挪威、比利时等都规定为10年。中国《商标法》规定注册商标的有效期为10年，自商标核准注册之日起计算。与专利权不同，商标权在有效期限届满之前，商标权人可以申请续展。根据中国《商标法》的规定，注册商标的有效期满需要继续使用的，应当在有效期满前6个月申请续展注册；在此期间未能提出申请的，可以给予6个月的宽展期，宽展期满仍未提出申请，注销其注册商标。每次续展注册的有效期限为10年，续展的次数没有限制。

（二）商标侵权行为

根据中国《商标法》和《商标法实施条例》的规定，商标侵权行为的表现形式有以下几种：

1. 未经商标注册人的许可，在同一种商品或者类似商品上使用与其注册商标相同或者近似商标的；
2. 销售侵权注册商标专用权的商品的；
3. 伪造、擅自制造他人注册商标标识或者销售伪造、擅自制造的注册商标标识的；
4. 未经商标注册人同意，更换其注册商标并将该更换的商标的商品又投入市场的，这在商标法理论中被称为“反向假冒”；
5. 故意为侵犯他人注册商标专用权行为提供仓储、运输、邮寄、隐匿等便利条件的；
6. 给他人的注册商标专用权造成其他损害的。

案　例

◉ 案情介绍：

百盛商业中心在其出售的新加坡鳄鱼牌服装的专柜上，将其从北京服装厂购入的“枫叶”牌服装的“枫叶”注册商标撕去，然后贴上“鳄鱼”商标，并以高出原价数倍的价钱出售。问：百盛商业中心的行为是否构成侵权行为？

◉ 案情分析：

百盛商业中心构成商标侵权行为，其未经商标注册人北京服装厂同意，将“枫叶”牌更换为“鳄鱼”牌又投入市场的，这属于“反向假冒”，因此构成商标侵权。

关键术语

工业产权　　专利权　　商标权

本章小结

工业产权法是调整因确认、使用和保护工业产权而发生的各种社会关系的法律规范的总称。工业产权主要包括专利权和商标权。本章对各国的工业产权法律制度作了重点介绍，包括工业产权的基本特征、工业产权的国际保护的法律制度；中国《专利法》规定的专利主体、客体、授予专利的条件、专利的申请、审查、批准以及专利人的权利义务、实施的强制许可、专利的保护；中国《商标法》关于商标的种类、商标权的取得、注册商标的续展、转让和使用许可以及注册商标专用权的保护等基本内容。

自　测　题

一、判断题

1. 专利权是国家专利主管部门依据专利法授予发明创造人或合法申请人对某项发明创造在法定期间内所享有的独占权。（　　）

2. 《保护工业产权巴黎公约》缔结的直接原因就是工业产权保护的地域性。（　　）

3. 《保护工业产权巴黎公约》保护的工业产权包括：发明专利、实用新型、外观设计、商标、服务标记、厂商名称、产地标记或原产地名称以及制止不正当竞争。（　　）

4. 中国《商标法》规定，药品、香烟必须使用注册商标。（　　）

5. 中国商标法规定，商标的保护期为20年。（　　）

二、单项选择题

1. 一家饼干厂要以“香脆”作为商标申请注册，依中国商标法规定获得注册应具备的条件是（　　）。

A. 已经使用　　B. 已经使用并具有显著特征

C. 售后服务好　　D. 商品销售量大

2. 下列行为中不视为侵犯专利权的是（　　）。

A. 为生产经营的目的使用不知是假冒的专利产品

B. 购进假冒的专利产品再行销售的

C. 在专利权人的专利申请日以前从事相同产品的制造，在专利授权后扩大该产品的生产规模

D. 专为科学实验的目的使用他人的专利

3. 一项发明或实用新型获得专利授权的实质条件是（　　）。

A. 创造性、新颖性、技术性
B. 新颖性、美观性、实用性
C. 新颖性、创造性、实用性
D. 创造性、合法性、新颖性

4. 新疆哈密地区果农生产的哈密瓜系地方名特产品。果农张某欲以“哈密”牌作为甜瓜的商标，并向有关部门申请注册。根据有关规定，（　　）。

A. 张某可以取得“哈密”商标权
B. 张某可以和其他果农共同取得“哈密”牌商标权
C. 张某可以独家取得“哈密”地理标记权
D. 张某不能取得注册商标权

5. 某厂的“红玫瑰”注册商标有效期即将届满，欲办理续展手续。根据中国《商标法》规定，办理续展的申请时间只能是（　　）。

A. 期满前6个月
B. 期满前后各6个月
C. 期满后6个月
D. 期满前后各12个月

三、多项选择题

1. 中国《专利法》中所称的发明创造是指（　　）。

A. 植物新品种
B. 科学发现
C. 发明
D. 外观设计

2. 工业产权的法律特征是（　　）。

A. 专有性
B. 地域性
C. 时间性
D. 人身性

3. 专利的实质性特征是（　　）。

A. 新颖性
B. 创造性
C. 显著性
D. 实用性

4. 下列标志中可以授予商标权的是（　　）。

A. “坚固”牌门锁
B. “颗颗脆”牌瓜子
C. “永远牌”自行车
D. “大地”牌化肥

5. 商标专用权的内容包括（　　）。

A. 使用权
B. 转让权
C. 禁止权
D. 标记权

四、简答题

1. 工业产权有哪些法律特征？
2.《巴黎公约》有哪些原则？
3. 如何区分职务发明和非职务发明？
4. 简述不适合授予专利的对象。
5. 简述不能作为商标注册的情形。
6. 商标侵权行为的形式有哪些？

五、案例分析题

1. 黑龙江甲厂于2002年生产一种保温杯，并于2002年10月23日以邮寄的方式寄出自己的申请文件，但邮戳不清晰、无法辨认，该文件于2002年11月1日到达中国知识产权局。河北乙某也成功研发了该项保温技术，并于2002年11月1日将申请文件递交给中国知识产权局。问题：

（1）甲厂与乙的专利申请日分别如何确定？

（2）中国知识产权局应该如何处理甲厂与乙的专利申请？为什么？

2. 甲厂制造的美华锅炉在该行业具有知名度，但由于企业的商标意识比较淡漠，一直没有申请商标注册。2001年1月同是生产锅炉的乙厂向商标局提出了美华商标的注册申请。问题：

（1）2001年10月商标局对乙厂的注册申请初步审定后予以公告，甲厂看了公告后，认为乙厂的行为损害了自己的权益，甲厂应当如何进行救济？

（2）若2002年1月商标局核准了乙厂美华商标的注册申请。乙厂向甲厂提出不得再使用美华商标的要求，甲厂不允，乙厂遂告甲厂侵权。甲厂能否抗辩？如何抗辩？

3. 甲企业2005年1月研制开发了一款新型“高温作业机器人”，2005年4月参加了由中国政府主办的国际科技展览会，同时已做好了生产的必要准备，乙研究所曾参加2005年4月的展览会，受甲企业机器人展品的启发，在2005年10月也研究开发出同样原理、同样功能的高温机器人并立即就该机器人原理及产品申请了发明专利。2005年12月甲将自己机器人原理和产品向专利局提出了发明专利的申请。2007年4月和2007年2月专利局分别就乙研究所和甲企业的专利申请进行了公告。在之后的专利审查中，甲接到专利局审查员的通知，认为由于乙的专利申请在先拟驳回甲的申请，甲认为，该机器人方案是自行研发的，尽管在国际展览会上参加过展出，但是没有公开技术方案，并且也享有专利申请的宽展期，故不丧失新颖性，请求专利局认定乙是对甲的机器人技术的剽窃，要求驳回乙的申请。问题：

（1）甲的主张是否正确？

（2）专利局应当将该专利授予甲还是乙？

（3）依专利法甲应当享有什么权利？

第八章

国际投资法

学习目标

◉ **知识要点：**

1. 了解国际投资法
2. 掌握国际直接投资的形式
3. 熟悉海外投资保证制度和保护投资的国际法律制度

◉ **技能目标：**

通过本章的学习，重点需要掌握国际投资法的概念、国际直接投资的形式、多边投资担保公约、《解决国家与他国民间投资争端公约》、《与贸易有关的投资措施协议》。

案例导入

◉ **案情介绍：**

A国的国际银行在B国投资组建了一家木材公司，经营伐木、加工、出口等业务，投资前向本国的海外投资保险机构投保了征收险。此后不久，林木专家们对B国自然资源进行调查研究，在此基础上撰写专题报告指出：由于林业管理松弛，伐木商乱砍滥伐，B国内的森林资源日益锐减，并危及国内的水土保持；如不及时采取护林补救措施，长此以往，后果不堪设想。B国政府于是颁布法令，对木材的砍伐和出口实行定量的许可证控制，由此导致A国国际银行投资的木材公司几度停产、经营困难而亏损累累。于是，投保人A国国际银行向其国内的海外投资保险公司索赔。

◉ **案情分析：**

在本案中，B国政府当时颁行有关法令并采取相关的措施，是出于保护本国森林资源、防止水土流失之急需，其根本目的不在于征收投资者的财产，其行为是出于本国公共利益的考虑；其次B国政府所实施的禁令对国内所有木材公司一视同仁，因此这种行为也是公平合理的，不带有任何针对性和歧视性；最后也是最重要的一点是，征收必然导致投资者对投资企业的有效控制权的丧失，而反映在本案中，东道国的行为虽然间接影响了企业的生产，但作为投资者对企业的有效控制权始终是没有丧失的。故本案B国政府所采取的行动不属于征收的范围。因此作为投保人的A国国际银行不能从其国内的海外投资保险公司那里取得赔偿。

第一节 国际投资法概述

一、国际投资

国际投资法中所关注的投资概念指的是狭义的概念。狭义的国际投资是指国际直接投资，即一国自然人、法人或其他组织为获取利润而将其资本投放到国外，开办并经营企业的活动，习惯上称国际私人直接投资。

直接投资和间接投资，是按照投资者对资本控制的程度不同来划分的，因此二者的主要区别就在于，国际投资者是否能够对其投资资本行使“有效的”管理权和控制权。

二、国际投资法

（一）国际投资法的概念

国际投资法是指调整跨国私人直接投资关系的国内法律规范和国际法律规范的总称，是国际经济法的一个重要分支。

国际投资法调整的主体仅限于国际间私人投资关系，对政府间及国际组织主体之间的国际投资关系不作调整；调整的对象是国际直接投资关系，而国际间接投资关系一般由国际金融法进行调整；调整的法律规范既包括国内法规范，也包含国际法规范，两者相辅相成，形成国际投资法的体系。

（二）国际投资法的基本原则

国际投资法的基本原则是指被各国公认的、具有普遍约束力，并适用于国际投资法领域的、构成国际投资法基础的法律原则。

（三）国际投资法的主体

国际投资法的主体是指参与国际投资活动，在国际投资关系中能够享有权利、承担义务的人或组织，通常包括私人投资者、国家和国际组织等。

1. 私人投资者是指参加国际投资关系的法人、非法人经济组织和自然人。其中，法人是最常见的私人投资者。所谓法人，是按法定程序设立，有一定的组织机构和独立的财产，并能以自己的名义享有权利和承担义务的社会组织。

2. 国家作为国际投资法的主体，可以主权者身份参与国际投资活动，也可作为特殊的民事法律关系主体，直接参与国际投资活动。

3. 国际组织在参与国际投资活动中与国家具有类似的特性。国际经济组织多达千余个，包括世界性的和区域性的。世界贸易组织就是当今世界上最为重要的国际经济组织之一。此外还有国际货币基金组织、世界银行集团、欧盟、亚太经合组织、北美自由贸易区、解决投资争议国际中心、国际标准化组织等。

（四）国际投资法的渊源

1. 从国内法律规范来看，国际投资法的渊源主要包括资本输出国的外国投资法律制度和资本输入国的外国投资法律制度。

资本输出国的外国投资法律制度是资本输出国为了维护本国经济和社会利益而制定的有关保护、鼓励和限制本国私人对外投资的法律规范的总称。

资本输入国的外国投资法律制度是资本输入国为了吸收和利用外国投资用以促进本国经济发展而制定的有关保护、鼓励和监管外国投资的法律规范的总称。

2. 从国际法律规范来看，国际投资法的渊源主要包括国际投资条约、国际投资案例、国际投资惯例以及联合国有关决议等。

国际投资条约是国家间缔结的确立有关投资权利义务关系的书面协议，主要有三类，即世界性多边投资条约、区域性多边投资条约以及双边投资条约。

国际投资案例主要指国际法院和国际性仲裁庭有关国际投资的判例。其中“解决投资争端国际中心”的裁决对于国际投资法的影响是最大的。

联合国通过的很多与投资相关的决议，确立了很多国际投资法律规范的原则，如1974年的《纲领》、《宪章》等。

在国际投资领域也有一些被广为引用的国际惯例，如国际商会于1972年通过的《国际投资指南》等。

课堂案例讨论

A国政府与B国政府签订协议，协议约定由A国政府无偿提供1亿美元给B国政府投资其国内的基础设施建设。

讨论： A国政府提供给B国政府的1亿美元是国际直接投资吗？

第二节　国际直接投资的形式

一、国际直接投资的传统形式

（一）设立境外分支机构

外国公司的分支机构是指依照本国法律登记或成立的企业依照东道国的规定在东道国境内设立的办事机构或营业机构。通过设立分支机构在海外进行投资是最简单的投资模式。从法律上讲，分支机构并不具有独立的法人资格，东道国对境内的分支机构只有属地管辖权，对分支机构在国外的财产没有属人管辖权。

根据企业在境外设立分支机构的形式不同，分支机构主要可分为分公司和代表处两种类型。分公司是指外国总公司在东道国依法设立不具有独立法律人格的公司。这是企业设立海外分支机构的主要形式。代表处是指外国企业在东道国设立的不能从事经营性业务活动的办事机构。其主要职责是代表外国企业在东道国从事信息收集与传递、工作洽谈、业务联络、咨询等非经营性的辅助工作。

在境外设立分支机构具有以下特点：（1）依照东道国法律在东道国境内设立，其一切活动要受东道国法律管辖；（2）不具有东道国国籍，其一切业务活动受外国企业国籍法律的管辖；（3）不是独立的经济实体和法律实体，不具有独立的法律人格和法律地位；（4）没有独立的名称和章程，不能在东道国独立地从事业务活动，只能以设立它的总公司的名义开展生产经营活动；（5）资产完全由总公司投入，生产经营活动引起的法律后果最终由总公司承担。

（二）在境外新建企业

境外新建企业是私人跨国直接投资较为直接和具体的一种做法。新建的企业一般是具有独立财产能力和责任能力的法人实体。根据新建企业的组织形式的不同，可分为以下几种类型：

1. 外商独资企业

独资企业是指按照东道国法律在东道国设立的，由外国投资者提供全部或大部分资本的企业。各国法律对一个企业中外资构成比例达到多少才视为外资企业有不同的规定。有的国家认为，凡外资占大部分的企业，均是外资企业；而有的国家则严格限定在全部资本由外国投资者所有的才是外资企业。如《中华人民共和国外资企业法》第2条明确规定，外资企业是指依照中国有关法律在中国境内设立的全部资本由外国投资者投资的企业，不包括外国的企业和其他经济组织在中国境内的分支机构。

关于独资经营企业的性质，根据各国外资法和公司法的规定，外资企业可以组成法人实体，采取有限责任公司和股份有限公司等形式，也可以不组成法人实体，采取合伙、无限公司、两合公司等形式。如《中华人民共和国外资企业法》第8条规定，外资企业符合中国法律关于法人条件的规定的，依法取得中国法人资格。但从国际投资的实践来看，外资企业大都登记为法人。

2. 合资合营企业

合资合营企业简称合营企业，是指不同国籍的两个或两个以上的当事人，为了实现特定的商业目的，共同投资、共同经营、共担风险、共负盈亏得一种企业形式。国际合营企业则是由一个或多个外国投资者（法人或自然人）和东道国的政府、法人或自然人按法定或约定的比例共同出资，共同经营特定业务，共同分享利润，共同承担亏损的企业。

合营企业的特征主要体现在六个方面：（1）投资者至少来自于两个以上的国家和地区；（2）是一个独立核算、自负盈亏的独立经济实体；（3）合资各方都需提供资本资产，合营各方所投资本，构成合营企业的共同财产或独立财产，成为合营企业进行经营活动和对外承担债务责任的基础；（4）投资者根据各自的投资比例享有经营管理权，同时负担一定程度的经营管理责任；（5）合营各方共同分担企业的全部风险，一般应按照投资比例对合营企业分享利润、分担亏损；（6）除分享纯利润外，合营各方均不得再从合营企业中取得其他收益。

根据联合国工业发展组织编写的《发展中国家合营企业协议指南》，合营企业依其法律性质不同可以分为两种类型，即股份式合营企业和契约式合营企业。股份式合营企业是指由合营者相互协商为经营共同事业而组成的法律实体。这类企业具有独立的法律人格，拥有一定的管理机构。契约式合营企业是指合营各方根据合营契约经营共同事业的经济组织。这类企业往往不具有法人资格。

各国法律对合营企业的法律性质的认定各不相同，举办合营企业所采取的组织形式也各式各样。当今各国国内法上的主要组织形式大体上可归纳为公司和合伙两类。公司形式是指依东道国的公司法设立的，以营利为目的的法人组织。合伙形式是指两个或两个以上的投资者为营利而共同出资、共同经营并以自身财产承担风险的企业组织形式。此两种组织形式的本质区别在于，合伙组织的合伙人以其自身全部财产对企业债务承担无限责任，合伙组织本身并不形成独立的财产，也不具备独立的责任能力。

中国对中外合资经营企业的相关法律规定主要体现在《中外合资经营企业法》及实施条例中。中外合资经营企业是指外国公司、企业和其他经济组织或个人，依照中国法律，按照平等互利的原则，经中国政府批准，在中国境内同中国的公司、企业或其他经济组织共同投资、共同经营、共负盈亏的企业法人组织。其法律特征为：(1) 由中外合营者共同举办；(2) 中外合资经营企业是中国法人；(3) 合营双方共同投资、共同经营、共负盈亏、共担风险；(4) 中外合资经营企业的组织形式是有限责任公司。

3. 合作经营企业

合作经营企业简称合作企业，是指两个或两个以上国家的投资者为实现特定的商业目的，根据合同的约定进行投资和经营，并依照合同的约定分享权益和分担风险及亏损。

中国对中外合作经营企业的相关法律规定主要体现在《中外合作经营企业法》及实施细则中。中外合作经营企业是指外国的企业和其他经济组织或者个人按照平等互利的原则，同中国的企业或其他经济组织在中国境内依照《中外合作经营企业法》共同举办的经济组织。

与中外合资经营企业相比，中外合作经营企业具有以下几个特点：(1) 合作企业的法律基础是合作协议，而不是投资双方的股份；(2) 合作企业的组织形式可以选择，既可以组成具有法人资格的企业，也可以组成非法人形式的经济组织；(3) 合作企业的投资方式灵活广泛，可以是货币，也可以是实物或者工业产权、专有技术、土地使用权等财产权利；(4) 合作企业依性质采取不同的管理方式，具有法人资格的合作企业设立董事会作为最高权力机构，不具法人资格的合作企业一般设立联合管理委员会；(5) 合作企业承担责任的形式不同，具有法人资格的合作企业以其全部财产对外承担责任，合作各方对合作企业的责任以其投入的资金或合作条件为限。不具有法人资格的合作企业及其合作各方，依照中国民事法律的有关规定，承担民事责任等。

4. 国际合作开发

国际合作开发是一种新型的国际合作形式，主要以石油和其他矿产资源的开发最为常见。

国际合作开发是指国家利用外国投资共同开发自然资源的一种国际合作形式。通常由资源国政府或国家公司同外国投资者签订协议、合同，允许外国投资者在资源国指定的开发区以及一定的年限内，同资源国合作，进行勘探、开采自然资源，并共同生产，按约定比例承担风险、分享利润。

国际合作开发的特征表现在：(1) 国家对其自然资源享有永久主权；(2) 合作主体具有特殊性，通常一方为资源国政府或法定的国家公司，另一方为外国公司；(3) 合作方式大多为特殊的契约式合营。

二、跨国并购

并购是兼并、合并与收购三者的合称。“并”是指企业兼并与企业合并，“购”则含有收购与标购的意思。跨国并购，又称越界并购，是指一个含有并购方式或目标公司的资产或股份持有人，或与目标公司股份有关的特别权利拥有人分处两个以上的不同国家或地区的因素在内的并购行为。

跨国并购具有跨国性和多国性，法律管辖和法律适用的复杂性等法律特征。而且跨国并购可降低企业发展的风险和成本，大大减少企业在国际市场上的竞争对手。

在跨国并购过程中，根据并购主体与被并购企业在生产经营部门上的关系，可以将其分为横向并购、纵向并购、混合并购三种类型：

1. 横向并购

横向并购是指同一类生产部门或同一类产品经营部门之间的公司发生的并购行为，也就是处于同一经营环节上的相关企业的并购。横向并购的目的是为了实现规模经济和占有更大的市场份额。

2. 纵向并购

纵向并购是指生产过程或经营环节相互衔接、密切联系的公司之间，或者具有纵向协作关系的专业化公司之间的并购。纵向并购主要是加工制造企业同与他有联系的原材料、运输、贸易公司之间的并购，也就是同一生产过程中相关环节的企业并购。

3. 混合并购

混合并购是指生产经营上无任何联系或联系很少的不同行业之间的企业的合并，是横向并购与纵向并购相结合的企业并购。目的在于拓展企业的产业结构，实现多样化经营，分散企业经营风险。

三、BOT 投资方式

BOT 是英文“Build—Operate—Transfer”的缩写，意为“建设—经营—转让”，是指东道国就某一特定项目向某一投资者授予开发、运营、管理和商业利用的特许权，然后由投资者设立项目公司与政府签订特许协议，开发并运营该特许项目，以偿还贷款并获取利益，协议期满后，项目产权无偿移交给所在国政府。

BOT 方式具有如下法律特征：（1）适用于规模宏大、投融资风险高、收入来源稳定，且通常为东道国带有垄断性经营的基础设施项目；（2）政府允许外国投资者以 BOT 方式进入，即东道国政府授予外国投资者特许权，以特许协议的方式将本属于政府的一部分社会管理职能在一定期限内转给项目公司；（3）是一种高风险的投资、贷款活动，其筹资方式是将传统的股本投资与项目融资结合在一起的一种较新型的国际投融资方式；（4）围绕项目投融资、建设、运营、移交构成一项复杂的系统工程。

BOT 投资方式自其形成以来，已经为许多国家所采用，并完成了一项又一项世界著名的建设项目，如英吉利海峡隧道、澳大利亚悉尼港湾隧道、中国香港东区海底隧道、马来西亚南北高速公路、泰国曼谷二期高速公路等。

中国从 20 世纪 80 年代中期开始引入 BOT 投资模式，1984 年深圳以中外合作方式第一次从国外引进商业贷款，成功兴建了广东沙角电厂，成为中国第一次 BOT 模式的实践运用。其后，上海黄浦江延安东路隧道复线工程、广州深圳高速公路、海南东线高速公路、三亚凤凰机场等项目相继采用此模式引进外资建设。从 1995 年开始，原国家计委批复广西来宾电厂二期工程采用 BOT 方式建设，使该项目成为中国第一个经国家批准的 BOT 试点项目。此后又批准了湖南长沙电厂、成都水厂等项目。

课堂案例讨论

英国石油公司与美国阿莫科石油公司宣布合并，组建英国阿莫科公司，从而跻身世界第三大石油巨头之列。

讨论：英美两国公司的合并属于哪种并购类型？

第三节　海外投资保证制度

一、海外投资保证制度的概念和特征

海外投资保证制度一般又称为海外投资保险制度，是资本输出国政府为了保护本国国民在海外的投资安全，对海外投资者可能遇到的某些风险提供保证或保险，对投保者因约定的保险事故的发生而遭受的损害承担赔偿责任的一种政府保险制度。

投资保证制度在形式上与一般的民间保险相类似，即投保者与保险机构订立保险合同，并支付保险费，承保机构在约定的保险事故发生后向投保者赔偿所受损失。但是实质上，海外投资保险是一种政府保证，具有与一般民间保险显著不同的特征：

1. 海外投资保险制度显然带有国家性质，承保机构往往是由政府机构或政府机构参与运作，由政府控制，主要作用是鼓励并保护本国海外投资；其次是因为投资保险风险巨大，由私营公司索赔困难，而且还关系到一国对外政治、经济政策的需要。

2. 海外投资保险制度的保险内容只限于战争、内乱、国有化、征收等政治性风险所造成的损失，不承保一般的商业风险，如火灾、水灾、地震、海啸等自然灾害引起的损失。

3. 海外投资保险制度的对象及范围是资本输出国符合一定条件的海外私人直接投资，即此类海外投资的投资者要直接参与经营管理与控制，同时作为保险对象的海外投资除了符合资本输出国利益外还要经东道国批准。

4. 海外投资保险制度的核心内容是东道国与母国之间必须有相应的投资协议，否则母国海外投资保险的承保人向被保险人支付了赔偿，取得代位权后，向东道国要求赔偿的国际法基础就会落空。

二、海外投资保证制度的基本构造

（一）保险机构

海外投资保险最大的特点就是风险性高，因此海外投资保险需要充足的资金和强大的政治为依靠，一般的私营保险公司不愿承保，各国的海外投资保险业务都是政府部门

经营的，有的虽然以公司名义经营，但这些公司所经营的投资保险业务是在政府的密切监视之下，或者本身就是公营公司，受政府直接控制。

1. 政府公司作为保险机构

例如美国的“海外私人投资公司”。该公司是根据1964年美国《对外援助法》规定设立的，是直属国务院领导下的独立的政府公司，具有法人资格，可以自己的名义起诉或被诉，在法律上或仲裁程序中代表自己。该公司通过提供一般商业上所得不到的金融服务来帮助美国私人企业扩大在发展中国家和新兴市场国家的投资，并通过这类服务来获取收入。

2. 政府机构作为保险机构

如日本的通商产业省贸易局。该局是一个完全的政府机构，但在财政上具有独立性，其宗旨是担保国际贸易和其他对外交易中其他普通保险公司所不能承保的风险，以促进国际经济交往的发展。

3. 政府与国营公司共同实施保险业务

例如德国的“信托股份公司”和“黑姆斯信贷担保股份公司”。目前，德国的投资保险业务由“信托股份公司”和“黑姆斯信贷担保股份公司”展开，牵头的是信托股份公司，因而经常由它代表德国的海外投资担保机构。除了保留给“联邦债务管理署”的权力之外，这两家公司受联邦政府的委托和授权，代表联邦政府发表和接受一切有关投资担保的声明，进行为达成这一目标的一切活动。但是德国的信托股份公司和黑姆斯信贷担保股份公司只负责执行投资担保业务，而有关担保申请的决定，由联邦经济部长会同财政部长、外交部长和经济合作部长所组成的部级委员会作出。因此，联邦政府是法定保险人，执行则由两个公营公司负责。

（二）保险范围

国际实践中各国的投资保险范围主要限于政治风险，具体包括外汇险、征收险以及战争与内乱险。

1. 外汇险

外汇险是指由于东道国停止或限制外汇、实行外汇管制，或由于其他突发事件，致使投资者的成本或收益、利润等无法兑换成可自由兑换的货币，或不能自由转移出境的风险。外汇险包括禁兑险和转移险。

2. 征收险

征收险是指由于东道国政府实行征收或国有化措施，致使投保者的投资财产受到部分或全部损失，则由承保机构负责赔偿。

征收险最核心的问题，即征收必然是使投资者失去控制权，这是征收的必要条件。但在具体认定何为征收行为上，各国的规定不尽相同，主要包括以下内容：（1）征收是东道国政府采取的行为，包括政府采取、授权、批准或纵容的行为，且不论是否给予补偿；（2）征收包括直接征收和间接征收。直接征收一般是指直接剥夺财产所有权，而间接征收一般是指对财产所有人使用、占有和处置财产无理干涉，从而使所有权人在合理期限内不能使用、占有和处置该财产；（3）征收的对象一般包括投资者的投资和贷款，以及投资的利润和贷款的利息，不仅包括财产权以及由此产权产生的其他债权，而且包括契约权；（4）构成征收险的征收行为一般应持续1年以上。

各国的投资保险机构在承担征收险的保险责任之前，要求投保人必须履行一定的义务：（1）当东道国政府对投资采取或可能采取征收行动时，投资者有义务立即向保险机构书面报告详细事实情况；（2）保险机构在赔偿前有权要求投资者采取一切合法的必要行动，及时、合理地使用司法行政手段以防止或抗议东道国的征收行为；（3）投资者始终有义务协助本国的保险机构向东道国行使索赔权。

3. 战争与内乱险

战争与内乱险是指由于东道国发生战争、革命、内乱或暴动，而使投资者的投资财产遭遇损失的风险。这种革命、战争、骚乱等行为必须是非由投资者所引起产生的。恐怖活动、罢工等也不包括在内。

（三）保险对象

这里的保险对象是指可作为保险对象的合格的投资。合格的投资要求投资的形式、投资的内容、投资的东道国以及投保人均须符合一定的标准。

1. 投资形式的标准

对于投资形式的规定，各国有所不同。现以美国和日本为例。

美国规定，投资可以是：（1）现金投资，美元或用美元购入并可兑换成为美元的货币；（2）现物投资，包括商品、设备和原料等；（3）基于契约安排的权益投资，如劳务、专利权、利润、收益、专利使用费、制造方法、技术等。

日本规定合格投资形式包括以下几种：（1）投向外国法人或社团的股份、股本（指合伙组织）等，以参加事业经营为目的者为限；（2）对合营公司（外国法人）的本地股东向该合营公司出资用资金的长期贷款，其清偿期在5年以上者，但以该股东同该合营公司具有同一国籍者为限；（3）对日方投资者能实际支配经营的外国法人的长期贷款；（4）为进行"海外直接事业"，直接以日本人名义取得的不动产、采矿权或其他权利；（5）基于长期契约，对以开发输入资源为目的的外国法人（非日方经营支配的）为期5年以上的长期贷款。

2. 投资内容的标准

海外投资要符合东道国社会经济发展的目标及其法制政策；海外投资必须符合资本输出国的利益；海外投资的领域必须符合国家的法律与保险合同的规定；符合海外投资的投资投保时间要求，各国一般规定只承保新的投资。

3. 投资东道国的标准

各国对东道国的要求也不相同，以美国为例。美国的法律规定，合格的东道国应该符合下列条件：（1）必须是事先已与美国政府订有双边投资保证协定的国家，这一要求的目的是，一旦保险事故发生，美国政府可以依据条约进行代位索赔；（2）投资所在的东道国限于友好的发展中国家；（3）东道国国民人均收入低于3 881美元（按1983年美元记值），人均国民收入在896美元（按1983年美元记值）以下的东道国予以优先考虑；（4）尊重人权和国际上公认的工人权利。

虽然各国的立法并不相同，但却有着共同的发展趋势，其中一种趋势是将属于国内法范畴的海外投资保险制度与属于国际法范畴的双边投资协定紧密结合，要求东道国与资本输出国事先订有双边投资保证协定。另一种趋势是大多国家都将承保投资范围相对地集中在与他们有特殊关系或利益的国家和地区。

4. 投保人的标准

各国的立法和实践都要求海外投资保险的投保人必须符合一定的条件。对于这一标准的规定，各国仍不相同。我们还以美国为例。美国关于合格投保人的规定：（1）美国公民，即依据美国法律取得美国国籍的自然人；（2）根据美国法律包括联邦、州或其他地方法律设立的公司、合伙或其他社团，但是，这些公司、合伙或社团必须主要由美国公民所有，也就是说美国公民在上述公司、合伙或社团拥有全部或至少51%以上的股权或资产；（3）具有外国国籍的公司、合伙或其他社团，其资产的95%以上必须为美国公民、公司、合伙或社团所有者。

（四）投保程序、保险费率和保险期限

1. 投保程序

各国对于合格投资者如何取得政府的投资保险均有规定，一般来说，合格投资者必须经过法定程序，向承保机构申请，经过审查合格后，才订立保险合同。

投资者在确定海外投资计划后，应带着保险申请书、海外投资计划说明书、东道国外资引进许可证、东道国政府批准可作为保险标的的投资项目的官方证明等一系列资料向保险机构提出投保申请。保险机构在收到申请后，会审查投资的主体、内容、形式及领域是否合格，投资对东道国和本国的经济是否有利，是否已经东道国的批准，东道国与本国是否签订有双边投资保证协定等，经审查确认申请合格后，便可签订投资保险合同。

2. 保险费率

各国法律对于保险费率的规定不同。

例如美国法律规定，保险费率依承保行业、险别及范围而不同。一般保险费年率为：中、小企业，外汇险为0.3%，征收险为0.4%～0.8%，战争险为0.6%。三者同时投保，合计年率为1.3%～1.7%。至于特别的保险费年率，则可低于或高于上述比率。

德国根据保险期限的长短不同而适用不同的保险费率。保险期限为5年者，年保险费率为0.75%；保险期限为10年者为1%；保险期限为15年者为1.25%；保险期限为20年以上者为1.5%。在投资者收到承保通知（即保险期限开始），却未进行所承保的投资的情况下，年保险费率可大幅度降低。

3. 保险期限

对保险期限而言，一般来说，各国规定在15年左右，不过也会根据投资的性质、种类及承保险别不同而有所调整。例如德国规定，保险期限第一次最长可以为15年，在合理的情况下，也可以为20年。无论保险期限的长短，在保险期限届满时，都可以再延长5年。而日本规定，保险期限为5～10年，在投资项目建设期间较长的情况下，保险期限可以超过15年。

（五）索赔

当约定的保险事故发生时，保险人依法律规定及契约条款，应负补偿损失的责任，同时，被保险人有权获得保险人支付的保险金。当保险人支付了保险金后，就可以代位取得被保险人基于保险事故对东道国所享有的索赔权以及其他权益（即代位求偿权），向东道国索赔。

保险事故发生后，被保险人保险金的获得以及保险人取得代位求偿权都必须符合一定的条件和标准：

1. 投保人通知及减损的义务

保险事故发生后，投保人应在规定的期限内尽速向承保人通知风险与损失的发生，提供有关证据，申请赔偿，并同时基于保险合同承担下列义务：（1）预防和减少损失，并应在东道国境内采取一切行政和司法救济措施，要求制止风险或取得赔偿；（2）保管好有关的一切资产和资料，以便检查和审计；（3）向承保人转交有关承保投资的资产和权益，如资产、现金、所有权和索赔权等；（4）与承保人通力合作，帮助代位索赔。

2. 保险金的支付

保险金是指保险事故发生时，保险人依约应向投保人实际支付的赔偿金额。保险金的数额一般是按照损失额与赔偿率来确定的。一般各国都要求投资者自己承担10%的损失，为了提高投资者的警觉，提早防范并减少损失。

3. 代位求偿权的取得

代位求偿权是保险机构得以维系生存发展的根本所在。承保人在向投保人支付保险金之后获得代位求偿权，向东道国索赔。

课堂案例讨论

A国投资者与B国某公司合营建立一个公司进行生产销售，A国投资者投资时向本国海外投资保险公司投保了战争与内乱险。公司成立后，由于B国某公司投资的资金不能到位，使得工人工资不能按时支付，最后工人罢工，直接导致公司破产倒闭。随后A国投资者即向其本国海外投资保险公司要求理赔。

讨论：A国投资者能否得到赔偿？

第四节 保护投资的国际法律制度

一、国际投资争议的解决

（一）国际投资争议的概念与类型

国际投资争议有广义和狭义之分。广义的国际投资争议包括任何涉及两个或两个以上国籍的自然人、法人或外国政府、外国公司机构因国际直接投资及国际间接投资而引起的争议；狭义的国际投资争议仅涉及因私人直接投资而引起的各种争议。

本书中的国际投资争议仅指狭义的国际投资争议，包括以下三种类型：外国投资者与东道国政府之间的争议；外国投资者和东道国投资者之间的争议；外国企业和外商投资企业与东道国国内其他企业之间的争议。

（二）华盛顿公约体制下的投资争议解决规则

1962年世界银行主持起草了《解决国家和他国国民投资争端公约》（Convention on the Settlement of Investment Disputes between States and Nationals of Other States）的“初步草案”。1965年3月18日，《解决国家和他国国民投资争端公约》由世界银行执行董事会通过，并在美国华盛顿开放签字，因而得名。中国政府于1990年2月9日签署了该公约，它于1993年2月6日正式对我国生效。

1. ICSID仲裁体制的基本框架

“解决投资争议国际中心”（International Center for the Settlement of Investment Disputes，以下简称“中心”或ICSID），是根据《解决国家和他国国民投资争端公约》授权负责组织处理特定国际投资争端即外国投资者与东道国政府之间的投资争端的常设专门机构。

（1）宗旨

《解决国家和他国国民投资争端公约》在序言中阐述了该公约的宗旨和目的是为各缔约国和其他缔约国国民之间的投资争端提供调解和仲裁的便利，从而促进国际私人投资的跨国流动。其目标是双重性的，一方面是为资本输出国的海外投资者的利益提供保障，另一方面是力图排除投资者母国政府的介入，避免将投资争端政治化，而采用“非政治化”的方法解决争端。

（2）组织机构

ICSID本身设有行政理事会和秘书处两个机构。行政理事会是ICSID的权力机构，由缔约国各派代表一人组成，世界银行行长兼任行政理事会的当然主席。秘书处是ICSID的一个重要机构，设秘书长、副秘书长及若干工作人员。正、副秘书长均由行政理事会选举产生，是ICSID的法定代表和主管官员；同时执行类似于法庭书记官的任务，对争端当事人双方协议提交ICSID管辖的案件，预先审查，认为符合条件者，立即予以登记受理，并进行调解委员会或仲裁庭的组建工作。

（3）法律地位

ICSID具有完全的国际法律人格，其法律能力包括缔约能力，取得处理动产、不动产的能力以及法律诉讼能力。ICSID在完成其任务时，在缔约国领土内享有特定的特权和豁免。

2. ICSID管辖的条件

（1）主体一方为缔约国，另一方为缔约他国的国民。

（2）争议必须是直接因投资而产生的法律争议。

（3）必须经双方书面同意提交ICSID仲裁。

3. ICSID仲裁适用的实体法律

《解决国家和他国国民投资争端公约》第42条规定了ICSID仲裁法律适用的基本原则：

（1）当事人意思自治原则，即争端当事人享有选择准据法的权力，仲裁庭必须尊重当事人的这种选择，有义务适用当事人所选择的法律。

（2）辅助和补充原则，即当事人未达成法律适用协议的情况下，ICSID可直接适用东道国的法律和可能适用的国际法规则。

（3）禁止拒绝裁判原则，即仲裁庭对于提交给他的争议，即使适用的法律欠缺相应的规范，或有关规定含糊不清的情况下，也必须作出实质性的裁决。

（4）公平正义原则，即仲裁庭经双方当事人同意，可以不依照法律规定，而根据其他公平合理的标准作出具有拘束力的裁决。

4. ICSID 的调解和仲裁程序

（1）调解程序

公约第 28 条对调解程序作了明确的规定，希望采取调解程序的任何缔约国或缔约国的任何国民，应向秘书长提出书面请求。秘书长对请求的内容是否符合 ICSID 的管辖范围作出判断，并决定是否予以登记。登记以后就应组成相应的调解委员会，其人数必须是单数。在调解过程中，调解委员会应当根据双方当事人合意的结果，或者按照 ICSID 提供的规则，公正、合理地作出调解结论。

（2）仲裁程序

仲裁程序包括提起请求，组成仲裁庭，仲裁裁决。仲裁的提出和受理与调解类似。

根据公约第 48 条规定，裁决的作出应以全体仲裁庭成员的多数票决定；裁决应以书面作成，并由投赞成票的成员签名；裁决应处理提交仲裁庭的每一个问题，并说明所根据的理由；仲裁庭的任何成员可以在裁决上附上他个人的意见（不论他是否同意多数人的意见），或陈述他的不同意见；ICSID 未经双方的同意不得公布裁决。

二、双边投资协定

双边投资协定是资本输出国同资本输入国间签订的，用于调整国家间关于两国私人直接投资活动之关系的双边协定的总和。具体地说，是两个国家就相互之间的投资以及与投资相关的业务活动如何给予协调和保护问题达成的协议，缔约双方根据协议的规定承担责任，履行义务。

（一）双边投资协定的特点和主要内容

双边投资协定具有如下特点：（1）缔约国通常为资本输出国与资本输入国，或互有资本输出或输入的国家；（2）规范一缔约国国民向缔约另一方境内投资的问题；（3）缔约国签署双边投资协定后，承担协定项下的义务；（4）双边投资协定的规定与缔约国外资立法相辅相成。

一般的双边投资协定主要对以下条款作出规定：定义条款；投资待遇；征收及其补偿；资金的自由转移及资本和利润的汇回；国家和国家之间、国家与投资者之间争端解决条款等等。

（二）中外双边投资协定

中国与外国签订的第一个双边投资协定是 1980 年 10 月 30 日与美国签订的《中华人民共和国和美利坚合众国关于投资保险和投资保证的鼓励投资协议和换文》。

中外双边投资协定的主要内容：

1. 定义条款。通常对重要词语进行定义。

2. 促进和保护投资。主要规定对外国投资和投资者的保护原则。

3. 最惠国待遇和国民待遇。我国与大多数国家签订的双边投资协定只规定了最惠国待遇，而没有规定国民待遇。

4. 征收。

5. 损失的补偿。主要是指外国投资者在东道国遇到战争等突发事件，并造成损失时的东道国补偿问题。大部分中外双边投资协定都要求对于这类补偿给予最惠国待遇。

6. 自由转移。主要规定投资本金、利润等从东道国转移到国外的情形。

7. 代位求偿原则。是指投资担保机构在赔偿被保险人后取得向东道国政府求偿权利的问题。

8. 缔约一方与缔约另一方投资者的争议解决。大多数中外双边投资协定对于缔约一方政府与缔约另一方的投资者之间发生争议的解决规定了如下办法：首先协商或谈判，在规定时间内如果不能达成协议，任何一方都可以将争议提交诉讼解决。同时，对于征收的补偿额争议可提交仲裁机构。

9. 缔约双方之间的争端解决。大多数中外双边投资协定规定，如果缔约双方对协定的解释或适用发生争议，首先应该协商解决，如果在一定期限之内不能达成一致，可提交仲裁。裁决是终局的，对缔约各方具有约束力。

三、多边投资担保机构公约

《多边投资担保机构公约》（简称《MIGA公约》），旨在建立一个多边投资保险机构（MIGA），主要从事投资保险业务和投资促进业务，鼓励生产性投资在会员国之间，尤其是向发展中国家会员国的流动，以补充国际复兴开发银行、国际金融公司和其他国际开发金融机构的活动。为到达这些目标，机构应：（1）在一会员国从其他会员国取得投资时，对投资的非商业性风险予以担保；（2）开展合适的辅助性活动，以促进投资向发展中国家会员国和在发展中国家会员国间的流动；（3）为推进其目标，行使其他必要的或适宜的附带权力。

（一）MIGA的法律地位

公约第1条明确规定，机构应有完全的法律人格，特别是有权：（1）签订合同；（2）取得并处理不动产和动产；（3）进行法律诉讼。

（二）MIGA的作用

MIGA的作用主要表现在以下几点：（1）担保国际投资的非商业性风险；（2）促进争端的非政治性解决；（3）通过其研究活动，为投资者和东道国提供资料、起草和创立在发展中国家投资的协议类型和投资规则，并通过其在保险业务、专门知识、信息汇集和风险评估方面积累的经验，促进国际投资和国际投资法的发展。

（三）MIGA的业务

MIGA的业务是为实现其宗旨而开展的，包括投资担保和投资促进两大类。投资担保是MIGA的主要业务。

四、世界贸易组织有关投资的协定

《与贸易有关的投资措施协定》（Agreement on Trade Related Investment Measures,

TRIMS）于1991年1月20日正式出台，所谓的与贸易有关的投资措施是指直接或间接由东道成员方政府通过政策法令实施的，针对外国直接投资项目或企业所采取的措施。

（一）TRIMS的目的与宗旨

TRIMS协议基于以下目的订立：促进世界贸易逐步自由化并便利国际投资，以在确保自由竞争的同时促进所有贸易伙伴尤其是发展中成员的经济增长；考虑发展中成员特别是最不发达成员在贸易、发展和财政方面的特殊需要；某些投资措施会对贸易产生限制和扭曲作用。

（二）TRIMS的适用范围

TRIMS协议适用于与货物贸易有关的投资措施。

（三）被禁用的投资措施

TRIMS协议第2条规定，任何成员不得实施与《1994关贸总协定》第3条（国民待遇）或第11条（数量限制的一般取消）不相符的与贸易有关的投资措施。

（四）对《与贸易有关的投资措施协定》的评价

《与贸易有关的投资措施协定》是第一个将贸易自由与投资问题联系起来的多边协议，它大大促进了世界多边贸易的法律体制的完善；实现了投资领域国际立法的重大突破；促进了各成员方外资立法的统一性和公开性；加强了贸易与投资自由化的进程。但是，TRIMS协议也存在一定缺陷，如缺乏具体操作规范和详细解释等。

课堂案例讨论

A国政府为了缓解国内用电紧张的局势，决定通过BOT招标方式建设热能发电站，为此还专门成立了经营该项目的项目公司B公司。C国D公司参与了投标，并作为候选人之一受到邀请，且参与了与被申请人之间关于电站建设融资的若干谈判。然而，C国D公司与A国政府之间的谈判并未能导致正式签约。在此期间，C国D公司却又将其在该项目项下的权利与义务转让给本案申请人E国F公司。A国和C国均为《解决国家与他国国民投资争议公约》（以下简称ICSID公约）缔约国。此外，A国还与C国在1991年签署了《关于鼓励与相互保护投资的条约》。1997年7月29日E国F公司向国际解决投资争议中心递交了根据ICSID公约解决与被申请人A国政府之间的投资争议，请求裁定被申请人赔偿其由于谈判投资该招标项目所支出的费用。

对于申请人提出的仲裁申请，国际解决投资争议中心秘书处于2000年1月11日根据ICSID公约第36条（3）款进行了登记，并向双方当事人发出了通知。在双方当事人交换意见的基础上，根据ICSID公约第37条（2）款（b）项，组成仲裁庭。6月15日ICSID执行秘书向双方当事人发出了仲裁员接受指定的通知，仲裁庭即告成立，并开始对本案争议进行仲裁审理。7月19日，仲裁庭开庭审理了此案。然而，在开庭审理过程中，被申请人首先对仲裁庭的管辖权提出异议，并指出：具有向ICSID提出仲裁申请的申请人资格只能是C国D公司，而并非本案的申请人E国F公司，因为E国F公司并没有参加谈判。而且E国不是ICSID公约的缔约国，因此申请人不具备本案合格申请人的资格。另外，鉴于本案双方当事人对所涉及的项目尚未正式签约，因而不属于

ICSID 公约项下的投资争议。

讨论：被申请人所提出的两项异议是否能够构成有效的管辖权异议，从而排除“中心”对该案的管辖权？

关键术语

投资　国际投资　直接投资　投资担保　投资措施　投资争端解决

本章小结

国际投资法是调整跨国私人直接投资关系的国内法律规范和国际法律规范的总称，是国际经济法的一个重要分支。国际投资法调整的主体仅限于国际间私人投资关系；调整的对象是国际直接投资关系；调整的法律规范既包括国内法规范，也包含国际法规范，两者相辅相成，形成国际投资法的体系。

自测题

一、判断题

1. 外国法人不能作为国际合营企业中的外国投资者。（　）
2. 合营双方共担风险、共负盈亏是合营企业的典型法律特征。（　）
3. 在契约式合营企业中，合营各方是以股份形式出资的。（　）
4. 中外合作经营企业是一种经济实体，而非法律实体。（　）
5. 国际投资合同属于涉外经济合同的一种。（　）

二、单项选择题

1. 国际投资按投资主体划分，可分为（　）。

A. 直接投资和间接投资　B. 官方投资和私人投资
C. 短期投资和长期投资　D. 股权投资和债券投资

2. 在中外合资经营企业中，可以作为一方出资的货币是（　）。

A. 以合资企业名义取得的贷款
B. 应当偿还给另一方合资者的货款
C. 该方在其开户银行中开立账户中的资金
D. 该方以合资企业的厂房作抵押取得的贷款

3. 在实行对海外私人直接投资政治风险保险制度的国家中，其保险人的身份不尽相同，以政府公司作为保险人的是其中的一种。现在采用这种作法的典型国家是(　)。

A. 日本　B. 德国　C. 美国　D. 法国

4. 我国签订的双边投资协定中，确认法人和非法人经济实体的身份所采取的标准主要是（　　）。

A. 依注册地和住所地确认　　B. 依董事会所在地确认

C. 依财产所在地确认　　D. 依股东国籍国确认

5. 根据我国外资企业法，不属外资企业的有（　　）。

A. 外商独资公司　　B. 有限责任公司

C. 外国企业在中国境内的分支机构　　D. 股份有限公司

三、多项选择题

1. 受双边投资协定保护的投资者包括（　　）。

A. 具有缔约国国籍或在缔约国境内有住所的自然人

B. 依缔约国法律设立，或在该缔约国内有住所的法人或非法人实体

C. 在缔约国双方境内有财产或住所的任何人

D. 由缔约国公民或法人控制的第三国或对方缔约国的公司

E. 具有国际法主体资格者

2. 跨国公司的法律地位是（　　）。

A. 国际法人　　B. 国际法主体

C. 国内法主体　　D. 国际组织

E. 国际投资法主体

3. 中外合资经营企业中的中方合营者可以是（　　）。

A. 民间团体　　B. 取得法人资格的其他经济组织

C. 党政机关　　D. 行政管理部门

E. 企业法人

4. 从各国实践来看，解决国际投资争议的方法主要有（　　）。

A. 协商或调解　　B. 东道国当地救济

C. 外国法院诉讼　　D. 外交保护

E. 国际仲裁

5. 国际投资法的渊源包括（　　）。

A. 国内立法　　B. 国际条约

C. 联合国大会规范性的决议　　D. 国际惯例

E. 著名学者学说

四、简答题

1. "BOT" 指的是什么？它具备哪几个方面的特征？

2. 简述海外投资保险制度的特征。

3. 简述在我国设立外商投资企业的出资方式。

4. 简述国际合作开发的法律特征。

五、案例分析题

1. A 国海外投资者在 B 国投资建立了 C 公司，C 公司向 A 国的海外投资保险公司投保了其所有的险。1971 年 C 公司签订了一份合同，在 B 国开发一种自然资源。由该公司出资，并提供技术援助以及部分营运资金，作为回报，C 公司根据其投资企业的产

量每月收取一定的服务费。1983 年，C 公司将从 1982 年起连续 3 个季度的收入存入 B 国的一家商业银行，并向 B 国中央银行申请汇出，获得批准。然而，由于当时外汇大量外流，B 国政府决定推迟 90 天偿还外债的本金。随后实行的外汇管制又要求商业银行把所有的外汇卖给中央银行，建立一项外汇储备资金，该外汇资金只配给重要的进口交易。C 公司虽然已取得 B 国中央银行的收入汇出批准书，但始终无法从该外汇储备资金中申请取得外汇。于是，便向 A 国海外投资保险公司索赔。

问题：上述案例中涉及的是哪一类风险？应如何审理？

2. A 财团于 1967 年对原有在 B 国的铜业企业进行扩大投资，共投入 1 亿多美元。同年 12 月，A 财团所在国的海外投资保险公司对该项扩大投资进行了保险。在此之前，1966 年 1 月，B 国为了收回被外资掌握的经济命脉，颁布了《铜业法》，其主要内容之一是决定组建国营的"B 国铜业公司"，并授权该公司负责组建"合资公司"，由外国资本和 B 国资本联合经营，分享赢利。1969 年 6 月，在 B 国政府的要求下，A 财团同意将其拥有的两大铜矿实行"B 国化"，双方为此达成协议，主要内容如下：A 财团同意将原来拥有的两大铜矿的全部资产高价转给两家新建的"合资公司"；A 财团愿意把这两家"合资公司"全部股权的 51% 以高价全部出售给 B 国铜业公司；A 财团将来愿把新建"合资公司"其余的 49% 股权以更高的价格出售给 B 国铜业公司；在此期间 A 财团人员继续主管采矿、营建和销售业务。该协议的内容双方都较为满意。然而，好景不长，1970 年 9 月，反对派领导人当选 B 国总统，并于次年促使 B 国议会通过"宪法修正案"，规定尽快把大型铜矿企业直接全部收归国有。该国政府认为由于 A 财团的两家铜矿从历年来所获的"超额利润"中早已收回投资的本金并得到正常的利润，因此按照该修正案的规定，对它们实行国有化，政府无须再支付任何赔偿。由此，A 财团与 B 国前政府达成的前述协议实际上已被全盘取消，导致 A 财团完全失去其在 B 国的资产。

问题：在这种情况下，投保人 A 财团向所在国的海外投资保险公司要求索赔，会有怎样的结果？

3. 20 世纪 90 年代，A 国入侵 B 国，两国军队在 B 国展开激战。战争期间，由于军事需要，B 国国防部征收了某海外投资者在 B 国投资设立的公司的财产。因为投资者投资之初已经向其国内的海外私人投资保险公司进行了投保，于是，投资者便向其国内的海外私人投资保险公司索赔。

问题：本案例属于哪一类事故？应如何判决？

第九章

国际货物运输与保险法

学习目标

◉ **知识要点：**

1. 了解国际货物运输的海上运输方式
2. 了解国际货物海上运输保险的承保范围
3. 了解中国货物海上运输保险的险别和英国货物海上运输保险的险别

◉ **技能目标：**

能够对所投保的保险和对应的承保范围有一定的分析和应用能力；能够在掌握国际货物运输及保险法知识的基础上，将所涉及的法律程序和基本技巧灵活运用于实践操作之中。

导读案例

◉ **案例1：**

2010年6月12日，中国若森进出口公司受我国某蜡笔生产企业的委托与加拿大汉威司贸易公司签订了出口蜡笔一批的合同。合同约定与本合同有关的争议适用加拿大法律。主要成交条件是：CIF温哥华每箱32美元，9月装船。2010年7月20日，该批蜡笔7500箱经中国商检部门检验合格后装上了某远洋公司“大宇”轮上，鉴于蜡笔如放在40℃左右的地方时间一长会变形，因此托运人指示承运人在运输中应注意适当通风。承运人收货后签发了清洁提单。依合同约定的贸易条件，中方公司向中国人民保险公司投保了一切险。在运输途中“大宇”轮与一日本籍“北海道”号发生碰撞，导致一货舱进水，使装于该货舱的700箱蜡笔及其他货物湿损。为修理该船以便继续航行，该轮开进附近的避难港，并发生了避难港费用和必要的船舶修理费用。“大宇”到达目的港后，收货人发现余下的6 800箱蜡笔已变形，不能用于正常的使用目的，收货人只能按市价30%出售。经查蜡笔变形是运输中未适当通风导致温度过高所致。问题：

1. 若森进出口公司与蜡笔生产企业是什么关系？
2. 关于700箱货物的湿损，是否应由承运人负责？
3. 避难港费用和必要的船舶修理费用是否属于共同海损？为什么？

◉ **案情分析：**

1. 二者之间是外贸代理关系。

2. 承运人应当赔偿收货人的损失；如果承运人拒绝赔偿，收货人可以向保险人提出索赔请求。

3. 避难港费用为共同海损。因为该项费用都是在面临共同危险，为了各方利益人共同安全的目的，有意地合理地采取安全措施而发生的特殊费用。船舶修理费用是为船方自己的利益而发生的，不属共同海损，应由船方负担。

◉ **案例2：**

中国某进出口公司与美国商人签订一份出口玉米合同，由中方负责货物运输和保险事宜。为此，中方与上海某轮船公司A签订运输合同租用“扬武”号班轮的一个舱位。2011年7月26日，中方将货物在张家港装船。随后，中方向中国某保险公司B投保海上运输货物保险。货轮在海上航行途中遭遇风险，使货物受损。问题：

1. 如果卖方公司投保的是平安险，而货物遭受部分损失是由于轮船在海上遭遇台风，那么卖方公司是否可从B处取得赔偿？为什么？

2. 如果卖方公司投保的是一切险，而货物受损是由于货轮船员罢工，货轮滞留中途港，致使玉米变质，那么卖方能否从B处取得赔偿？为什么？

3. 如果发生的风险是由于承运人的过错引起的并且属于承保范围的风险，B赔偿了损失后，卖方公司能否再向A公司索赔？为什么？

◉ **案情分析：**

1. 中国某进出口公司不能向保险公司B提出赔偿请求的，因为平安险对货物因自然灾害造成的部分损失不予赔偿。货轮在海上航行途中遭遇台风，使货物受部分损失是因自然灾害引起的单独海损，但由于卖方中国某进出口公司投保的是平安险，保险人的保险责任范围不包括自然灾害引起的单独海损，所以卖方中国某进出口公司不能从保险公司B处获得赔偿，除非卖方已投保水渍险和一切险。

2. 中国某进出口公司也不能向保险公司B提出赔偿请求，因为一切险的责任范围包括被运输货物在运输途中由于自然灾害、意外事故等外来原因所造成的全部损失或部分损失，但不包括战争险、罢工险等特殊附加险。即便投保人投保了一切险，仍须与保险人特别约定，经保险人特别同意后，才能把特别或特殊附加险的责任包括在保险人承保范围之内。由于卖方未投保特殊附加险，故无法取得赔偿。

3. 不能。保险合同是一种补偿合同，被保险人不得以保险作为牟利的手段。保险货物的损失如果是由于第三者的过失或疏忽造成的，被保险人从保险人处取得保险赔偿时，应当把对该第三者的损害赔偿请求权转让给保险人，由保险人代位行使被保险人的一切权利和追偿要求，而不能一方面向保险人取得保险赔款，另一方面又向有过失的第三者索赔，从而获取双倍于损失金额的收入。

第一节　国际海上货物运输合同

一、概述

（一）概念

国际海上货物运输合同是指承运人或船舶所有人以船舶将货物从一国港口运至另一国港口，而由托运人或承租人支付运费的合同。

（二）国际海上货物运输合同的种类

1. 提单；

2. 租船合同；

3. 其他运输单据。

（三）国际海上货物运输合同的成立、形式和解除

1. 合同的当事人

提单的当事人是托运人和承运人；作为提单受让人的收货人亦可取得提单权利。

租船合同的当事人是出租人和承租人。

2. 合同的成立形式

合同双方以电报、电传或其他方式达成协议后，合同即告成立。法律要求租船合同采取书面形式。

3. 合同的解除

因一方违约或由于人力不可抗拒的原因，可以解除合同。

4. 关于提单的国际公约

（1）《海牙规则》；

（2）《维斯比规则》；

（3）《汉堡规则》。

二、提单（Bill of Lading，B/L）

（一）提单概述

1. 提单定义

提单是指证明海上运输合同和货物由承运人接管或装载以及承运人保证凭以交付货物的单据。

2. 提单的作用

（1）货物收据；

（2）运输合同的证据；

（3）所有权凭证

3. 提单的种类

（1）按签发时间分，提单分为已装船提单与备运提单；

（2）按运输方式分，提单分为直达提单、转船提单和联运提单；

（3）按提单抬头分，提单分为记名提单、不记名提单与指示提单；

（4）按提单有无批注分，提单分为清洁提单与不清洁提单；

（5）其他，提单还分为班轮提单、租船提单、集装箱提单等。

◇小知识

◆ 已装船提单（On board B/L；Sipped B/L）是指轮船公司已将货物装上指定船舶后所签发的提单，其特点是提单上必须以文字表明货物已经装某某船上，并载有装船日期，同时还应由船长或代理人签字。

◆ 备运提单（Received for Shipment B/L）又称收讫待运提单，是指船公司已收到托运货物等待装运期间所签发的提单。

◆ 直达提单（Direct B/L）是指轮船中途不经过换船而直接驶往目的港卸货所签发的提单，凡合同和信用证规定不准转船者，必须使用这种直达提单。

◆ 转船提单（Transhipment B/L）是指从装运港装货的轮船，不直接驶往目的港，而需在中途港换装另外船舶所签发的提单。

◆ 联运提单（Throngh B/L）是指经过海运和其他运输方式联合运输时由第一程承运人所签发的包括全程运输的提单。应当指出，联运提单虽包括全程运输，但签发联运提单的承运人一般都在提单中规定，只承担他负责运输的一段航程内的货损责任。

◆ 记名提单（Straight B/L）是指提单上的收货人栏内填明特定收货人名称，只能由该特定收货人提货的提单。这种提单国际贸易中很少用。

◆ 不记名提单（Bearer B/L）是指提单收货人栏内没有指明任何收货人，谁持有提单，谁就可以提货，承运人交货，只凭单，不凭人的提单。采用这种提单风险大，故在国际贸易中也很少用。

◆ 指示提单（Order B/L）是指提单上的收货人栏填写“凭指定”或“凭某某人指定”字样的提单。这种提单可以背书转让，在国际贸易中广为使用。

◆ 清洁提单（Clean B/L）是指货物在装船时“表面状况良好”，船公司在提单上未加注任何有关货物受损或包装不良等批注的提单。

◆ 不清洁提单（Unclean B/L）是指轮船公司在提单上对货物表面状况或包装有不良或存在缺陷等批注的提单。

◆ 班轮提单（Liner B/L）是指由班轮公司承运货物后所签发给托运人的提单。

◆ 租船提单（Charter B/L）是指承运人根据租船合同而签发的提单，在这种提单上注明“一切条件、条款和免责事项按照某年某月某日的租船合同”或批注“根据某某租船合同出立”字样。这种提单受租船合同条款的约束。银行或买方在接受这种提单时，通常要求卖方提供租船合同的副本。

◆ 集装箱提单（Container B/L）是指以集装箱装运货物所签发的提单。

（二）承运人的责任

1. 海牙规则

承运人的责任包括：

（1）在开航前与开航时恪尽职守使船舶适航；

（2）对承运的货物适当的谨慎地装载、搬运、积载、运送、保管、照料和卸载。

2. 维斯比规则

对海牙规则的修改有以下各项：

（1）赔偿限额提高到每件10 000金法郎或毛重每公斤30金法郎，按二者中的高者计算。

（2）明了计算集装箱赔偿限额的数量单位。

（3）扩大了公约的适用范围：货物从一个缔约国起运或提单规定受公约拘束时，公约即可适用。

（4）承运人的雇员和代理人可享受承运人享受的免责权利和责任限制。

（5）诉讼时效得由双方当事人同意加以延长。

3. 汉堡规则

（1）对承运人的责任采取完全过失责任制，承运人如要求免责，应负举证责任。

（2）废除驾驶和管理船舶过失免责条款。

（3）承运人对火灾负责，但由货方举证。

（4）承运人对延迟交付负责，但赔偿额以运费的2.5倍为限。

（5）责任期间：从装船至卸船，改为港至港。

（6）责任限制：每件货物835计算单位或毛重每公斤2.5计算单位，以二者之中高者为准。

（7）诉讼时效：二年。经索赔人声明可以延长。

（三）托运人的责任

1. 根据海牙规则，托运人应保证申报的货物的标志、号码、数量和重量的正确性。按照汉堡规则，托运人除上述各项外，还应将其危险性质的程度申报正确。

2. 无论按照海牙规则或汉堡规则，托运人托运危险货物均应将其危险性质通知承运人。

3. 按照汉堡规则，托运人应保证赔偿承运人由于接受保函，未对提单批注而受到的损失。

三、租船合同

（一）航次租船合同

1. 定义

航次租船合同是指船舶所有人在约定的航程内，为了运输约定的货物提供整个船舶的使用，而由租船人支付运费的运输合同。

2. 船舶所有人的默示担保

（1）船舶具有适航性；

（2）船舶以合理的勤勉履行航程；

（3）不得有不合理的绕航。

3. 合同当事人的义务

（1）船舶所有人应如实说明船舶的性能，包括船名、国籍、船级、航速以及装货量等。

（2）应在约定的期间内装卸完毕货物，否则应支付滞期费。

（3）租船人默示担保不装运危险品，但合同另有约定者除外。

（4）租船人应指定安全的港口。

（5）租船人应按合同规定支付运费。

（二）定期租船合同

1. 定义

定期租船合同是指船舶所有人在约定的期间内，为了运输约定的货物，提供整个船舶的使用，而由租船人支付租金的运输合同。

2. 船舶所有人的义务

（1）船舶所有人应保证他在订约时对船舶特性的陈述的正确性。

（2）船舶所有人应在交船时提供具有适航性的船舶。

（3）船舶所有人负责船舶的维修，在航运期间保持船舶处于彻底有效状态。

（4）船舶所有人应负责赔偿因船舶不适航货照料货物不当而造成的货物损害。

（5）船舶所有人应使船舶以最大的速率进行航程。

3. 租船人的义务

（1）租船人担保指示船长在安全港口运输合法货物。

（2）租船人默示担保不装运危险货物，但合同另有约定者除外。

（3）未得到船舶所有人的许可，租船人不得指示船舶驶入危险区。

（4）租船人应在约定的日期支付租金。如果租船人拖欠租金，船舶所有人有权撤船。

（5）租船人应于租船届满时还船。但最后航次的安排如果合理，超过租期还船不算违约。

（6）租船人如果在有关船舶的装卸港口、签发提单方面指示船长不当，致使船舶所有人遭受损失，应负赔偿责任。

（7）租船人应按照交给他时相同的良好条件还船。

（三）光船租赁合同

1. 定义

光船租赁合同是指船舶所有人提供不配备船员的船舶，由租船人在约定期内占有、管理和使用，并向船舶所有人支付租金的合同。

2. 光船租赁合同的主要条款

（1）船舶所有人应在租期开始之时提供具有适航性的船舶。

（2）租船人应在租期届满时以良好条件还船。

（3）租船人在租赁期间负责维修船舶，但交船时不能发现的潜在缺点由船舶所有人负责修理。

（4）租船人投保船壳保险和船舶责任险。

（5）租船人作为承运人，对货损负责。

（6）租船人对因船长、船员的过失使第三者遭受的损害负责。

（7）租船人有权取得全部救助费，但亦可由租船人与船舶所有人按比例分得。

（8）租船人可以享受责任限制。

（9）船舶所有人对船舶载运的货物无留置权。

（10）租船人应指示船舶在约定的范围内载运合法货物。

◇ 小知识

定期租船合同与航次租船合同的区别

1. 在定期租船合同中，出租人收取的租金按承租时间计算，并非按照货物的数量计算，承租人承担了船舶航速及货物装卸时间的风险。鉴于出租人并不控制货物的装卸，因此承租人只能要求出租人在航行过程尽力速遣，而航次租船合同一般无尽力速遣条款。另外，由于承租人负责货物的装卸，无理由要求出租人承担滞期费；而装卸时间也计租金，出租人也不需要滞期费条款，定期租船合同因而无装卸时间及滞期费条款。租金按承租时间计算，是判断期租与程租的根本标准，因而在实务出现的“航程定期租船合同”也属定期租船合同。航程定期租船合同规定出租人完成指定港口之间的运输，但是承租人应按时间支付租金。船东可利用这种安排，不再承担装卸时间风险，省去计算装卸时间及滞期费的麻烦。当然，承租人也可从容地安排货物的装卸。

2. 在定期租船合同中，出租人对船舶的维修义务较重，如船舶不能正常营运连续满 24 小时，对因此损失的营运时间，承租人不付租金。而在航次租船合同中，如果出租人在开航前和开航时已尽适航义务，则在运输过程中因船舶故障或其他原因出现延迟，承租人一般没有拒付或收回运费的权利。

3. 在定期租船合同中，承租人除了负责装卸费用外，还应负责燃油、港口使用费等营运费用。而在航次租船合同中，如果按 FIO 条件（FREE IN AND OUT：船方不负责装卸费用，装卸费用在外的条件）订立航次租船合同，出租人承担全部运输费用，承租人也不承担装卸费用。

4. 在定期租船合同中，承租人有权获得海难救助报酬的一半。这种规定的理由，在于定期租船合同的承租人承担船舶的时间损失。海上救助无疑会耗费船舶的营运时间，承租人甚至丧失营运机会的风险，而出租人的船员实际进行救助，故定期租船合同双方分享救助报酬。

5. 我国海商法第六章将期租与光船租赁合同统称“船舶租用合同”，认为船舶租用合同不属海上货物运输合同。但是，航次租船合同则被视为运输合同。我国海商法如此处理，是由于航次租船合同与提单条款较为相似，而定期租船合同、光船租赁合同则与提单或海上运输合同相去甚远。对于这种规定，只需理解两点：（1）我国海商法第四章“海上货物运输合同”不适用于定期租船合同与光船租赁合同。定期租船合同与光船租赁合同当事人可自由拟定合同条款，不受干涉。(2) 在船舶租用合同就有关事项没有规定或规定清时，应适用第六章“船舶租用合同”。如第六章也无规定，由于我国海商法为民事特别法，可适用民法通则有关租赁合同的规定，如我国民法通则也无规定，则应依照海商法的规定，适用国际惯例。

第二节 国际多式联运合同

一、国际多式联运合同概述

1. 国际多式联运合同的定义

国际多式联运合同是指多式联运经营人以至少两种不同的运输方式，负责将货物从一国境内接管货物的地点，运至另一国境内指定交付货物的地点，并收取全程费用的合同。多式联运合同的当事人为多式联运经营人和发货人。

2. 适用国际多式联运合同的法律和惯例

《联合国国际货物多式联运公约》和国际商会制定的《联运单证统一原则》。

二、联合国国际货物多式联运公约的主要内容

1. 多式联运经营人对联运的全程负责。

2. 对货物的赔偿责任，采用统一的责任制，即运输全程共同适用一个责任原则(完全过失责任制)；共同适用一个赔偿限额（包括海运时每件920特别提款权，或毛重每公斤2. 75特别提款权）。

3. 责任期间为自多式联运经营人接管货物之时到交付货物之时止。

4. 诉讼时效为二年。

三、《联运单证统一规则》的责任制度

1. 网状责任制

多式联运经营人对全程运输负责。而各区段运输以自己适用的公约和法律来规范，负责本区段的责任。货物损失不论发生在哪一运输区段中，货物损失方可以向多式联运经营人索赔，也可以向货物损失区段的承运人索赔。

2. 统一责任制

多式联运经营人对全程负责，各区段的承运人负责自己的运输区段。无论货物损失发生在哪一区段，多式联运经营人或各区段承运人都按统一的规则负责赔偿。

3. 责任分担制

责任分担制是对统一责任制的修正，其责任范围实行统一责任制，但是赔偿责任按各区段的法律规定办理。

第三节　其他运输单据

一、国际铁路货物联运运单

（一）国际铁路货物联运运单的概念

国际铁路货物联运运单是国际铁路货物联运的运输合同。它既是铁路承运货物的凭证，也是铁路在终点到站向收货人核收运杂费用和终点交货物的依据。

关于国际铁路货物运输的国际公约主要有两个，一个是《铁路货物运输国际公约》简称《国际货约》，又叫《伯尔尼货运公约》；另一个是《国际铁路货物联合运输协定》，简称《国际货协》。我国加入了后者。

（二）《国际货协》的主要内容：

（1）适用范围：适用缔约国间铁路直通货物联运。

（2）运输合同的签订：合同的形式是货运单，货运单是运输合同成立的书面证明，是铁路承运货物的凭证，是铁路向收货人要求运费和交付货物的依据，但货运单不是货物所有权凭证，不得转让。

（3）托运人的权利义务：权利包括在允许范围内更改合同、在货物受损时提出索赔等；义务包括正确填写货运单、支付运费、领取货物等。

（4）承运人的权利义务：权利包括收取运费、享有对货物的留置权等；义务包括将货物依合同运送到站、在责任期间内对因货物逾期、灭失或毁损而导致的损失承担赔偿责任。

（5）承运人的责任限额与免责：在任何情况下，赔偿额不得超过货物全部灭失时的价值，如发货人对货物的价格另有声明的，按声明价格赔偿；对因不可抗力、货物的自然性质、或发货人或收货人的过失引起的货物损失等免责。

（6）索赔与诉讼：提出书面的索赔请求，注明具体金额并附上相应的证明文件，铁路须在180大内审查该项请求并答复；未答复的，当事人才可以提出诉讼，有管辖权的法院是受理赔偿请求的发站或到站所在国法院；货物逾期交付的赔偿请求与诉讼的时效为2个月，其余的为9个月。

二、航空货运单

（一）航空货运单的概念

国际航空货物运输的单证称为“航空货运单”。它是订立合同、接受货物、运输条件以及关于货物重量、尺码、包装和件数的初步证据。

有关国际航空货物运输的国际公约主要有：1929年10月12日在华沙签订的《统一国际航空运输某些规则的公约》（《华沙公约》）；1955年9月28日在海牙订立的《修改1929年10月12日在华沙签订的统一国际航空运输某些规则的公约的议定书》（《海牙议定书》）和1961年9月18日在墨西哥瓜达拉哈拉签订的《统一非缔约承运人所办国际航空运输某些规则以补充华沙公约的公约》（《瓜达拉哈拉公约》）。它们分别调整着不同国家航空货物运输方面的法律问题。

（二）《华沙公约》的主要内容

（1）关于航空货运单及合同订立的规定。公约第6条、第7条、第8条、第9条、第10条和第11条规定，在没有相反的证明时，航空货运单是订立契约，接受货物和承运条件的证明。航空货运单由托运人填写（一式三份），注明填写日期和地点、起运地和目的地、约定的经停地点和托运人的名称和地址，并声明运输应受本公约所规定责任制度的约束等。对于在航空货运上所填关于货物的各项说明和声明的正确性，托运人应负责任。如果因这些说明和声明不合规定、不正确、不完备而使承运人或任何其他人遭受的一切损失，托运人应负责任。如果承运人接受货物而没有填写航空货运单，或航空货运单上没有包括上述事项，则承运人就丧失引用公约中关于免除或限制承运人责任条款的权利。

（2）关于合同履行的规定。公约第12条、第13条和第16条规定，托运人在履行运输契约所规定的一切义务的条件下，有权在起运地航空站或目的地航空站将货物提回，或在途中交给非航空货运单上所指定的收货人，或要求将货物退回起运地航空站，但不得因为行使这种权利而使承运人或其他托运人遭受损害，并应偿付由此产生的一切费用。

（3）关于承运责任的规定。公约规定，承运人对于已登记的货物在航空运输期间因毁灭、遗失或损坏以及迟延而造成的损失应负赔偿责任。如果承运人能证明他和他的代理人为了避免损失的发生，已经采取了一切必要的措施，或不可能采取这种措施时，则可不负责任。如承运人能证明损失的发生是由于驾驶上、航空器的操作上或领航上的过失，也可不负责任。但后一免责条款又为《海牙议定书》所删除。

第四节　海上保险法

一、海上保险合同

（一）海上保险合同的定义及特点

1. 概念

海上保险合同是由保险人与被保险人订立协议，由被保险人向保险人支付约定的保险费，而在保险标的由于发生承保范围的海上风险遭受损失时，由保险人对被保险人给予赔偿的合同。

2. 海上保险合同的当事人

（1）保险人：在英国，保险人通常是劳埃德保险公司。在美国则没有劳埃德类型的个体保险人而只有保险公司。在中国，保险人是中国人民保险公司。

（2）被保险人：对海上运输货物投保的一方。

◇小知识

劳埃德保险公司，又译作“劳合社”，为英国保险业垄断组织，是当今世界保险业中信誉最高、名气最大、资金最雄厚、利润最多的一家大保险公司，是现存最早的保险组织之一，也是世界著名保险商联合组织，以承保人或承保会员著称，尤以经营海运保险著称。原为英人爱德华·劳埃德于1688年在伦敦泰晤士河畔所设的一家咖啡馆，主要顾主是近海贸易商人，后逐渐形成航运业务和海上保险的交易市场。1771年成立劳埃德委员会。1871年以劳埃德公司名义向政府注册。公司仅是一个管理机构，保险业务由加入该公司并符合该公司所规定资金条件的保险商直接经营。现有社员335 320人，组成近300个小组（又称“辛迪加”）。各小组都推定代表承保。全小组及个人均对其承保金额负有保险赔偿的无限责任，除经营海上保险外，还兼营空运、陆运保险。1969年前只限于英联邦会员，后又扩大到联邦外国家的保险商。在100多个国家设有代表机构，定期向社里报告本地区航运情况，并办理索赔事宜，但不直接承办保险。其每年直接承保的直接保险和再保险金额甚巨，其中三分之二来自国外。其社务由28个理事来执行，其中16个由劳合社工作会员选举产生，8个理事由外部会员选举产生，其余四个理事由理事会指定并经英格兰银行总裁批准。理事会负责管理和监督社务，调节和指导本社保险业务，选举新承保人委员会和管理财务安全规则。

3. 海上保险合同的主要特点是：双方均应本着诚实信用原则订立合同。

4. 海上保险的标的可以是任何可能遭受海上风险的财产、期得的收入以及对第三人应负的责任等等。具体包括：

（1）船舶、货物或其他动产；

（2）运费、旅客票款、佣金等；

（3）对第三者的赔偿责任。

（二）海上保险合同的订立

海上保险合同作为对海上航运提供保险保障的法律手段，对国际贸易和海上航运具有重大意义。而订立海上保险合同则是实现其保险职能的首要环节。为此，应当把握海上保险合同的当事人、有效条件、订立程序等问题。

1. 海上保险合同的有效条件

（1）当事人应当具备法定资格。从法律角度讲，具有法定资格的社会成员才能订立海上保险合同 。否则，所签订的海上保险合同无效 。这一资格条件对于保险人和被保险人（投保人）均有法律约束力。

对于保险人而言，其法定资格在于须经政府机构批准，取得保险人身份，并且有经营海上保险业务的资格。被保险人（投保人）的法定资格则表现在，应具有民事行为能力，而且与保险标的之间存在着保险利益。

（2）当事人的意思表示真实一致。这是合同法对各类合同的基本要求，同样适用于海上保险合同。即保险人和被保险人在订立海上保险合同的过程中 ，表达各自的真实意思表示 ，经过协商达成一致协议。

基于海上保险合同的绝对诚信原则，当事人意思表示真实一致作为海上保险合同的有效条件，着重强调当事人应当履行如实告知的义务，根据中国《海商法》第222条第1款的规定，海上保险合同订立之前，“被保险人应当将其知道的或者在通常业务中应当知道的有关影响保险人据以确定保险费率或者确定是否同意承保的重要情况，如实告知保险人”。可见，中国《海商法》具体界定了如实告知的范围，这有利于当事人在订立海上保险合同时予以执行，也便于审查该合同的有效性。

（3）当事人所订立海上保险合同的内容合法。即所订立的海上保险合同的内容应当符合有关国家法律的规定，符合有关国际贸易、海上航运、海上保险的国际公约和国际惯例。海上保险合同内容合法体现在其合同条款上。

（4）海上保险合同的形式符合法律规定。保险合同标准化是当今保险业的发展趋势，尤以海上保险合同最为典型，各个经营海上保险的保险人纷纷采用格式合同，并在此基础上逐步形成了若干个标准合同。

中国《海商法》借鉴了这些国家对于海上保险合同形式的规定，没有硬性要求海上保险合同必须用书面形式。根据该法第221条的规定，保险人和被保险人只要就海上保险合同的条款达成协议后，合同即已生效。显然包含了书面形式和口头形式。但是，保险人依法应当及时向被保险人签发保险单或者其他保险单证。

2. 海上保险合同的订立程序

与其他合同的订立一样，海上保险合同的订立程序也要经过要约和承诺两个步骤 。中国《海商法》第221条明确规定了海上保险合同的订立程序是：“被保险人提出保险要求，经保险人同意承保，并就海上保险合同的条款达成协议后，合同成立。保险人应当及时向被保险人签发保险单或者其他保险单证，并在保险单或者其他保险单证中载明当事人双方约定的合同内容。”

（三）海上保险合同的解除与转让

1. 海上保险合同的解除

（1）定义：海上保险合同的解除，是指一方当事人依法行使解除权，而使海上保险合同自始无效的单方法律行为。

解除海上保险合同的法律后果集中表现在，它使海上保险合同的法律效力消失，回复到未订立合同以前的原有状态。

（2）海上保险合同解除的原因及其处理

根据中国《海商法》的规定和海上保险的实践，解除海上保险合同的原因包括下列法律事实：

A. 由于被保险人违反如实告知义务，保险人解除海上保险合同。然而，对其处理方法则因被保险人的主观恶性不同而有区别。

按照中国《海商法》第223条的规定 ，被保险人故意违反如实告知义务，未将法律规定的重要情况如实告知保险人的，保险人有权解除合同，并不退还保险费。而且，保险人对于合同解除前发生保险事故造成的损失，不负赔偿责任。

与此不同 ，对于被保险人非故意违反如实告知义务的 ，该法第223条第2款规定保险人有权解除合同，也可以不解除合同而要求增加相应的保险费。

B. 被保险人违反保证条件的，保险人有权解除海上保险合同。为此 ，中国《海商法》第235条规定：被保险人违反合同约定的保证条款时，应当立即书面通知保险人。保险人在收到通知后，可以解除合同，也可以要求修改承保条件、增加保险费。

C. 在保险责任开始前，被保险人可以要求解除合同。中国《海商法》第226条明确规定，保险人应当退还所收取的保险费，但是，被保险人应当向保险人支付手续费。

D. 除货物运输保险和船舶的航次保险以外，根据合同约定，被保险人或保险人可以在保险责任开始后要求解除合同。

E. 未经保险人同意，因船舶转让而转让船舶保险合同的，该合同自船舶转让之时起解除，而船舶转让发生在航次之中，则船舶保险合同至航次终了时解除。

2. 海上保险合同的转让

（1）定义：海上保险合同的转让，一般是指被保险人将其合同让与第三人，而由受让人取代被保险人地位的法律行为。

（2）海上货物运输保险合同的转让

由于海上货物运输的范围广泛，流动性大，货物在运输途中发生物权转移的事情经常发生，则货物在运输保险合同中的保险利益也随之易主。

中国《海商法》第229条则规定："合同转让时尚未交付保险费的，被保险人和合同受让人负连带责任。"该条规定用以加重被保险人的责任，提高其认真负责的态度。

（3）船舶保险合同的转让

各国法律对于船舶保险合同的转让规定十分严格，原因是船舶所有权转移有可能改变船舶的管理状况，从而影响到保险人的承保风险及其保险费率的确定。中国《海商法》第230条第1款明确规定："因船舶转让而转让船舶保险合同的，应当取得保险人同意。"具体方法是由保险人在保险单上批注或附贴批单，确认合同的转让。否则，"未经保险人同意的，船舶保险合同从船舶转让时起解除"。因为原被保险人从此时起，因对所转让的船舶丧失了所有权，也就不存在保险利益。

（四）保险合同的种类

保险合同，又称保险契约，它是经济合同的一种，是保险人与被保险人就保险事项，经过双方协商达成的协议。根据保险合同的规定，保险人有向被保险人收取约定的保险费的权利，有承担特定责任范围内灾害事故所致损失的经济利益、赔偿或支付保险金的义务；被保险人有交付约定保险费的义务，有取得保险赔偿金的权利。保险合同形式有保险单、保险凭证、联合凭证、暂保单等。在实际业务中，主要采用保险单形式。

1. 保险单的定义：也叫保险单正本，是保险公司与投保人订立保险合同的书面证明。保险单由保险公司出具，主要载明保险公司与被保险人之间的权利、义务关系。它是被保险人向保险公司进行索赔的凭证。

在《保险法》中，保险单简称"保单"是投保人与保险人之间订立的正式书面保险合同的一种。它由保险人签发给投保人，完整地记载了合同双方当事人的权利和义务，是被保险人在保险标的因保险事故发生损失时向保险人提出索赔或给付的依据和凭证。

◇小知识

◆ 保险凭证，俗称小保单，是一种简化的保险单据，包括保险单据的基本内容，但不附有保险条款的全文，保险凭证与保险单具有相同的法律效力，但保险条款以保险单的保险条款为准。

◆ 联合保险凭证，又称承保证明，是一种发票和保险单相结合的比保险凭证更为简化的保险单证，是在商业发票内加注保险的内容，并由保险人签章表示发票内的货物已经按所注内容投保。这种单据只有我国采用，并仅适用于对港澳地区的出口业务。

◆ 暂保单，又称临时保险单，是保险人在签发正式保险单前所出立的临时证明，被保险人接到国外出口商装船通知前，先将被保险货物的大概情况通知保险公司，预定保险契约，保险人先行开立暂保单，待装运情况落实后再签发正式保险单。由于暂保单内容比较简单，又不是保险契约的证明，所以一般不为进出口商所接受。

2. 海上保险单必须载明下列事项：

（1）被保险人或代被保险人投保的人的名称；

（2）保险标的和承保险别；

（3）保险承保的航程或期间，或同时承保航程和期间两者，视情况而定；

（4）保险金额；

（5）保险人的名称。

3. 保险单的分类：

（1）按保险价值是否确定，可分为定值保险单和不定值保险单。

（2）按保险期限，可分为航程保险单、定期保险单及混合保险单。

（3）按船名是否确定，可分为定名保险单、流动保险单、预约保险单及总括保险单四种。

◇ 小知识

◆ 定值保险单：是指在保险单中记载有保险合同的当事人事先确定的保险标的价值，定值保险单项下货物发生损失索赔时，不论所保财产当时的实际价值有多少，保险人均按保险单上订明的保险金额计算赔偿。

◆ 不定值保险单：在保险单中不记载有保险合同当事人事先确定的保险标的价值的保险单。这种保险单仅记载保险金额，而将保险标的实际价值留待需要确定保险赔偿的限额时才去估算。由于保险标的在这种保险单中所载的实际价值可能变动，因此据此理赔的价值也是不固定的。

◆ 航程保险单：保险人的承保责任为某一航程，在这一航程内货物发生损失由保险人负责的保险单。

◆ 定期保险单：保险人的承保责任为某一时期，在这一时期内货物发生损失由保险人负责的保险单。

◆ 混合保险单：兼有航程和定期两种性质的保险单，在这种保险单下，保险人仅对在保险期限内和规定的航程所发生的损失负赔偿责任。

◆ 定名保险单：指投保人投保时载运船舶已经确定，并在保险单上注明船名及开航日期的保险单，通常使用的多是这种保险单。

◆ 流动保险单：也称统保保险单，或报告式保险单，是一种连续有效的保险单。保险当事人预先规定一个总保险金额，每批货物装运后被保险人将投保金额通知保险人，保险人即从总保险金额中逐笔予以扣除，直到总金额用完，保险单自动注销。

◆ 预约保险单：又称开口保险单，是办理预约保险的单据。在货物出运前，先签协议，规定保险范围、货物种类、保险费率等条件下，保险人一接到被保险人的装船通知，保险立即生效，即使在接到通知前货物受损，保险人仍负赔偿责任。

◆ 总括保险单：又称闭口保险单，指保险人在约定的保险期间内承保存放在同一地点的多种货物或存放在一个以上地点的一种或多种货物的保险单，保险单内被保险人和保险人商定一个总保险金额、承保险别、起运地点费率水平等，被保险人支付一笔总的保险费，在约定的保险期间内，保险人对于被保险人每批出运的货物全部承保，被保险人不必逐笔向保险人发出装船通知，直到总保险金额扣净后，保险人不再承担保险责任。

4. 保险单的转让

（1）定义：保险单的转让，主要是指保险单权利的转让，也就是被保险人把保险合同所赋予的损害索赔权及相应的诉讼权转让给受让人。

（2）转让的方式：得以背书或其他习惯的方式，予以转让。所谓习惯的方式是，如果在背书中没有写明受让人，则这种保险单可仅以交付转让。

◇ 小知识

保险单转让的注意问题：

（1）海上货物保险单可以不经保险人的同意而转让；

（2）海上保险单的转让必须在保险标的所有权转移之前或转移的同时进行，如果所有权已经转移，事后再办理保险单的转让是无效的；

（3）海上保险单在办理转让时，无论损失是否发生，只要被保险人对保险权仍然具有可保利益，保险单均可有效转让；

（4）保险单的受让人只能享有与原被保险人在保险单下所享有的相同的权利和义务；

（5）保险单转让后，受让人有权以自己的名义向保险人进行诉讼，保险人也有权如同对待原保险人一样，对保险合同项下引起的责任进行辩护；

（6）保险单的转让，可以采取由被保险人在保险单上背书或其他习惯方式进行。习惯上，采用空白背书方式转让的保险单，可以自由转让；采用记名背书方式转让的保险单，则只有被背书人才能成为保险单权利的受让人。

（五）保险利益

1. 保险利益的含义

保险利益，又称可保利益或可保权益，是指投保人对保险标的具有的法律上承认的利益。这种利益，实质上是一种与保险标的有密切联系的合法经济利害关系。在保险中，投保人或被保险人必须与保险标的具有一定的利害关系，才能同保险人订立有效的保险合同，当保险标的遭受承保范围内的损失时，才能获得保险人的赔偿；反之，投保人或被保险人没有这种利害关系，其与保险人订立的保险合同是无效的合同，这是保险中的一个重要原则，即保险利益原则。在保险实践中之所以要明确保险利益原则，主要目的是为了满足保险的补偿功能，防止保险成为一种赌博行为和道德风险的发生。

在海运货物保险中同样遵循这一原则。海运货物保险中的保险利益原则，按照英国1906年《海上保险法》的规定，是指被保险人对保险标的必须具有可保利益，而且强调被保险人在保险标的发生损失时必须具有可保利益，否则保险人对损失不承担赔偿责任。目前的国际惯例与我国的保险实践也遵循了这一条规定。

2. 保险利益的特征

由于国际货物运输存在固有风险，有关国际运输的国际公约及各国法律均规定承运人对因船舶驾驶和管理方面的过失造成货物灭失或损坏可以免责。因此，国际贸易中对运输的货物进行投保以寻求保障就显得相当重要。这就决定了在国际货物运输保险中，保险利益是决定保险合同效力的一个重要因素，被保险人必须在损失发生时对运输中货物具有保险利益，否则无权请求保险赔偿。国际买卖中的货物所有权在运输当中经常发生变动，因此国际货运保险中的保险利益原则又有一些特殊性。

A. 合法性。即被保险人对货物有法律认可的利益。这种合法的利益也就是依附于货物并被法律规范所认可的权利和所承担的货物风险。如果被保险人对该货物无法律认可之利益，则订立的保险合同无效。如以走私货物投保、投保国家法令禁止出售、出运的文物、毒品等，因其不为法律所允许，即使保险公司在不知情的情况下予以承保，待了解事实后有权解除合同或拒绝赔偿损失。

B. 可确定的经济性。即保险利益是明确的和可以证明的金钱利益，是可用货币、金钱计算的利益。虽然国际运输中规定货物为定值保险，可包含待销商品的利润加成投保，但这样一种利益也应是确定的，并可实现的。实践中，被保险人多根据国际商会制定的《跟单信用证统一惯例》中的规定，按发票价值的110%加成投保。

C. 现实性。这种利益不是没有根据的主观臆断的利益，它是客观存在的利益，货物出险会对被保险人造成损失或产生责任。否则，被保险人就无保险利益可言。《国际货物销售合同公约》及《国际贸易术语解释通则》对风险的转移作出明确的规定，贸易方可以通过选择不同的贸易术语来明确各自承担风险的区段。这时在考察保险利益时，就需具体分析损失发生的区段和贸易方选择的贸易术语的规定。但是对风险承担的认定亦可能因为买方拒收货物或者卖方行使中途停运权等原因陷入不明状态。

D. 可转移性且无需保险人的同意。在国际货物运输保险中因为保险标的的流动性与被保险人的多样性，所以保险利益反映的不是固定不变的关系，保险利益在一定条件下会从一方转移到另一方。对国际货物具有保险利益的人包括了货物的卖方、买方、提单质权人等。

国际货物运输保险中的保险利益随保险单的背书而转让，且并无须保险人同意。因为保险合同并不是被保险的财产的附属物，不能随同货物的当然转让而转让。

在国际货运保险中，对保险单的转让不必像一般财产保险单那样须经保险人同意并签发批单才生效，否则，被保险人就会失去许多交易机会而影响国际贸易的顺利进行。同时，国际运输中的货物安全处于船长、船员等的控制中，而非货主所能控制，保险标的所有权的转移不会使危险情况改变。因此，国际货物运输保险中保险单可以经被保险人背书作出转让的意思表示而转让，并无须保险人同意。

3. 保险利益转移与风险转移的关系

保险利益在财产险业务中是人们对保险标的所具有的一种经济利害关系，这种经济利害关系主要体现在人们对标的物的所有权上。国际货运保险同其他保险一样，被保险人必须对保险标的具有保险利益。一般财产保险中，我们认为财产所有权人对其财产当然具有保险利益，因此财产保险中所有权与保险利益密切相关。但在国际货物买卖中，各国对于所有权的转移有着不同的规定，有些国家规定所有权在订立合同时即转移，而有些国家的法律规定，货物所有权须在卖方把货物交付给买方时才转移于买方。然而，不论所有权是否转移，货物在运输途中遭遇恶劣气候、海啸等自然灾害及触礁、沉没等意外事故的风险一直客观存在着，并影响着双方的贸易。因此人们为了交易的方便，在长期的国际贸易实践中，就产生了将所有权与风险相分离的习惯和做法，并使之成为了在法律意义上具有普遍约束力的习惯。于是，在现代贸易中，风险转移摆脱了与所有权归属的联系逐渐独立出来。而保险的目的就在于为承担风险的人提供风险保障。在国际贸易中承担了货物风险的人，将因货物的灭损而遭受经济损失，因其安全到达而获益，而无论该货物是否为其所有。为解决上述问题，保险法也增加了相应的规定，即在货物所有权转移之前，如果风险发生了转移，买方因承担了货物损失的风险责任而具有保险利益。

在国际货物运输保险中，确定保险利益的转移时间，均以货物风险转移的时间为依据。要弄清风险转移的时间，在国际货运保险中对于理赔关系的成立是不可缺少的重要环节。它直接涉及是由买方还是卖方承担损失风险的问题，也就决定了损失发生时，保险单持有人是否具有保险利益的问题，从而决定了该理赔关系是否成立。

在中国的进出口实践中通常都使用《国际贸易术语解释通则》(INCOTERMS 2000)中的某种价格术语，来确定风险的转移，对常用的仅适合水上运输的三种主要贸易术语——FOB、CFR、CIF 规定买卖双方风险划分的时间和地点，全部都是以装运港装货船舶的“船舷为界”的，也就是说货物在有效越过船弦之前，风险由卖方承担，卖方对货物具有可得利益，若货物发生承保范围内的损失时，应由卖方向保险人索赔；而在货物越过船舷之后，货物的风险由卖方转移给买方，买方对货物具有可得利益，发生损失时买方有权向保险公司索赔，而卖方因失去可保利益而无权向保险人索赔。因此国际货物运输中保险利益的转移取决于风险的转移。

案 例

案情介绍：

2009 年 3 月，湖南某纺织品公司（卖方）与香港某公司（买方）签订了一份全棉针织男裤的买卖合同。买卖合同条款如下：数量是80 000条；金额总价为CFR荷兰鹿特丹USD70 000；装运口岸与目的地，广州—香港—荷兰；交货期，2009年5月底前。2009年5月20日，卖方委托的生产厂家将300箱货物装上卡车运至广州装船，由于驾驶员过失，卡车翻入河中，致使货物落水打湿，使其中100箱成为次品。该纺织品公司与事故地公安局出具证明证实了上述货损事实。2010年1月，香港买方公司申请某保险公司广东分公司对货物进行检验，并出具商检报告。保险公司于2010年10月正式向买方公司理赔22万港元，从而取得代位求偿权。从2011年4月起，保险公司数十次向纺织品公司索赔未果，于2011年6月向法院起诉。本案货损究竟应该由谁负责？

◉ **案情分析：**

CFR合同一般适用于港口之间的海上货物运输。若卖方处在内陆地区，则需要将货物从工厂运至沿海港口，而此间所有的风险由卖方承担。如果在合同规定的装运港和规定的期限内，卖方将货物装上船，并及时通知买方，货物越过船舷，其风险和货物所有权（象征性）即从卖方转移至买方。因此，在此案例中，货损发生在货物从工厂运至装运港途中，法律责任应属于卖方。

（六）保险价值

1. 保险价值的定义

保险价值是指保险标的所在地具有的实际价值，它是确定保险金额的依据，也是确定保险人的保险责任的依据。为此，投保人与保险人订立保险合同时，应当申明保险标的的实际价值。由保险合同约定的保险标的的实际价值，是投保人对保险标的所享有的保险利益的货币价值。它是财产保险合同构成的基本要素之一。

2. 确定保险价值的方式

（1）根据合同订立时保险标的的实际价值确定，即由双方当事人在订立保险合同时，在合同中约定；

（2）根据保险事故发生时保险标的的市场价值确定。

依照第一种方式订立的保险合同称为定值保险；依照第二种方式订立的保险合同称为不定值保险。

3. 保险价值的计算方法

（1）船舶的保险价值：保险责任开始时船壳、机器、设备的价值和保险费的总和。

（2）货物的保险价值：保险责任开始时货物的成本、运输费用和保险费用的总和。

（3）运费的保险价值：被保险人应付运费总额与保险费的总和。

（4）其他标的物保险：被保险人在保险合同承保的危险开始时所应负责的数额加上保险费。

4. 计算赔偿的方法

（1）保险人对损失负责的范围：对不定值的保险单以保险价值为限；对定值保险单以约定的金额为限。

（2）全损：船舶、货物货运费，如果时定值保险单，按照保险单确定的数额；如果是不定值保险单，按照保险标的的保险价值。

(3) 部分损失：船舶部分损坏，可以索赔合理的维修费用。货物货运费的部分损失，如为定值保险单，以所定数额的比例部分赔偿；如为不定值保险单，以损失部分的保险价值为限。

二、承保的风险

(一) 保险人承保的风险

(1) 伦敦保险协会货物保险条款：简称（ICC）条款

英国新海上保险单格式及货物保险条款，由“英国伦敦保险业协会”及“劳埃德保险业协会共同制定，于1983年4月1日起使用，以代替旧保险单和旧货物险条款。

新保单在保单上不列明承保的危险，而将其列入保险条款中。新保单适于承保不同种类的保险标的。新条款以（A）（B）（C）三个险别代替旧的一切险、水渍险和平安险。

其中ICC（A）的承保范围最大，ICC（B）承保范围次之，ICC（C）承保范围最小。

(2) 中国人民保险公司海洋运输货物保险条款

我国人保公司货物险条款基本险分为一切险、水渍险和平安险三种。这些条款与英国的A、B、C条款相对应的，其基本内容相似。特别是一切险条款几乎等于A条款。

A. 责任范围

本保险分为平安险、水渍险及一切险三种。被保险货物遭受损失时，本保险按照保险单上订明承保险别的条款规定，负赔偿责任。

平安险

本保险负责赔偿：

1. 被保险货物在运输途中由于恶劣气候，雷电、海啸、地震、洪水自然灾害造成整批货物的全部损失或推定全损。当被保险人要求赔付推定全损时，须将受损货物及其权利委付给保险公司。被保险货物用驳船运往或运离海轮的，每一驳船所装的货物可视作一个整批。

推定全损是指被保险货物的实际全损已经不可避免，或者恢复、修复受损货物以及运送货物到原定目的地的费用超过该目的地的货物价值。

2. 由于运输工具遭受搁浅、触礁、沉没、互撞、与流冰或其他物体碰撞以及失火、爆炸意外事故造成货物的全部或部分损失。

3. 在运输工具已经发生搁浅、触礁、沉没、焚毁意外事故的情况下，货物在此前后又在海上遭受恶劣气候、雷电、海啸等自然灾害所造成的部分损失。

4. 在装卸或转运时由于一件或数件整件货物落海造成的全部或部分损失。

5. 被保险人对遭受承保责任内危险的货物采取抢救、防止或减少货损的措施而支付的合理费用，但以不超过该批被救货物的保险金额为限。

6. 运输工具遭遇海难后，在避难港由于卸货所引起的损失以及在中途港、避难港由于卸货、存仓以及运送货物所产生的特别费用。

7. 共同海损的牺牲、分摊和救助费用。

8. 运输契约订有“船舶互撞责任”条款，根据该条款规定应由货方偿还船方的损失。

水渍险

除包括上列平安险的各项责任外，本保险还负责被保险货物由于恶劣气候、雷电、海啸、地震、洪水自然灾害所造成的部分损失。

一切险

除包括上列平安险和水渍险的各项责任外，本保险还负责被保险货物在运输途中由于外来原因所致的全部或部分损失。

B. 除外责任

本保险对下列损失不负赔偿责任：

（一）被保险人的故意行为或过失所造成的损失。

（二）属于发货人责任所引起的损失。

（三）在保险责任开始前，被保险货物已存在的品质不良或数量短差所造成的损失。

（四）被保险货物的自然损耗、本质缺陷、特性以及市价跌落、运输延迟所引起的损失或费用。

（五）本公司海洋运输货物战争险条款和货物运输罢工险条款规定的责任范围和除外责任。

◇ *小知识*

我国人保公司的条款与英国货物险条款的区别

我国人保公司的条款较英国伦敦协会条款有利于被保险人。尤其是水渍险和平安险更有利于被保险人。如水渍险承保由于恶劣气候、雷电、海啸、地震、洪水自然灾害造成的货物全部或部分损失。而B险没有这样的规定。水渍险还承保在装卸过程中整件货物落海造成的全部或部分损失，而B款仅承保整件落海造成的全损。平安险呈报自然灾害造成的货物损失。而C款不承保自然灾害的风险。

（二）保障的损失

1. 全部损失和部分损失

（1）全部损失

全损可以分为“实际全损”和“推定全损 ”。

实际全损是指保险标的的物已全部毁灭，或受到损害而失去投保时原有的性质，或被保险人已经无法弥补地丧失了保险标的物。

推定全损是指保险标的物因实际全损不可避免而合理地予以委付，或因如不支付超过其价值的费用就不能防止实际全损。

（2）部分损失

全部损失以外的损失都是部分损失。

◇ 小知识

构成实际全损的几种情况

◆ 保险标的物完全灭失。如船只遭遇海难扣沉后，货物同时沉入海底。

◆ 保险标的物丧失。如载货船舶被海盗抢劫，或船货被敌对国扣押等。虽然标的物仍然存在，但被保险人已失去标的物的物权。

◆ 保险标的物已丧失商业价值或失去原有用途。如茶叶经水泡后，虽没有灭失，但已不能饮食，失去商业价值。

◆ 船舶失踪，达到一定时期。如半年无音讯，即可视作全部灭失。

2. 单独海损与共同海损

（1）单独海损

单独海损是指因所保险引起不属于共同海损性质的保险标的物的部分损失。它仅限于标的物本身的损失，而不包括由此引起的费用。

（2）共同海损

共同海损是指保全在同一海上航程中遭受危险的财产，在危难中自动而且合理地作出特殊的牺牲或支出特殊的费用。

◇ 小知识

单独海损与共同海损的区别

1. 造成海损的原因不同。单独海损是承保风险所直接导致的船、货损失。共同海损不是承保风险所直接导致的损失，是为了解除或减轻共同危险，人为地造成的一种损失。

2. 承担损失的责任不同。单独海损的损失一般由受损方自己承担。共同海损的损失，则应该由有关受益各方，按照获救价值按比例分摊，即共同海损分摊施救费用和救助费用。海上风险会造成费用上的损失主要有：施救费用和救助费用。施救费用是指被保险的货物在遭受承保范围内的灾害事故时，被保险人、被保险人的代理人或受让人，为了避免或减少损失，采取了各种抢救和防护措施，为此支付的合理费用。救助费与此不同，它是指被保险货物在遭受承保范围内的灾害事故时，由于保险人和被保险人以外的第三人采取了有效的救助措施，在救助成功以后，由被救方付给救助人的一种报酬。

案　例

◉ **案情介绍：**

我国诺华公司与新加坡金鼎公司于2009年10月20日签订购买52 500吨饲料的

CFR合同，诺华公司开出信用证，装船期限为2010年1月1日至1月10日，由于金鼎公司租来运货的“亨利号”在开往某外国港口运货途中遇到飓风，结果装货至2010年1月20日才完成。承运人在取得金鼎公司出具的保函的情况下，签发了与信用证条款一致的提单。“亨利号”途经某海峡时起火，造成部分饲料烧毁。船长在命令救火过程中又造成部分饲料湿毁。由于船在装货港口的迟延，使该船到达目的地时赶上了饲料价格下跌，诺华公司在出售余下的饲料时价格不得不大幅度下降，给诺华公司造成很大的损失。请根据上述事例，回答以下问题：

1. 途中烧毁的饲料损失属什么损失，应由谁承担？为什么？

2. 途中湿毁的饲料损失属什么损失，应由谁承担？为什么？

3. 诺华公司可否向承运人追偿由于饲料价格下跌造成的损失？为什么？

案情分析：

1. 属单独海损，应由诺华公司承担。因为途中烧毁的饲料不属共同海损，而依CFR术语，此时的在途货物已由诺华公司即买方承担风险。

2. 属共同海损。因为船舶和货物遭到了共同危险，船长为了共同安全，有意又合理地造成了饲料被湿毁。此项损失由诺华公司与船舶公司分别承担，这是共同海损的结果。

3. 可以。因为承运人迟延装船，又倒签提单，当然应对买方的损失负责。

三、担保、委付与代位权

（一）被保险人的担保

被保险人保证履行或不履行某种事项，保证履行某种条件，保证某种情况的存在或不存在。如果被保险人违反其担保，保险人对于违反担保之后所发生的损失可解除一切责任。被保险人的担保分为明示担保和默示担保两种。

1. 明示担保：明示担保是指保险人与被保险人在保险合同中以书面约定的事项。

2. 默示担保：默示担保是指未经当事人明示约定，而由法律推定应当履行的担保，如船舶适航性及航海合法性的担保等等 。

（二）委付

1. 定义：委付是指在保险标的物发生推定全损时，被保险人把保险标的物所有权转让给保险人，而请求支付保险标的物全部保险金额。

2. 委付的效力

（1）被保险人将委付财产的全部权利义务转让给保险人

委付的实质为物上代位，故保险人接受委付后，得到的不仅是对委付财产所享有的权利，还包括对其所负有的义务。我国《海商法》第250条规定：“保险人接受委付的，被保险人对委付财产的全部权利和义务转移给保险人。”这是委付制度与海上保险代位权制度的本质区别。保险人所取得的物上代位权，不受保险人所支付的保险赔偿的限制。但在不足额保险中，保险人只能按保险金额与保险价值的比例取得对保险标的物的部分物上权利。对于保险人所应承担的义务，不包括在本次保险事故前或保险合同承保范围外的危险造成的任何责任以及保险人应向承运人支付运费的责任。

（2）保险人按照保险合同的约定保险金额全额赔偿

我国《海商法》第249条第2款规定："……委付一经保险人接受，不得撤回。"在实务中，若保险人接受委付后，对被保险人提交的证明文件有疑问的，可要求对方提供担保。对方按其要求提供担保后，保险人应当全额支付保险金。此外，保险人全额支付保险金的义务亦不受委付原因的影响，若其拒绝支付保险金，被保险人可通过诉讼方式实现其权利。

（三）代位权

1. 定义：是指当保险人赔偿被保险人损失以后，保险人有权代位行使被保险人的权利，包括对由责任的第三人的损害赔偿请求权。

2. 设立代位权制度的作用

（1）防止被保险人取得保险人的赔偿后，再次向第三人求偿。

（2）防止第三人仅由于存在与他无关的保险单而逃脱责任。

3. 代位权行使的原则

（1）保险人取得的权利不得优于被保险人。

（2）保险人只能在已赔付被保险人的金额范围内代位行使被保险人的权利。

◇**小知识**

委付与代位权的区别

1. 代位权实质上是一种债权转移，是债的主体变更，债的内容与客体并未发生变化。而委付所要转让的是保险标的的所有权及其他依附于所有权上的权利和义务，因而还具有物权的特点。

2. 代位权既适用于全损，也适用于部分损失，而委付权仅适用于推定全损。

3. 保险人要取得代位权，必须以向被保险人支付赔款为前提，而委付则不以支付赔款为前提。

4. 在代位求偿中，保险人只能获得不超过赔偿被保险人的数额，而在委付的情况下，保险人可以获得大于其赔偿金额的数额。

5. 代位求偿是保险人的权利，保险人取得该权利时，无须承担其他义务，而保险人在接受委付时，不仅取得标的物的所有权，而且还承担该标的物产生的其他义务。

关键术语

提单　航次租船合同　定期租船合同　全部损失　部分损失　单独海损　共同海损　委付　代位权

本章小结

本章主要介绍了国际货物运输与保险的相关知识，通过本章的学习应该掌握海上运输方式以及海上货物运输合同的相关内容，并能准确的运用各类保险条款，把相关的知识运用到实践操作过程中。

自测题

一、判断题

1. 定值保险单指保险人的承保责任为某一时期，在这一时期内货物发生损失由保险人负责的保险单。（　）

2. 保险凭证是一种简式保险合同，通常仅载有正式保险单正面的条款，如被保险人名称、保险货物名称、运输工具种类与名称、投保险别、保险期限、保险金额等，而对保险单背面有关保险人和被保险人权利义务的条款则不予登载。（　）

3. 茶叶被海水完全浸泡属于推定全损。（　）

4. 我国海上货物运输保险基本险别包括：平安险、水渍险和一切险。（　）

5. 实际全损是指保险标的物已全部毁灭，或受到损害而失去投保时原有的性质，或被保险人已经无法弥补地丧失了保险标的物。（　）

6. 推定全损是指保险标的物因实际全损不可避免而合理地予以委付，或因如不支付超过其价值的费用就不能防止实际全损。（　）

7. 输途中船舶受损，修理船舶的费用属于单独海损。（　）

8. 代位权指在保险标的物发生推定全损时，被保险人把保险标的物所有权转让给保险人，而请求支付保险标的物全部保险金额。（　）

9. 共同海损指海上运输中，船舶、货物遭到共同危险，船长为了共同安全，有意和合理地作出特别牺牲或支出的特别费用。（　）

10. 在代位求偿中，保险人只能获得不超过赔偿被保险人的数额，而在委付的情况下，保险人可以获得大于其赔偿金额的数额。（　）

二、单项选择题

1. 被保险人应在（　）具有可保利益。

A. 投保时　　B. 保险单签发时

C. 保险事故发生时　　D. 向保险公司索赔时

2. 对于共同海损所作出的牺牲和支出的费用，应由（　）。

A. 船方承担

B. 货方承担

C. 保险公司承担

D. 所有与之有利害关系的受益人按获救船舶、货物、运费获救后的价值比例分摊

3. 保险公司承担保险责任的期间通常是（　）。

A. 钩至钩期间　　B. 舷至舷期间

C. 仓至仓期间　　D. 水面责任期间

4. 中国人民保险公司海洋运输货物保险条款规定的基本险别不包括（　　）。

A. 平安险　　B. 战争险

C. 水渍险　　D. 一切险

5. 平安险不赔偿（　　）。

A. 自然灾害造成的实际全损

B. 自然灾害造成的推定全损

C. 意外事故造成的全部损失和部分损失

D. 自然灾害造成的部分损失

6. 某货轮在航行途中，一号舱起火，船长误以为二号舱也同时起火，命令对两舱同时施救。一号舱共有两批货物，甲批货物全部焚毁，乙批货物全部遭水浸。二号舱货物也全部遭水浸。在上述损失中，（　　）。

A. 一号舱乙批货物与二号舱货物都属单独海损

B. 一号舱乙批货物与二号舱货物都属共同海损

C. 一号舱乙批货物属共同海损，二号舱货物属单独海损

D. 一号舱乙批货物属单独海损，二号舱货物属共同海损

7. 我国某公司以 CIF 条件与国外客户订立出口合同。根据《2000 年国际贸易术语解释通则》的解释，对海上运输货物我公司应投保（　　）。

A. 平安险　　B. 水渍险

C. 一切险　　D. 一切险加战争险

8. 按中国人民保险公司海洋货物运输保险条款的规定，在三种基本险别中，保险公司承担赔偿责任的程度是（　　）。

A. 平安险最大，其次是一切险，再次是水渍险

B. 水渍险最大，其次是一切险，再次是平安险

C. 一切险最大，其次是水渍险，再次是平安险

D. 一切险最大，其次是平安险，再次是水渍险

三、多项选择题

1. 保险公司承保水渍险的责任包括赔偿（　　）。

A. 自然灾害造成的实际全损　　B. 自然灾害造成的推定全损

C. 意外事故造成的全部损失　　D. 意外事故造成的部分损失

2. 伦敦保险业协会新的货物保险条款将保险险别分为（　　）。

A. A 险别　　B. B 险别　　C. C 险别　　D. 一切险

3. 全部损失包括：（　　）。

A. 实际全损　　B. 推定全损　　C. 单独全损　　D. 共同全损

4. 国际货物运输保险保险单种类主要有：（　　）。

A. 定值保险单　　B. 航程保险单

C. 流动保险单　　D. 固定保险单

5. 根据海上货物保险条款的规定，保险公司对由于下列原因造成的货物损失，不负赔偿责任：（　　）。

A. 被保险人的故意行为或过失造成的损失

B. 属于发货人责任引起的损失

C. 在保险责任开始前，被保险货物存在的品质不良或数量短差造成的损失

D. 被保险货物的自然损耗、本质缺陷、特性造成的损失和费用

四、简答题

1. 简述提单的作用。

2. 海上保险合同的有效条件是什么？

3. 保险利益的特征有哪些？

五、案例分析题

1. 货轮从天津驶往马来西亚，行至途中货舱起火，由于火势太猛，逐步蔓延至机舱。船长发现一般灭火器材已经不起作用，决定往舱中灌海水。火终于扑灭，但是机舱受损，无法继续航行。于是靠岸修理。事后查明损失有：完全烧毁货物2 000箱，由于灌水灭火受损货物800箱，前甲板和主机被烧坏，额外支出拖船费用、额外燃料费、增加的有关人员工资。问题：

（1）什么是共同海损和单独海损？

（2）本案中哪些损失是共同海损？

2. 我国佳丽彤有限责任公司与某国赫尔利有限责任公司于2003年10月20日签订购买500吨棉花的CFR合同。佳丽彤有限责任公司开出信用证规定，装船期限为2004年2月1日至2月15日。由于赫尔利有限责任公司租来运货的“白马王子号”在开往某外国港口途中遇到飓风，结果装货至2004年2月20日才完成。承运人在取得赫尔利有限责任公司出具的保函的情况下签发了与信用证条款一致的提单。“白马王子号”于2月21日驶离装运港。佳丽彤有限责任公司为这批货物投保了水渍险。2004年2月28日“白马王子号”途经达尼尔海峡时起火，造成部分棉花烧毁。船长在命令救火过程中又造成部分棉花湿毁。由于船在装货港口的延迟，使该船到达目的地时赶上了棉花价格下跌，佳丽彤有限责任公司在出售余下的棉花时价格不得不大幅度下降，给佳丽彤有限责任公司造成很大损失。请根据上述事例，回答下述问题：

（1）途中烧毁的棉花损失属什么损失，应由谁承担？为什么？

（2）佳丽彤有限责任公司可否向承运人追偿由于棉花价格下跌造成的损失？为什么？

3. 我国万利嘉企业有限责任公司出口比利时一批衬衣，550箱，CIF条件。货物在中国保险公司投保了水渍险。2004年7月18日安得卫普港卸货，发现丢失86箱。2006年9月25日请求保险公司赔偿，但是保险公司拒绝赔偿。

问题：保险公司拒绝赔偿是否有理？为什么？

第十章

国际商事仲裁法

学习目标

◉ **知识要点：**

1. 掌握国际商事仲裁的概念和特点
2. 了解国际商事仲裁的产生与发展
3. 掌握国际仲裁协议的内容及效力
4. 掌握国际商事仲裁的程序
5. 了解世界上主要的国际商事仲裁机构及其规则

◉ **技能目标：**

熟悉世界各主要国家国际商事仲裁机构的仲裁规则及程序，选择并运用适当的仲裁程序解决相关的国际商事纠纷。

导读案例

◉ **案情介绍：**

2010 年国内 A 公司向美国 B 公司出口纺织品，B 公司收货后未按期支付货款。由于投保了出口信用保险，A 公司在多次催促无果的情况下向中国出口信用保险公司报告了可能损失，并委托其进行海外追讨。经中国出口信用保险公司调查追讨发现，A 公司与 B 公司存在贸易纠纷。由于双方在贸易合同中约定："本合同项下的一切争议，应提交中国国际贸易仲裁委员会仲裁"，A 公司于 2011 年 1 月向中国国际贸易仲裁委员会（以下简称"仲裁委"）提起仲裁。

B 公司在收到仲裁庭的开庭通知后提出了管辖异议，并派代表参加了仲裁庭审理管辖异议的开庭活动。值得注意的是，B 公司向仲裁庭提供的贸易合同与 A 公司提供的合同为不同版本：该版本显示，仲裁条款中的"中国国际贸易仲裁委员会"字样被划去，而在原位置手写了"美国仲裁协会"字样。此外，卖方签字栏内增加了一个 A 公司授权代表的签字，并注明了时间，该时间晚于 A 公司提供的合同的签署时间。B 公司据此主张双方已对合同进行了更改，重新选择美国仲裁协会为仲裁机构，仲裁委对争议没有管辖权；而 A 公司则坚决主张从未同意选择美国仲裁协会为仲裁机构，B 公司提供的合同中的签字不实，仲裁委对案件有管辖权。

为查明事实，仲裁委将该证据提交某法院司法鉴定中心进行鉴定。鉴定结果确认B公司提供的合同签字栏中增加的A公司授权代表的签字与原签字为同一人所写。2011年1月，仲裁委最终认定其对该案没有管辖权，并作出了撤案决定。

◉ **案情分析：**

仲裁作为一种非诉纠纷解决方式，与诉讼方式不同。仲裁是当事人自愿将诉争事由提交给中立的第三方裁判的争议解决方式，自愿原则是仲裁制度中的基本原则，也是仲裁制度赖以存在和发展的基石。因此，是否选择仲裁，由谁来进行仲裁都必须由当事人自行约定。当事人提交仲裁机构仲裁解决的意思表示，是授予仲裁机构对争议案件的管辖权，并排除法院司法管辖权的法律依据。我国《仲裁法》和《中国国际贸易仲裁委员会仲裁规则》都对仲裁管辖权问题有明确规定：纠纷是否可以通过仲裁解决以及谁享有仲裁管辖权取决于当事人之间达成的仲裁协议。

为证明当事人之间曾就仲裁作出约定，各仲裁机构一般都规定当事人申请仲裁时应提交书面仲裁协议，其形式可以是合同仲裁条款也可以是单独的仲裁协议。本案中A公司与B公司通过合同仲裁条款的方式对仲裁事项作出约定，但A公司和B公司出具了两份不同的合同，其仲裁条款的约定截然不同。既然两个合同中的仲裁条款有截然不同规定，该适用哪个合同中的仲裁条款呢？这就要看哪份合同的约定是有效的。

A公司出具的合同约定选择中国国际贸易仲裁委员会作为仲裁机构，而B公司出示的合同显示仲裁机构已改为美国仲裁协会；笔迹鉴定结果显示，修改后的版本上是A公司授权代表的签字。B公司将经修改的合同文本提交A公司签字确认应被认为是要求对合同中的仲裁条款进行变更，而A公司在修改后的文本上签字应被认为是对合同变更的确认。因此，应该说买卖双方就变更合同达成了一致。那么，对合同文本的上述变更，其效力又如何呢？

所谓合同的变更是指经双方当事人同意，依照法律规定的条件和程序，对原合同条款进行的修改或补充，是对合同内容的局部修改和调整，它是在保留原合同的实质内容的基础上，在变更的范围内使原权利、义务关系发生变化。如合同已变更，当事人应按变更后的权利、义务关系来履行。具体到本案，双方当事人仅就仲裁条款进行了修改，应被认为是在保留原合同的实质内容的基础上对仲裁条款进行的变更，因而应适用变更后的仲裁条款，即当事人最终选择了美国仲裁协会作为仲裁机构，而不是中国国际贸易仲裁委员会。仲裁委作出撤案决定无疑是有法律根据的。

第一节　国际商事仲裁概述

一、国际商事仲裁的概念

仲裁（Arbitration），亦称公断，是指双方当事人通过协议将他们之间的争议提交第三者，并由该第三者对争议的是非曲直进行评断，并作出裁决的一种解决争议的方法。

仲裁依其适用的领域可分三类：

1. 国际仲裁，通常指国际公法意义上的仲裁，即国家间发生争端时，当事国把争议提交自己和选择的仲裁机构或临时仲裁庭来处理，并相互约定接受其裁决，这是和平解决国际争端的一种方式。

2. 国内仲裁，即用于解决一国国内贸易经济等争议的仲裁。

3. 国际商事仲裁（International Commercial Arbitration）则是在国际商事活动中，当事人双方通过协议，自愿将他们之间的有关争议提交给第三者，由第三者按照一定程序居中公断作出裁决，该裁决是对双方当事人均有约束力的一种解决纠纷的制度或方法。

理解国际商事仲裁，首先要明确国际商事仲裁中的“商事”和“国际”，这关系到国际商事仲裁的范围。根据联合国1985年通过的《国际商事仲裁示范法》的规定，“仲裁有以下情况的视为国际性的：（1）仲裁协议的当事各方在缔结协议时，他们的营业地点位于不同的国家；（2）下列地点之一位于当事各方营业地点所在国以外：a）仲裁协议中确定的或根据仲裁协议而确定的仲裁地点；b）履行商事关系的大部分义务的任何地点或与争议标的关系最密切的地点；（3）当事各方明确地同意，仲裁协议的标的与一个以上的国家有关。”据此，如果争议的双方当事人具有不同的国籍、或者其营业地或住所地位于不同国家或地区、或者争议的标的或法律关系具有国际性，并且争议是在商事过程中发生的，则对这种争议的仲裁即属于国际商事仲裁。

◇ 小知识

关于“商事”一词的含义，《国际商事仲裁示范法》是这样规定的：对“商事”一词应作广义的解释，使其包括不论是契约或非契约性的一切商事性质的关系所引起的种种事情。商事性质的关系包括但不限于下列交易：供应或交换货物或服务的任何贸易关系，销售协议，商事代表或代理，代理，租赁，建造工厂，咨询，工程许可，投资，融资，银行，保险，开发协议或特许，合资经营和其他形式的工业或商业合作，客货的航空、海上、铁路或公路运输。

二、国际商事仲裁的特征

国际商事仲裁作为一种有效的争议解决方法，与其他解决争议的方式不同，其主要特征包括以下几个方面。

（一）管辖权的非强制性

与诉讼相比较，仲裁是一种非强制的管辖。这是因为受理国际商事争议的仲裁机构一般都属于民间性的机构，其对案件的管辖权不是来自法律直接规定，而是争议双方当事人通过签订仲裁协议自愿授予的，只有当事人在争议发生前或发生后达成了仲裁协议，有关的仲裁就够才有权对该争议进行审理和裁决。否则，任何一方当事人都无权强迫另一方当事人接受仲裁，任何仲裁机构无权受理该争议。与此相反，法院的管辖权来自于法律的直接规定，无须当事人通过协议授权，只要一方当事人在有管辖权的法院提起诉讼，对方必须去应诉。

（二）当事人享有充分的自主权

在国际商事仲裁中，争议双方当事人可以自行约定是否经由仲裁解决争议，如选用仲裁方式，可自行选择仲裁机构、仲裁地点、仲裁员以及仲裁适用的程序法和实体法。而在诉讼中，各国均有法律直接规定法院所必须遵循的审判程序，当事人无权指定法官，也不能自行决定适用的实体法和程序法。

（三）仲裁的“一裁终局”性

诉讼通常设立两个或者两个以上的审级，当事人对下级法院作出的判决不服，可以在法律规定的期限内向上一级法院提起上诉；但是仲裁程序终结后所作出的裁决一般是终局的，当事人无法提起上诉或请求重裁，也不得向法院提起诉讼。

（四）仲裁具有灵活性和快速型

仲裁审理争议的发式比较灵活，不像司法诉讼那样繁琐，加之可以选择某一领域具有专业知识的专家作为仲裁员，可以加速审理案件的速度。同时，程序的简化、裁决的迅速也降低了解决有关争议所花的费用，具有经济性。

◇小知识

◆ 仲裁与调解

仲裁与调解不同，调解是由第三者对双方的争议进行调解，促使双方当事 人和解的一种办法。调解人不能对争议双方施加压力，不能形成公断或裁决，争议双方是否和解完全取决于双方的自愿。而仲裁则不取决于当事人的自愿，只要当事人同意进行仲裁，就必须受仲裁裁决的约束。

◆ 仲裁的优势

仲裁结案迅速，以一次裁决为终局裁决，不会造成拖延，而且费用往往低廉；保密性好，仲裁的审理一般不公开；灵活性大，仲裁员不必像法官那样严格使用法律，可以按照商业惯例或“公平合理”原则对争议作出裁决；仲裁的裁决的执行比较有保障；仲裁对当事人之间的业务关系一般损害不大。

三、国际商事仲裁的发展与现状

仲裁方式作为解决交易纠纷的一种方式，具有悠久的历史。远在古罗马时代，就有了以仲裁方式解决争议的记载。14 世纪中叶，瑞典的某些地方性法规也承认仲裁是解决纠纷的合法途径。16 世纪至 17 世纪，某些从事对外贸易的公司，如东印度公司在其章程中，就已仲裁方式解决公司成员之间发生的争议的条款。1697 年，英国议会正式承认了仲裁制度，产生了第一个仲裁法案，并于 1889 年制定了第一部有关仲裁的法律。19 世纪起，一些西方国家通过专门的立法或在民事诉讼法中专章规定仲裁制度的方式，先后制定了仲裁法规。如法国于 1807 年的民事诉讼法，德国 1877 年的民事诉讼法典中都有关于仲裁的规定，另外日本 1890 年的民事诉讼法典也有仲裁的规定。尽管 19 世纪以后西欧、北美一些国家普遍制订了仲裁法，仲裁制度在各国得到了广泛的发展，然而各国在仲裁立法上都存在着分歧，为缓解这种矛盾，一些国际组织提出一些关于统一各国仲裁法律的措施。例如，二战后联合国欧洲经济委员会、亚洲及远东经济委员会、前苏联及东欧等国的经济互助委员会等区域性组织先后制订了各自仲裁规则。随后，在联合国的推动和主持下，1958 年在纽约签订了联合国《承认及执行贸易法委员会仲裁规则》，1985 年联合国国际贸易法委员会主持制定了《国际商事仲裁示范法》，并已被澳大利亚、加拿大、美国等国家的法律所采纳。

中国的仲裁制度，历史较为悠久。但在中国仲裁法案颁布之前，中国的仲裁处于较为混乱的状况，法律的表现形式主要有法律行政法规和地方法规，存在的问题主要表现在仲裁的范围过宽，仲裁机构庞杂和仲裁程序混乱等方面。为了统一仲裁立法和完善仲裁法制，1994 年八届全国人民代表大会常务委员会第九次会议通过了《中华人民共和国仲裁法》，这标志着中国的仲裁进入了一个崭新的领域。根据《中华人民共和国仲裁法》第 66 条的规定受理国际商事纠纷的仲裁机构是由中国国际商会组织设立专门受理涉外经济、贸易和海事中发生纠纷的仲裁机构，即中国国际经济贸易仲裁委员会和中国海事仲裁委员会。现行的国际商事仲裁规则为 2004 年 12 月 16 日最新修订的《中国国际经济贸易仲裁委员会仲裁规则》和 2004 年 7 月 5 日最新修订的《中国海事仲裁委员会仲裁规则》。

◇ ***小资料***

中国国际经济贸易仲裁委员会（China International Economic and Trade Arbitration Commission）是以仲裁的方式，独立、公正地解决契约性或非契约性的经济贸易等争议的常设商事仲裁机构。中国国际经济贸易仲裁委员会是中国国际贸易促进委员会根据中华人民共和国中央人民政府政务院 1954 年 5 月 6 日的决定，于 1956 年 4 月设立的，当时名称为对外贸易仲裁委员会。中国国际经济贸易仲裁委员会总会设在北京。根据业务发展的需要，仲裁委员会分别于 1989 年和 1990 年在深圳和上海设立了中国国际经济贸易仲裁委员会深圳分会（以下简称深圳分会）和中国国际经济贸易仲裁委员会上海分会（以下简称上海分会）。2004 年 6 月 18 日深圳分会更名为中国国际经济贸易仲裁委员会华南分会（以下简称华南分会）。仲裁委员会北京总会及其华南分会和上海分会是一个统一的整体，是一个仲裁委员会。总会和分会使用相同的《仲裁规则》和《仲裁员名册》，在整体上享有一个仲裁管辖权。

第二节 国际商事仲裁协议

一、国际商事仲裁协议的概念和类型

（一）国际商事仲裁的概念

国际商事仲裁协议，是指各方当事人约定将他们之间已经发生或可能发生的争议交付仲裁的意思表示。仲裁的意思表示可以通过口头和书面两种方式作出，但大多数国家的仲裁法及有关仲裁机构的仲裁规则规定仲裁协议必须是采用书面方式。

（二）国际商事仲裁的类型

仲裁协议既是任何一方当事人将仲裁协议提交仲裁的依据，也是仲裁机构和仲裁员

受理案件的依据。从国际商事仲裁协议的概念中可以看到，仲裁协议有两种类型：一种是各方当事人在争议发生前订立的，一般包括在合同中作为合同的一项条款，称为“仲裁条款”；另一种是各方当事人在纠纷发生前后订立的，表示愿意将他们之间已经发生的争议提交仲裁解决的协议，称为提交仲裁的协议。

我国仲裁法认为，仲裁协议包括合同中订立的仲裁条款和以其他书面形式在纠纷发生前或者纠纷发生后达成的请求仲裁的协议。比较而言，两种不同类型的仲裁协议哪种更具法律效力，我国国际经济贸易仲裁委员会仲裁规则是这样规定的，“各方当事人在合同中订立的仲裁条款，或者以其他方式达成的提交仲裁的书面协议，两者具有同等法律效力”。如果各方当事人在合同中订有仲裁条款，一旦出现争议，任何一方都可以根据合同中的仲裁条款提出仲裁，不需再签订其他仲裁协议。只有在合同中没有订立仲裁条款的情况下，才要求各方当事人在提出仲裁之前达成一项提交仲裁的协议。

另外，在从事国际商事活动时，当事人除了订立合同外，还可能在相互之间有信函、电报、电传、传真或其他书面材料。这些文件中如果包含有双方当事人同意将他们之间已经发生或将来可能发生的争议提交仲裁的内容，那么有关文件即可构成仲裁协议。

二、国际商事仲裁协议的内容

仲裁协议是仲裁机构受理案件的依据，仲裁协议内容规定得是否完备、明确关系到争议能否及时得到仲裁审理和裁决。关于仲裁协议应包含哪些具体内容，各国立法及有关的国际公约的规定并不完全相同，但大体上一般都包括以下内容。

（一）仲裁事项

仲裁事项是指双方当事人提交仲裁的争议范围，即双方当事人将何种争议提交给仲裁机构仲裁。当事人只有把订在仲裁协议中的事项提交仲裁时，仲裁机构才允许受理，否则，仲裁机构不予受理。如果一方当事人把不属于仲裁协议中指明的事项提交仲裁，另一方当事人有权对仲裁庭的管辖权提出争议；即使在仲裁审理终结并作出裁决以后，另一方当事人仍然有权拒绝履行该裁决所规定的义务，并可向法院申请撤销仲裁裁决，法院可拒绝执行该裁决。

（二）仲裁地点

仲裁地点是指执行仲裁程序和作出裁决的所在地。在国际经济贸易仲裁中，仲裁地点的选择具有非常重要的意义。仲裁地点与仲裁所适用的程序法以及按哪一国的冲突规则选择实体法解决争议。仲裁地点的选择也直接影响到仲裁裁决的承认与执行。因为仲裁地法在很大程度上决定着裁决的可执行性。

（三）仲裁机构

只有双方当事人在仲裁条款或仲裁协议中明确规定对争议享有管辖权的仲裁机构的具体名称，该仲裁机构才对争议享有管辖权，否则该仲裁机构不能受理。仲裁机构一般有两种，一种是常设性仲裁机构，另一种是临时仲裁机构。

常设仲裁机构通常为固定的民间组织，制定有完善的组织章程和仲裁规则，并设有秘书处等行政部门以提供各种服务和管理工作。临时仲裁机构是指由双方当事人直接指定的仲裁员临时审理特定案件而组成的仲裁庭。临时仲裁庭处理案件完毕后自行解散。一般而言，只有少数案件在当事人认为没有合适的常设仲裁机构的情况下，才可以采取临时仲裁庭方式予以解决。

（四）仲裁规则

仲裁规则是指双方当事人和仲裁庭在整个仲裁过程中所应遵循的程序和做法。其中包括仲裁申请的提出、答辩的方式、仲裁员的指定、仲裁庭的组成、仲裁的审理、仲裁裁决的作出以及仲裁效力等内容。

仲裁规则与仲裁机构有密切的联系。常设仲裁机构都有自己制定的仲裁规则。有的仲裁机构规定，如果当事人选择该仲裁机构作为仲裁机构，则必须适用本机构的仲裁规则；有的仲裁机构则允许当事人自行决定采用其他国际商事仲裁规则。如果选择临时性仲裁机构进行仲裁，则当事人可以自由选择仲裁规则。

（五）裁决效力

仲裁裁决的效力是指仲裁机构就有关争议所作的实质性裁决是否具有终局性，对双方当事人是否具有约束力，当事人是否有权向法院起诉请求变更或撤销该项裁决的问题。仲裁裁决的效力，直接影响到整个仲裁程序的效力，决定着当事人之间的争议能否得到最终解决，合法权益能否得到保护。各国法律一般都规定，仲裁裁决是终局的，对双方当事人都有约束力。

三、国际商事仲裁协议的法律效力

根据有关仲裁的国际公约和大多数国家仲裁立法的规定，依法签订的仲裁协议具有法律效力。一旦签订一份有效的仲裁协议，争议当事人就丧失了提起诉讼的权利，只能将有关争议提交仲裁。另外法院不得受理有关争议，已经受理的，应当中止审理。而对于仲裁机构来说，有效的仲裁申请的依据，也是其作出具有强制执行力的仲裁裁决的前提。具体来说，仲裁协议具有以下四个方面的法律效力。

（一）对当事人的法律效力

仲裁协议对当事人最直接的法律效力体现在：仲裁协议一旦有效订立，当事人就丧失了就特定争议事项向法院提起诉讼的权利，而只能以仲裁方式解决他们之间的争议．如果一方当事人就协议规定范围内的事项向法院提起诉讼，另一方当事人则有权依据仲裁协议要求终止司法程序，把争议发还仲裁机构审理。

我国民事诉讼法第257条规定，“涉外经济贸易、运输和海事中发生的纠纷，当事人在合同中订有仲裁条款或者事后达成书面仲裁协议，提交中华人民共和国涉外仲裁机构或者其他仲裁机构仲裁的，当事人不得向人民法院起诉。”

（二）对仲裁员和仲裁机构的法律效力

有效的仲裁是仲裁员和仲裁机构受理争议案件的法律依据．仲裁协议确定了仲裁事项的范围，当有关裁决所处理的争议不是交付仲裁的标的，或不在有关仲裁协议范围内，或裁决有关交付仲裁范围之外的事项时，法院可以基于一方当事人的申请拒绝承认和执行该项裁决，从而使仲裁员或仲裁机构的管辖权受仲裁协议所确定的仲裁范围的严格限制。

（三）对法院的法律效力

仲裁协议对法院的法律效力，是其最重要的法律效力的体现。仲裁协议对法院的效力主要表现在以下两个方面：首先，有效地仲裁协议可排除法院的管辖权。国际公约和世界大多数国家的仲裁法都承认仲裁协议对法院的这一效力。其次，有效的仲裁协议是法院执行仲裁协议的依据。仲裁协议具有排除法院管辖权的法律效果，但这并不意味着仲裁协议的效力完全脱离法院的管辖。如果一方当事人拒不履行仲裁裁决，另一方当事人可向有关国家法院提交有效的仲裁协议和协议书，申请强制执行该裁决。从另一方面而言，无效的仲裁协议也是有关国家法院拒绝承认和执行有关仲裁裁决的理由之一。这说明，仲裁协议在排斥法院管辖权的同时，往往还依据法院的司法权威和保障。

（四）对主合同的效力

仲裁条款可与主合同分离，有的称为仲裁条款的可分割性，是指仲裁条款的效力不因合同的无效而无效。仲裁条款是采取仲裁解决争议的依据，在仲裁中可能裁决产生争议的合同无效。联合国《国际商事仲裁示范法》规定：仲裁条款独立于合同其他条款，仲裁庭作出的合同无效的决定不应在法律上导致仲裁条款的无效。中国《仲裁法》明确规定：仲裁协议独立存在，合同的变更、解除、终止或无效，不影响仲裁协议的效力。

四、国际商事仲裁协议的有效条件

各国立法及有关的国际公约一般都认为当事人所签订的仲裁协议只有符合法律规定的有效要件，才能具有法律上的效力，一般仲裁协议的有效要件包括以下几项：

（一）当事人必须具有订立仲裁协议的能力

为了维护商事关系的稳定性及保护无行为能力和限制行为能力人的合法权益，各国一般都要求当事人必须具备完全的民事行为能力，否则，所签订的仲裁协议无效。

（二）当事人订立仲裁协议的意思必须是真实的、自愿的

意思表示真实自愿是指当事人同意提交仲裁及所提交的仲裁协议的内容不是欺诈、胁迫的结果。这是因为，仲裁制度本身就是建立在双方当事人自愿的基础上的，仲裁协议的签订，必须是双方当事人在平等协商基础上的真实意思表示。采用欺诈、胁迫手段，迫使对方签订仲裁协议违背了仲裁制度的基本原则和要求，是无效的仲裁协议。

（三）仲裁协议的内容必须合法。

协议中规定的提交仲裁的事项是国家允许提交仲裁解决的，即应属于仲裁可受理的事项。各国法律一般都规定了哪些问题可以通过仲裁解决、哪些不允许通过仲裁解决。例如根据《中华人民共和国仲裁法》的规定，下列纠纷不能仲裁：婚姻、收养、监护、扶养、继承纠纷；依法应当由行政机关处理的行政争议。如果当事人在仲裁协议中约定了不属于仲裁应裁决的事项的，该仲裁协议无效。

另外，协议中有关规定不与有关国家的强行法规相冲突。例如双方当事人在仲裁协

议中约定，任何一方对仲裁机构所作出的裁决不服，都可向法院提起诉讼，按照我国《中华人民共和国仲裁法》的规定，这种内容是无效的，因为它违反了一裁终局的仲裁原则。

案 例

我国万盛公司于1998年9月与美国多奇公司签订服装买卖合同，合同规定："如双方发生任何纠纷，可将纠纷提交有管辖权的仲裁机构。"合同订立后，在履行中，双方因货物质量发生纠纷，经协商各方同意解除合同，解除合同时多奇公司未提出任何异议。但不久之后，多奇公司向我国某仲裁委员会提出仲裁申请，万盛公司接到仲裁通知后参加了仲裁，某仲裁委员会作出了对万盛公司不利的裁决。事后，万盛公司认为，该纠纷案不应通过仲裁解决，理由是：双方已经解除合同，不应再执行其中的仲裁条款。

◇ ***小思考***

合同已经解除，合同中的仲裁条款是否仍然有效？

由于仲裁条款可与主合同分离，有的称为仲裁条款的可分割性，是指仲裁条款的效力不因合同的无效而无效。联合国《国际商事仲裁示范法》规定：仲裁条款独立于合同其他条款，仲裁庭作出的合同无效的决定不应在法律上导致仲裁条款的无效。

第三节 国际商事仲裁的程序

国际商事仲裁程序是指当事人提请仲裁和仲裁机构进行仲裁所经过的步骤。一般而言，仲裁机构从受理申诉人提出的仲裁申请书开始，至仲裁庭作出仲裁裁决为止的整个过程是仲裁程序阶段。根据各国法律规定，国际商事仲裁的基本程序大体如下：争议发生，双方协商一致同意提交仲裁后，向有关仲裁机构提交申请；接受后，双方按照有关约定或者仲裁机构的仲裁规则确定仲裁员，组成仲裁庭；仲裁庭召开预备会议，经与双方当事人协商明确仲裁程序、仲裁体制，该会议是正式仲裁开始前的非正式会议；双方进行书面证据材料的交换，确定争议重点，明确有关的证据和事实；仲裁庭进行有关审理，双方出示有关证据；仲裁庭经过审理最终做出裁决。

一、仲裁的申请和受理

（一）仲裁的申请

仲裁的申请是指有关仲裁协议中约定的争议事项发生以后，仲裁协议的一方当事人依据该协议将有关争议提交给他们约定的仲裁机构，请求对争议进行仲裁审理的活动。

根据各国法律的规定，当事人申请仲裁，应当向仲裁机构递交仲裁协议及仲裁申请。仲裁申请必须以书面形式进行。

仲裁申请书一般包括以下内容：双方当事人的基本情况；仲裁所依据的仲裁协议；仲裁请求和所依据的证据；仲裁机构的名称等。除此之外，申诉人还应写明提交申请的日期，并签名、盖章。需要注意的是申请人在提交仲裁请求时还应附具申诉要求所依据的事实的证明文件，并在仲裁委员会名册中指定一名仲裁员或委托仲裁机构主席指定一位。同时，申请仲裁时，申诉人还应按仲裁规定的标准预缴有关费用。

（二）受理

受理，是指当事人向仲裁机构提出仲裁申请后，仲裁机构对此申请经过审查认为符合法定要求且手续完备，即应受理。受理后应及时通知被诉人，并将仲裁申请书及其附件，连同仲裁机构的仲裁规则和仲裁员名册各一份，寄送给被诉人。仲裁机构可以根据当事人的申请和本国法律的规定，提请被诉人财产所在地或仲裁所在地法院作出关于保全措施的裁定。

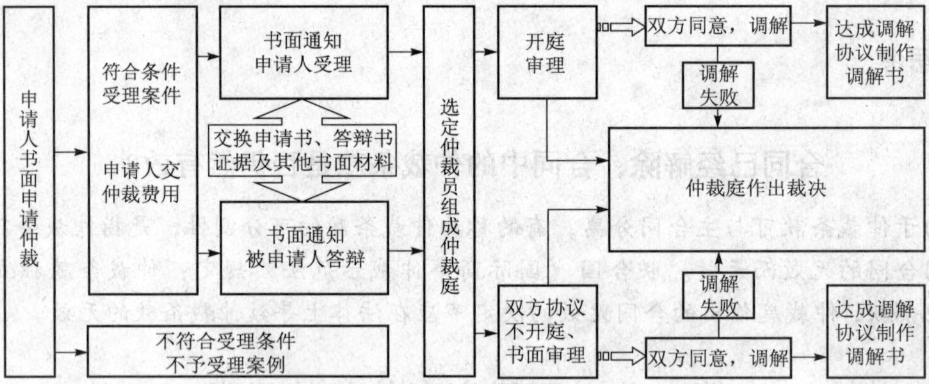

图 11－1　国际商事仲裁的程序

资料来源：法律教育网——www.chinalawedu.com

二、仲裁庭和仲裁员的组成

仲裁庭是指具体负责对某项已交付仲裁的争议事项进行审理，并最终就争议事项作出实质性裁决的组织。

仲裁机构受理仲裁申请后，并不直接仲裁案件，而是组成仲裁庭来仲裁案件。从世界各国关于仲裁的法律和各种仲裁机构的仲裁规则的规定来看，仲裁庭有两种形式，即合议制仲裁庭和独任制仲裁庭。某一具体案件的仲裁庭采取什么形式，是当事人自愿选择的。

合议制仲裁庭，是指仲裁庭由 3 名或 3 名以上的仲裁员组成的形式；所谓独任制仲裁庭是指仲裁庭由一名仲裁员组成的形式。从仲裁实践来看，合议制仲裁庭运用比较广泛，独任制仲裁庭一般只适用于一些简单的案件。

仲裁庭的形式确定后，就需确定仲裁员。关于仲裁员的选任，各国法律一般采取意思自治原则，即允许当事人选任仲裁员或规定选任仲裁员的方式。只有在当事人未对仲裁员的选任作出约定，各国法律或仲裁机构的规则或有关的国际公约才规定以何种方式选任仲裁员。

如果当事人选择有独任仲裁庭进行仲裁，则应由双方当事人共同协商选定仲裁员；如果是选择了合议制仲裁进行仲裁，双方当事人应各自选定1名仲裁员，第三名仲裁员则由双方当事人共同选定。

三、仲裁的审理

仲裁审理时指仲裁庭对争议事项进行全面审查的仲裁活动。在仲裁中，案件的审理方式有两种：开庭审理和书面审理。各国一般都规定应该采取口头方式开庭审理，但经双方当事人申请或征得双方当事人同意，也可以书面审理，即不开庭审理，依据双方提供的书面文件进行审理并作出裁决。无论采取何种方式，仲裁庭都必须贯彻当事人权利平等原则，使双方都享有答辩或提出书面证据的均等机会。另外，开庭审理时，如一方拒不出庭，仲裁庭可以根据出庭一方当事人的申请，进行审理或裁决。

在审理案件过程中，当事人双方为支持各自的观点和主张，都需要提出充分的证据。仲裁庭认为必要时，也可以自行调查，收集证据，甚至可以就案件中的专门问题向专家咨询或指定鉴定人进行鉴定。另外，一些国家的仲裁法还规定在证人自愿前提下，仲裁员可以传唤证人出庭作证。但如果证人不愿出庭作证，仲裁员无权强令证人出庭，只能由仲裁员或当事人申请法院发出传票，命令证人到庭；在仲裁庭作出裁决之前，如果双方当事人自行达成和解，申诉人应及时申请撤销案件。

四、仲裁裁决

仲裁裁决（Arbitration Award）是仲裁庭通过对仲裁案件的审理作出的最后裁决。仲裁裁决应当按照多数仲裁员的意见作出，少数仲裁员的不同意见可以记入笔录。仲裁裁决书应当写明裁决的形式、内容、所依据的理由、仲裁费用以及该裁决的效力等问题，并由仲裁庭全体或者多数仲裁员署名，并写明作出裁决的日期和地点。在仲裁庭不能形成多数意见时，按照首席仲裁员或者公断人的意见作出仲裁裁决。裁决自作出之日起发生法律效力。

仲裁裁决根据其内容和参加的主体的不同，可以分为以下几种：(1) 中间裁决。仲裁庭作出最终裁决前就案件中某个具体问题作出的裁决是中间裁决。中间裁决一般不对当事人的责任或者实体权利作出结论。(2) 部分裁决。是指在审理过程中，最终裁决前，仲裁庭对于已经审理清楚的部分实体问题作出的裁决。部分裁决具有终局的法律效力。对于已经进行了部分裁决的事项，在终局裁决中不再进行裁决；(3) 终局裁决。是指仲裁庭对提交仲裁的案件进行审理后作出的全部的、最后的裁决。裁决一经作出后，当事人不得向法院上诉，也不可以向其他仲裁机构提出变更裁决的请求，即经过适当的、合法的仲裁审理作出的仲裁裁决具有法律强制执行力，当事人应当按照裁决的内容自动切实地加以履行。

仲裁庭的裁决为终局裁决，对双方当事人均有约束力，不许起诉，这是当前国际商事仲裁的一般规定和总的发展趋势。在实践中，各国的做法仍不相同。大多数国家规定裁决是终局的，但也有的国家规定当事人可以向法院起诉。有的国家规定当事人不得就仲裁裁决起诉，但允许当事人按法律规定的条件请求法院撤销裁决。概括起来，这些条件是：（1）无有效的仲裁协议；（2）仲裁员行为不当；（3）仲裁程序不当，裁定不符合法律要求；（4）裁决内容超出协议所规定的范围或仲裁机构的受案范围；（5）裁决所依据的证据是伪造的，或发现了新的足以推翻原有证据的证据。

五、仲裁裁决的承认与执行

国际商事仲裁裁决的承认与执行，是指法院或其他法定的有权机关承认国际商事仲裁裁决的约束力并予以强制执行的制度。

在国际商事仲裁中，仲裁裁决多由当事人自愿履行，只有在当事人拒不履行仲裁裁决时，才由对方当事人请求有关国家的法院予以强制执行。各国在承认和执行仲裁裁决时，一般都区分仲裁裁决国境内执行和仲裁裁决国境外执行。

（一）仲裁裁决国境内执行

仲裁机构作出的裁决，需要在本国境内执行时，一般都依据本国的国内立法，向法院提出申请，由法院按法定程序执行。中国《民事诉讼法》第 259 条规定：一方当事人不履行仲裁裁决的，对方当事人可以向被申请人住所地或财产所在地的中级人民法院申请执行。《中国国际经济贸易仲裁委员会仲裁规则》规定：一方当事人不履行裁决的，另一方当事人可以根据仲裁法律的规定，向中国法院申请执行。

（二）裁决在作为国境外执行

裁决在国境外执行包括两层含义：一方面是本国所作的裁决要求得到外国的承认与执行，另一方面是外国所作的裁决要求得到本国的承认与执行。

仲裁裁决在境外执行的问题，国际上先后缔结了三个有关承认和执行外国仲裁裁决的国际公约。即 1923 年在国际联盟主持下制订的《日内瓦仲裁条款议定书》，1927 年的《关于执行外国仲裁裁决的日内瓦公约》和 1958 年的《承认和执行外国仲裁裁决的公约》，简称 1958 年《纽约公约》。目前，《纽约公约》已取代了前两项公约，成为有关承认和执行外国仲裁裁决的一个最全面、最有影响的国际公约。我国于 1986 年 12 月 2 日加入了该公约，声明有两项保留：一是仅适用于缔约国间作出的裁决，二是只适用于商事法律关系所引起的争议的裁决。

对于外国仲裁裁决的承认和执行是一个非常重要的问题，《纽约公约》主要规定了承认和执行外国仲裁裁决的条件、程序，以及拒绝承认和执行外国仲裁裁决的理由。具体如下：

1. 承认和执行外国仲裁裁决的条件

（1）必须存在有效的仲裁条件；

（2）裁决的事项属于仲裁机构的受理范围；

（3）仲裁程序合法；

（4）请求承认与执行的仲裁裁决是确定的裁决；

（5）对外国仲裁裁决的承认和执行不与国内的公共政策相抵触；

（6）有关国家之间存在互惠关系。

2. 承认与执行外国仲裁裁决的程序

世界上各国关于承认和执行外国仲裁裁决的程序规则可以归纳为三种类型。

（1）将外国仲裁裁决作为司法判决

采取这一规则的国家用对待本国判决的同样态度和方式对待外国仲裁裁决。在承认和执行外国仲裁裁决之前，这些国家一般要求该裁决在其作出所在地国是可以执行的，并要求裁决所在地国对该裁决进行确认。经确认的裁决由执行地国法院审查后发给执行令，再予以执行。

一些国家发给执行令的法院对外国仲裁裁决从形式和内容两方面进行全面的审查，也有些国家仅仅审查仲裁裁决是否违反了执行地法的基本原则。

目前，欧洲的意大利、西班牙、葡萄牙、土耳其和东欧的一些国家，以及埃及、伊朗、菲律宾、泰国和印度等国家。另外，拉丁美洲的大多数国家也采取这一规则。

（2）将外国仲裁裁决作为合同之债

这种做法在英美法系国家比较普遍。执行外国仲裁裁决需要由当事人基于外国裁决提起一个普通民事诉讼，通过诉讼将仲裁裁决转化为本国裁决。

（3）将外国裁决视同本国裁决

适用该方法的国家通常将本国裁决的执行规则扩大适用于对外国仲裁裁决的执行。其执行外国仲裁裁决的方式与执行本国仲裁裁决基本相同，即由当事人向执行地国家的法院或其他有执行权的机构提出申请，由其进行审查，审查合格后，发给执行令。然后由该国法院或有关主管机构按照执行国内仲裁裁决的同样方式和程序予以执行。采用这一规则的国家有法国、德国、比利时、日本等国家。

3. 拒绝承认和执行外国仲裁裁决的理由

1958 年《纽约公约》的规定，以下几种情况下，被请求国有权拒绝承认和执行外国仲裁裁决。

（1）仲裁协议无效。《纽约公约》第 5 条规定，如果仲裁协议双方当事人，依对其适用的法律为无民事行为能力，或者依据双方当事人选定适用的法律，或者没有选定的时候，依据裁决作出地国家的法律，该项仲裁协议是无效的。则被请求承认和执行裁决的法院，可根据反对裁决当事人的请求，拒绝承认和执行该项裁决。

（2）仲裁过程违反正当程序。根据《纽约公约》的规定，仲裁过程违反正当程序的情况包括：未给予当事人适当通知；当事人未能有机会提出申辩；仲裁庭超越权限；仲裁庭组成或程序不当；裁决不具有约束力或已被撤销；争议事项的不可仲裁性等六个方面。

中国《民事诉讼法》对外国仲裁裁决的承认和执行规定在第 269 条：国外仲裁机构的裁决，需要中华人民共和国人民法院的承认和执行的，应当由当事人直接向被执行人住所地或者其财产所在地的中级人民法院申诉，人民法院应当按照中华人民共和国缔结或者参加的国际条约，或者按照互惠原则办理。

中国《仲裁法》第 70 条、71 条则明确规定，对涉外仲裁裁决如果有《民事诉讼法》第 260 条第 1 款情形，即当事人在合同中没有订有仲裁条款或者事后没有达成书面仲裁协议的，人民法院可以裁定撤销或者裁定不予执行。

◇小知识

简易仲裁程序

由于我国外贸事业的发展，贸易纠纷数量相应增多，仲裁工作量也在加大。为了提高仲裁效率，改进商事仲裁，参照国际上一些仲裁机构的做法，我国在《仲裁规则》中，增加了“简易程序”一章，规定争议金额不超过50万元，或虽超过50万元，但经一方当事人书面申请并征得另一方当事人同意的案件可按简易程序受理。简易程序主要简便在四个方面：(1) 仲裁庭由一名仲裁员独任；(2) 缩短审理时间，被申请人应在收到仲裁通知之日起30天内提交答辩书及有关证明文件；提出反请求的也一样。(3) 审理主要以书面形式进行。如要开庭审理，在开庭前15天通知当事人。(4) 缩短裁决时间。书面审理的案件，应在仲裁庭成立之日起90天内作出裁决。开庭审理的案件，应在开庭审理或再次开庭审理之日起90天内作出裁决。开庭审理的案件，应在开庭审理或再次开庭审理之日起30天内作出裁决。

第四节　国际主要商事仲裁机构及其规则

一、英国伦敦国际仲裁院

1892年11月23日成立伦敦仲裁会，1903年4月2日改名为伦敦仲裁院（London Court of International Arbitration，简称LCIA），由一个伦敦城市和伦敦商会各派12名代表组成的联合委员会管理，1975年伦敦仲裁院与女王特许仲裁员协会合并，1981年改名为伦敦国际仲裁院，这是国际上最早成立的常设仲裁机构，现由伦敦市、伦敦商会和女王特许协会三家共同组成的联合管理委员会管理，仲裁院的日常工作由女王特许协会负责，仲裁协会的会长兼任仲裁院的主席。

伦敦国际仲裁院的职能是解决国际商事争议提供服务，它可以受理当事人依据仲裁协议提交的任何性质的国际争议。该仲裁院在组成仲裁庭方面确定了一项重要的原则，即在涉及不同国籍的双方当事人的商事争议中，独任仲裁员和首席仲裁员必须由1名中立国籍的人士担任。

二、瑞士苏黎世商会仲裁院

瑞士苏黎世商会仲裁院（Court of Arbitration of Zurich Chamber of Commerce）成立于1911年，是苏黎世商会下设的常设机构。仲裁院既受理国内商业和工业之间的争议案件，也受理国际商事争议案件。由于瑞士是中立国，所以，苏黎世商会仲裁院的裁决比较容易为其他有关国家和当事人接受，因此，许多国家的经济贸易纠纷的当事人愿意选择苏黎世商会仲裁院解决纠纷。近年来，其受案数量不断增加，仲裁业务不断发展，成为解决国际民商事纠纷的重要仲裁中心之一。

三、瑞典斯德哥尔摩商会仲裁院

瑞典斯德哥尔摩商会仲裁院（Arbitration Institute of the Stockholm Chamber of Commerce）成立于1917年，是斯德哥尔摩商会附设的仲裁机构。该仲裁院设有3名委员组成的委员会，委员由商会执行委员会任命，任期2年。虽然附设于斯德哥尔摩，但在职能上是独立的，其宗旨在于促进工商、航运事业的发展。设立之初，主要是从事国内仲裁。1970年，美、苏贸易合同的仲裁条款选择了该仲裁院。从此，国际上开始认可作为中立国的瑞典的仲裁院在解决东、西方贸易方面，是一个理想的仲裁机构。目前，瑞典斯德哥尔摩商会仲裁院可以受理世界上任何国家当事人所提交的商事争议。

四、国际商会仲裁院

国际商会仲裁院（The ICC International Court of Arbitration）成立于1923年，是附属于国际商会的一个国际性常设调解与仲裁机构。国际商会仲裁院是国际性民间组织，具有很大的独立性，该仲裁院总部设立巴黎。仲裁院成员独立于其他国家和地区行事。设立国际商会仲裁院的目的在于通过成立国际性商事争议，促进国际间的经济贸易合作与发展。国际商会仲裁院对根据仲裁协议提请仲裁的当事人不作限制，任何国家的当事人，不论是自然人还是法人，甚至是国家、政府及其机构本身，都可以通过仲裁协议将其争议提交仲裁。

五、美国仲裁协会

美国仲裁协会（American Arbitration Association，简称AAA）成立于1926年，是由1922年成立的美国仲裁会和1925年成立的美国基金会合并而成的，是美国最主要的国际仲裁常设机构。该仲裁协会是独立的、非政府性的、非营利性的民间组织，其总部设立纽约。其宗旨是：进行有关仲裁的研究，完善仲裁技术和程序，进一步发展仲裁科学，提供仲裁便利。

六、香港国际仲裁中心

香港国际仲裁中心（Hong Kong International Arbitration Center，简称HKIAC）成立于1985年，是一家按照香港公司法注册的民间性的、非营利性的担保责任有限公司。其主要职能是：为通过仲裁解决商事争议提供管理方面的服务，包括就国际或者香港区内仲裁提供一般性意见和帮助，回答应该在香港进行仲裁方面的咨询，特别是在香港进行国际仲裁方面的法律与程序问题，并就仲裁条款的适当形式提供咨询意见。

关键术语

仲裁　　仲裁协议　　仲裁程序　　仲裁裁决　　仲裁机构

本章小结

仲裁是解决国际商事争议的重要方式。仲裁的前提与基础是当事人之间拟定的仲裁协议。一份完备的仲裁协议应包括仲裁事项、仲裁地点、仲裁机构、仲裁程序及仲裁效力等条款。仲裁分为常设机构仲裁和临时仲裁两种形式。现在国际知名的常设仲裁机构有国际商会仲裁院、英国伦敦国际仲裁院、瑞士苏黎世商会仲裁院、瑞典斯德哥尔摩商会仲裁院等，它们都有成体系的仲裁规则。

自　测　题

一、判断题

1. 协商和调解都需要当事人的自愿同意方可进行，商事仲裁则不需要。　（　）

2. 商事仲裁的前提要件是有仲裁协议。　（　）

3. 一国法院作出的生效判决在其他国家当然有效。　（　）

4. 部分裁决具有终局裁决的性质，对已经进行了部分裁决的事项，终局裁决中不再进行裁决。　（　）

二、单项选择题

1. 《纽约公约》的全称为（　　）。

A. 1976年的《联合国国际贸易法委员会仲裁规则》

B. 1958年的《联合国承认和执行外国仲裁裁决的公约》

C. 1975年的《国际商会调解与仲裁规则》

D. 1980年的《联合国国际贸易法委员会调解规则》

2. 我国加入《纽约公约》时，作出了（　　）的保留。

A. 没有作出保留

B. 仅适用于缔约国间作出的裁决

C. 只适用于商事法律关系所引起的争议的裁决

D. B与C两项保留

三、多项选择题

1. 关于仲裁协议的作用，下列选项中正确的是（　　）。

A. 双方当事人达成仲裁协议后，仲裁庭对其纠纷必须进行仲裁

B. 仲裁协议具有排除法院对争议案件的管辖权的作用

C. 对根据仲裁协议所进行的裁决，法院必须无条件执行

D. 双方当事人达成仲裁协议后，当事人必须将其争议提交仲裁进行解决

E. 双方当事人达成仲裁协议后，当事人不得向法院提起诉讼

2. 采取仲裁的方式解决国际商事纠纷的优点有（　　）。

A. 仲裁必须严格按照法律的规定进行裁决

B. 未经双方当事人同意，任何一方不能将争议提交仲裁

C. 仲裁审理争议大多秘密进行

D. 仲裁一般比司法诉讼更为迅速及时

E. 仲裁一般比司法诉讼更具灵活性

四、简答题

1. 国际商事仲裁的特点有哪些？

2. 简述仲裁程序。

3. 拒绝承认和执行外国仲裁裁决的理由有哪些？

五、案例分析题

申请人：徐州苏维皮革有限公司（以下简称苏维公司）

被申请人：徐州三阳龙皮革有限公司（以下简称三阳龙公司）

申请人苏维公司为与被申请人三阳龙公司申请确认仲裁协议效力一案，于 2001 年 9 月 26 日向本院起诉。本院受理后，依法组成合议庭，于2001 年11 月2 日公开开庭审理了本案。申请人苏维公司的委托代理人宋学民、被申请人三阳龙公司的委托代理人苏斌到庭参加诉讼。本案现已审理终结。申请人苏维公司诉称，1997 年 9 月 30 日，申请人与被申请人签订了厂房及设备的《租赁合同》，订立合同前，被申请人草拟的合同文本上约定："如发生争议，应提交上海中国国际贸易仲裁委员会进行仲裁。"我方经咨询，没有上海中国国际贸易仲裁委员会这一机构，但被申请人坚持在合同上如此书写。我方认为该条款无效并不影响合同的其他条款，因此同意《租赁合同》第 13 条按被申请人的要求书写。2001 年 8 月被申请人单方解除合同，并将此案提交中国国际经济贸易仲裁委员会上海分会仲裁。我方认为被申请人提交的仲裁机构的名称与《租赁合同》中约定的仲裁机构名称不符，双方约定的仲裁机构并不存在，该仲裁条款无效。根据《中华人民共和国仲裁法》第十八条之规定，请求人民法院依法确认该仲裁条款无效。被申请人三阳龙公司辩称：（1）协议双方同意将协议纠纷提交仲裁委员会仲裁。1997 年 9 月 30 日签订的《租赁合同》第 13 条约定："……协商不成，应提交上海中国国际贸易仲裁委员会进行仲裁，……。"是双方真实意思表示，并无违反法律之处，是合法有效的；（2）我方就合同纠纷向中国国际经济贸易仲裁委员会上海分会提出仲裁申请，该会已正式立案受理。综上，我方认为，争议双方原《租赁合同》中的仲裁条款合法有效；苏维公司以文字表述的个别差错否定仲裁条款的效力，实际上是为了拖延解决争议的时间，故请求法院依法驳回申请人的申请并确认仲裁条款合法有效。

问题：本案应如何处理？

参考书目

1. 冯大同．国际商法．北京：中国人民大学出版社，1998.
2. 沈四宝，刘刚仿．国际商法．北京：中国人民大学出版社，2008.
3. 薄守省．国际商法教程．北京：对外经济贸易大学出版社，2007.
4. （美）理查德·谢弗．国际商法．北京：人民邮电出版社，2003.
5. 康莉莹．国际商法．北京：中国科学技术出版社，2001.
6. 张学森．国际商法．上海：上海财经大学出版社，2007.
7. 张湘兰．海商法问题专论．武汉：武汉大学出版社，2007.
8. 左海聪．国际商法．北京：法律出版社，2008.
9. 向嫣红．国际商法．北京：清华大学出版社，北京交通大学出版社，2004.
10. 陈伟，姜波，等．国际商法．哈尔滨：哈尔滨工业大学出版社，2008.
11. 沈四宝，王军．国际商法．北京：对外经济贸易大学出版社，2003.
12. 陆爽．国际商法．重庆：重庆大学出版社，2002.
13. 朱敏霞．新编国际商法：案例与实务．南京：南京大学出版社，2008.
14. 沈四宝，王军．国际商法教学案例（英文）选编．北京：法律出版社，2007.
15. 董宝琪．国际商法案例教程．北京：中国劳动社会保障出版社，2002.
16. 屈广清．国际商法．大连：东北财经大学出版社，2004.

教学协助说明

为充分发挥出版社的教学协助作用，对外经济贸易大学出版社将向采用本书作为教材的教师免费提供练习参考答案。为确保此资源仅供教师教学使用，烦请填写如下信息调查表并寄至：北京市朝阳区惠新东街 10 号对外经济贸易大学出版社发行部收，邮编 100029；或传真至（010）64493919。我们收到后将通过您所填写的电子邮箱或电话，向您提供在我社网站 www. uibep. com 上下载相关资料的用户名和密码。

证　明

兹证明__________________大学________________学院/系____________学年（学期）开设的课程，采用对外经济贸易大学出版社出版的___________________________________作为教材。任课教师为________，共________名学生。

电话：______________________________
传真：______________________________
电子邮箱：__________________________
联系地址：__________________________
邮编：______________________________

学院/系主任：____________（签字）
（学院/系办公室章）
________年________月________日

对外经济贸易大学出版社
北京市朝阳区惠新东街 10 号　邮编：100029
联系人：陈筱君
电话：010－64492342
传真：010－64493919
E-mail：uibep@ 126. com